U0909385

PIT BULL

交易冠军

一个天才操盘手的自白

Lessons From Wall Street's Champion Day Trader

[美]马丁·舒华兹 Martin Schwartz 著

中国青年出版社
CHINA YOUTH PRESS

图书在版编目(CIP)数据
交易冠军:一个天才操盘手的自白 / (美)舒华兹著;王正林，王权译.
—北京：中国青年出版社，2009.7
英文书名：Pit Bull: Lessons from Wall Street's Champion Day Trader
ISBN 978-7-5006-8838-9
Ⅰ.交... Ⅱ.①舒... ②王... ③王... Ⅲ.股票—证券投资经验—美国
Ⅳ.F837.125
中国版本图书馆 CIP 数据核字(2009)第 108453 号

交易冠军:一个天才操盘手的自白

作　　者: [美] 马丁·舒华兹
译　　者: 王正林　王权
责任编辑: 周　红
美术编辑: 张　建
出　　版: 中国青年出版社
发　　行: 北京中青文文化传媒有限公司
电　　话: 010-65511272/65516873
公司网址: www.cyb.com.cn
购书网址: zqwts.tmall.com
印　　刷: 大厂回族自治县益利印刷有限公司
版　　次: 2009 年 7 月第 1 版
　　　　　2012 年 6 月第 2 版
印　　次: 2023 年 3 月第 15 次印刷
开　　本: 710×1060　1/16
字　　数: 287 千字
印　　张: 16
京权图字: 01-2008-5190
书　　号: ISBN 978-7-5006-8838-9
定　　价: 69.00 元

目录

推荐序

专业交易者的生活往往是充满压力和痛苦的，但其中可能带来的回报也是巨大的，尤其是金融衍生产品的交易者更是如此。对于如何获利，一般人往往关注其中的“技术”，但事实上，专长于基本面分析和技术分析的人不在少数，而能够成为像马丁·舒华兹这种“冠军交易员”的却寥寥无几。这证明，成功的金融交易，绝不是仅靠机械性的技术指标，或者对财务报表的深入研究就可以做到，交易者的观念和心态才是左右成败的关键。

随着价格的上腾下落，每个交易者的心理状况和判断力都会跟着此起彼伏，但是，只有理性而自制力强的交易者，才能处变不惊、控制风险、赚多赔少，而多数人往往是被心理情绪左右，非理性地入场、出场，最终以亏损收场。因此，专业交易者的第一要务，就是要了解自己，控制自己的情绪，训练坚强的意志。市面上关于股票分析的书籍汗牛充栋，但是深入探讨交易心态的优秀著作屈指可数，我相信每一位有志于交易的朋友都可以从这本马丁·舒华兹的自传中获得启迪，从他的人生经历中汲取经验。

通读本书，我深感金融交易是一种“勇敢者的游戏”。交易是一种“游戏”，也可以称之为博弈或者赌博，成功的交易者不会将盈亏与实际的购买力挂钩，他们追求的是在这种智力游戏中获胜的喜悦和满足感。游戏的心态可以使你更加客观、更加理性地来看待市场，而更重要的是，赌博与交易的原理是相通的。沃伦·巴菲特喜欢打牌，他深谙打牌与交易有共通的博弈原理。他说，如果牌过三巡，你还不知道牌桌上谁是傻瓜，那么你就是那个傻瓜。曾经打败赌场的数学教授爱德华·索普同样是此中高手，他将战胜赌场的财富公式引入股市，获得了超过巴菲特的长期投资收益。无独有偶，本书的作者赌性超强，除沉迷赌场外，他还酷爱赌马、赌足球，1967 年大学毕业就去欧洲赌场来了一趟赌博之旅，独特的赌场经历使他顿悟——市场如赌场，只要能获得超过赌场的胜率，并且合理分配资金，控制住下行风险,那么久赌必赢。

交易是种游戏,但不是每个人都能玩好这场游戏,只有勇敢的交易者才能从中胜出。人都有固有的弱点,贪婪、恐惧、懒惰、经不起挫折等等,每种弱点都会降低你的平均回报率。舒华兹一再强调的"反市场心理",就是要与市场大众"逆向思考",利用一般投资者的各种行为偏差来获利,而要达到这一步,首要的就是勇敢克服自己的弱点。很多人认为投资靠天赋,但实际上很多大师的成功之路都只有一条,那就是勤奋。比如彼得·林奇,他的勤奋有口皆碑:一年要走访 500 到 600 家公司,每天 6 点就去办公室,晚上 7 点多才回家,路上的时间都是在阅读,而且每天午餐时都会跟一家公司洽谈。马丁·舒华兹则有过之而无不及,他每天晨起花 10 分钟读完《华尔街日报》,然后花 14 个小时研究趋势走向,就连和家人度假也盯着电脑屏幕不放,猛打电话下单。直到他的健康开始出现问题,才只好结束基金运作。这位顶尖操盘手告诉我们,事前的充分准备绝对是值得的,它可以让你得到回报,比其他玩家知道更多。好比赌马,他会去研究马的跑姿、研究训练师,把骑师的状况制表研究,再进一步了解马场跑道状况,注意马匹血统是否纯正,最近一次比赛结果如何,等等。他告诉我们,不做功课,想要不劳而获的机会微乎其微。

同样,正是凭着这种积极的人生态度,马丁·舒华兹为我们奉献了本书,让我们看到其传奇的操盘生涯!

黄 栋

东方证券研究所资深分析师

致谢

首先要感谢我的家人，他们给予了我无尽的支持和鼓励。感谢父母，他们做出巨大牺牲，给我提供了一个充满爱与忠诚的家庭环境，并让我接受了最好的教育。感谢哥哥盖瑞，他花了大量时间教我做一名更好的运动员，并完善自己的人生。感谢爷爷帕比·斯内德，他是乐观主义的现实缩影，并且遗传给了我这一优良的传统，让我得以延续家族的“传奇”。感谢老婆奥黛丽，她是我们家的支柱，拥有伟大的人性与智慧。感谢我的孩子史黛西和鲍伊，他们让我知道做一个好爸爸是多么艰难，但同时又是多么值得的一件事。

感谢戴夫·莫林，他发挥出了自己的独特视角和技能，带领我完成这本书。感谢鲁丝·莫林不断给我以鼓励。感谢保罗·弗林特用他非凡的智慧和幽默感给我启迪——“一日陆战队员，终身陆战队员”①，永远忠诚。感谢我的经纪人吉姆·列文，也是我在马萨诸塞大学阿默斯特校区的同窗及好友，他提供了耐心的指导和专业的技能。感谢摩根·麦肯尼，我最优秀的助理，她在帮助我完成本书第 17 章时，展现了无比旺盛的精力和干劲。感谢哈珀商业出版公司全体职员对本书所提供的协助，你们都是一流的。感谢艾德里安·扎克赫姆对一个首次出书的人无比信任，并且监督和指导整个出版过程。感谢戴大·康提展现出的优秀编辑能力，他的建议使得这本书更趋完善。感谢丽莎·伯考维茨的营销技能和促销网络。感谢珍妮特·德瑞、莫琳·凯莉，以及艾美·兰博使本书的出版更为顺利。

最后我更要感谢那些想不起名字的人，在我的人生旅途中，他们教会了我很多好的经验，或者让我记住了一些教训，使我能够勇往直前，不断成长。

马丁·舒华兹

注　释:

①“一日陆战队员,终身陆战队员”(Once a Marine, Always a Marine),美国海军陆战队的格言,其座右铭之一是“永远忠诚”,这就是说对海军陆战队和受领的任务都是绝对忠诚的。

操盘手处子秀

三天的过山车

“3 块就买 10 张，3 块就买 10 张，3 块就买 10 张。”[1]这句话好像金箍咒一样，在我心里一遍又一遍地紧张复述。如果美莎石油[2]的股价降到 $62^5/_8$ 美元[3]的话，我准备以每张 300 美元的价格，买进 10 张 10 月份到期、执行价[4]为 65 美元的看涨期权[5]。每张看涨期权赋予我从现在起到 10 月的第三个星期五之间，以 65 美元的执行价买进 100 股的美莎石油股票的权利。

这笔交易将会是我在美国证券交易所（AMEX）场内所做的第一笔交易。我心里怕得要命，生怕自己把这笔交易给搞砸了，也担心自己不能像其他交易员那样顺利完成交易。

上面那一幕是 1979 年 8 月 13 日，一个周一的早晨，我所经历的。

第一日

距离华尔街不远的特尼地广场上，坐落着美国证券交易所，早晨的广场上挤满了西装革履、前去上班的人。纽约的金融市场正迎来崭新的又一天。我站在门牌号为 86 号的建筑物入口前，深吸一口气，拿出我的入场胸卡，第一次走进了那扇写着“会员专用”的大门。保安看了一下我的胸卡，上面写着“马丁·舒华兹公司,945 号”,对我点了点头道了声“早安”,就让我进去了。

我走下楼梯到衣帽间去,许多会员手里拿着他们脱下来的运动夹克,在柜台前排队,等候换成美国证券交易所的蓝色工作服。由于我是第一天来,所以还没有自己的工作服,只好向服务员乔伊·迪自我介绍,说出我的会员号码才领了一件。我穿上工作服,别上胸卡,确认自己带了笔。这时其他人都换上轻质橡胶底鞋,把原来穿的皮鞋都塞进靠墙的方型小柜子中。我找不到座位,于是决定等一会再换鞋,心里并不着急,因为不用担心没有轻质橡胶底鞋可换。

我走上楼梯到会员休息室等待开盘,一进门,里面烟雾缭绕,都是从烟斗里飘出来的,这与哈佛大学或耶鲁大学的学生俱乐部大不相同,那里的都是卷烟里飘出来的;家具倒不咋地,用的便宜的瑙加海德革⑥,而非昂贵的真皮;会员大部分是爱尔兰人、意大利人和犹太人,而非祖先是英国新教徒的美国人,就算有,也都不是读过什么好学校的人。这些家伙全都是金融界的二流人物,场外交易者⑦那路的人。

我自己动手沏了一杯茶,走进交易场内。早上的阳光从远处一面墙上的无数个窗户中折射进来。交易场真大,约有四分之三个足球场大小,而且足有五层楼高,设计得好像一座室内的跳蚤市场。场中的几名作价员⑧,一个昵称叫七仔,另外两个是弗兰尼·桑坦吉罗和东尼, 全都坐在交易区内的马蹄形的吧台椅上,翻阅着手中的客户交易指令。在交易场中有许多不同的鸽子笼似的交易区,以供各种股票以及不同到期日、执行价的期权交易使用。一般的交易者或经纪商也在四处游走,手里拿着笔和纸,随时准备在开盘后进场买卖。

在交易场三面墙的上方,一层层阶梯式的小隔间里坐着经纪商的场内代表,他们查看着自己的电话,并指挥场内的跑单员。在比较接近交易场那一个区里,有不少参观者正等着登记,以便进入参观区。场中有一些巨大的罗马式石柱,上面刻着一只牛和一只熊, 相互对立。高处有一个沿墙而建的大型跑马灯式报价屏,底下显示着股票价格,上方则播放着道琼斯提供的即时市场新闻。虽然还未开盘,但场内所有人的眼睛都开始四处张望,找寻市场报价或任何能让自己占到一点优势的信息。

十点整,开盘钟声响起,每个人都动了起来。这场景好似赛马群冲出起跑线,而现在,我也身在其中了。我目不转睛地看着远处的美莎期权交易区,有一小群交易员围着作价员七仔吵个不停。所谓的作价员就是在股票或期权交易所中,负责保持市场交易顺利通畅的人。身为美莎期权的作价员,七仔的职责是提供经纪商的买进与卖出的报价,同时也为自己的账户进行交易,在他不停的协调下,市场中的供需双方达成一致，最后产生成交价。

“七仔，”一位美林证券经纪商手拿客户委托单，从拥挤的人群中嚷道，“10月到期、执行价为65美元的美莎看涨期权，现在价钱多少？”

“3块对$3^{1}/_{4}$块，50张封顶！”我不得不好好想一下他这句话的意思。七仔是说，他可以在报价3美元买进最多50张以上的10月到期、执行价为65美元的美莎看涨期权，同时可以在报价$3^{1}/_{4}$美元卖出最多50张同样的看涨期权。既然每一张看涨期权代表100股，那意味着我可以用每张325美元买进最多50张美莎看涨期权。这种美式的看涨期权让我可以从现在到10月的第三个星期五之间，随时以每股65美元的价格买进美莎普通股100股。在那之前，我赌美莎的股价会一路走高，从而使我的看涨期权增值。但是我觉得$3^{1}/_{4}$美元太贵了，我只想在报价掉到3美元时买10张，所以我脑子里一直回荡着“3块就买10张！3块就买10张！”。

“$3^{1}/_{8}$块买10张！”美林证券那个伙计喊着。

“卖了！”一个来自哈顿公司的交易员卖了10张给美林证券交易员。如果他没这么做，身为作价员的七仔也可以直接卖给买进者，或是把自己的买价提高到$3^{1}/_{8}$美元。我真希望我能赶快跟上脚步，听懂他们在说什么。

我看了一眼墙上的报价屏，美莎在纽约证券交易所（NYSE）以$62^{7}/_{8}$开盘。我努力朝前挤，向前缓慢移动，希望能在交易员中抢到好一点的位子。七仔的耳朵上挂着连接电话的耳机，他正在收听美莎股票在纽约证交所的股价。

价格一跳，他头顶的屏幕报价变成了$62^{5}/_{8}$。

人群热闹起来，美莎的股价开始动了。“3块就买10张，3块就买10张，”我喃喃自语，清了清喉咙后，我说，“嘿，七仔。你在3块要卖出多少张10月到期、执行价65美元的美莎期权？”

“3块卖出30张，新手。”

“3块买进20张！”我身旁的一个人高喊。

七仔答道：“3块卖出20张！”

“现在你3块还有几张？”我问道。

“3块10张。”

“哦……我……哦……”

“你要干吗，新手？是要交易吗？要不然就在我面前消失。”

在这里就是这样，要么交易，要么消失。

在美国证券交易所买下一个会员席位，是我一年前制订的计划中一个重要的里程碑，这个计划是我和奥黛丽结婚后决定的。和我认识的其他女人不同，奥黛丽一方面认为我极具潜力，另一方面，她也很清楚，我过去 20 年都浪费了。“你已经 34 岁了，而且你一直都希望为自己工作，”她告诉我，“把交易当做你的目标，然后努力去做。你拥有好的学历，这是别人无法夺走的。你最坏的状况顶多是破产，如果真那么不走运，你还可以重操旧业，做证券分析师。”

市场正在波动，交易场的人挤得更紧了，嘈杂的声音一浪高过一浪。七仔的电话挂在耳朵上，随时准备改变买价。如果我判断没错，他正要把价格抬高，而我马上要丧失这次交易机会了。

“3 块买进 10 张！”我尖声大叫。

“成交！3 块卖出 10 张。”

成交了。我连忙拿出小笔记本记下来。“蓝字是买进，红字是卖出。”我低声自言自语，“可千万别弄错了。”我把交易指令写在纸上，然后交给清算公司的职员，他的职责就是拿着我的成交记录进行下一步处理。成交单一式两份，一份由我自己保留，另一份则交给我的清算公司贝尔斯登⑨。清算公司每天会借助交易所的会计系统确认成交记录，并根据记录提供交易员损益报表。

我在单上签下会员编号“945”。现在，这份成交单成为正式档案，我的第一笔交易总算顺利成交了。我心中的石头总算落了地，开始等着美莎的股价上涨。

现在才上午十点半，但我身上那件崭新的蓝色工作服两边的腋下却渗出了汗水。我筋疲力尽，感到后背下部酸痛，脚也开始刺痛。我的皮鞋好像铅块那么重，真想找个地方坐下，但是交易场里根本就没有坐的地方，这对所谓在交易所买到“席位”的人来说真矛盾。你买来的并不是一个“座位”，只是在场内晃来晃去的权利，而且老手们都知道，你只能穿着交易场提供的轻质橡胶底鞋在场内走动。

美莎的成交量放得很大。七仔在场中不断买进卖出，价格也上下大幅波动。我听得到声音，但并不懂他们到底说些什么。我抬头看了一下报价屏的报价。

价格一跳，$62^3/_8$。

美莎的价格朝着与我预期相反的方向变化。老婆的话在我脑海中不断闪过：“最坏的状况撑死是破产，还能做分析师呢。”我可不想重操旧业。过去九年来，飞机几乎成了我的家，我从这个城市飞到那个城市，忙不迭地与各地的基金经理人见面，提供我在股票方面的看法，希望他们能给我所在的经纪公司一点生意，不停地奉承他们，这就是证券分析师的工作。我们在证券经纪商的研究部门工作，花大量时间四处拜访各地的公司、访问经理人，挖掘财务报表中的线索，找寻热门股票让公司推荐给客户……我烦透了这些工作。

当你还只有 25 岁时，能在国内到处旅行，并拿着公司的信用卡消费是一件很酷、很值得炫耀的事，但是等到你接近 35 岁，这一切就会变得非常乏味无聊。你的朋友都已经忙于自己的小家生活，而父母则开始怀疑你是不是有什么生理毛病。他们以前辛苦供你读书，现在开始期待能有所回报。他们会不断地质问："你为什么还不结婚？你什么时候才能长大，开始自己的人生？"

价格一跳，62$^1/_4$。哇！受不了！！！

在我做证券分析师的那几年里，我一直在做股票投资，但每一次都以赔钱收场。我很聪明，又受过很好的教育，一直都是同辈中的佼佼者，怎么可能从来没有在股票操作中赚到钱呢？我真的想不通，我的家人也一样。我一直是家人和朋友看好的人，但却一直落在后头。难道舒华兹家族的历史又要重演了吗？难道我真的没戏了，余生将和我老爸一样充满挫折吗？

价格一跳，62$^1/_8$，仍在向下滑落。

我老爸在家中四个孩子里排行老大，爷爷家是随着家族从东欧逃难到美国的移民。在 20 世纪头 10 年的早期，爷爷成为康涅狄格州纽黑文市的一名裁缝师。他辛勤工作，努力攒钱，但从来没存下多少钱。真正的一家之主其实是奶奶罗丝。她开了一家糖果店，并决定送我老爸上大学，希望他在日后能拥有一技之长。身为长子，我老爸被寄予厚望——把家族带到更好的境地，把美国梦带给家中每个人。

老爸的确尽了最大的努力，却没有实现家人的期望，他比较像我爷爷而不是奶奶。我老爸毕业于雪城大学，毕业时正赶上了 1929 年的经济大萧条，所谓的美国梦已经变成了饥荒遍野的美国"噩梦"。在 1938 年和我母亲结婚之前，他和其他数以百万计的美国人一样，都过着没有长期正式工作的日子。在当时，他能找到的最好的工作是帮爷爷工作，而这显然和美国梦有着很大的差距。二战爆发后，由于年纪已大，再加上有了两个孩子，我老爸没有入伍参军。直到 1952 年，他的人生终于有了一项重大的转变。当时爷爷退休，老爸也失去了工作，所以他拿出全部积蓄，把房子做了第二抵押，在纽黑文郊区的威利大道上买下一家家庭式的杂货店。

那时我才 7 岁，连我都知道老爸这是个昏招，但他拒绝去面对一个事实——我家的杂货店和新英格兰区最大的连锁超市相距不到一个街区，怎么可能竞争得过呢？这点我们所有人都想不通。我长大后也曾经问过老妈当时怎么没阻止，她只告诉我："他那么不顾一切，我得给他一个品尝失败滋味的机会，就算是失败,总比什么都不做要好。"

价格一跳,到了 $61^{7}/_{8}$。

至少我老爸经历了经济大萧条,才导致一生穷困潦倒,而我却一点借口也没有。我拥有阿默斯特学院[10]的学士和哥伦比亚 MBA 的学位,我参加过海军陆战队,我有足够的经验,我也拥有奥黛丽这个好老婆。我拥有了一切,现在居然这么无所作为,到底是怎么回事呢?为什么美莎的股价还在继续下跌?到底什么时候才会开始上涨?

价格一跳,$61^{5}/_{8}$。真要命!

我该怎么办?该止损出场?还是买进更多?要打个电话给鲍伯·佐尔纳了,我就是听了他的意见才进场买进美莎看涨期权的。

佐尔纳是我的良师,也是我所认识的最优秀的交易员。我俩第一次见面是在 1973 年,当时我转投他所在的爱德华与韩利这家小型、专做散户生意的经纪公司工作。在那之前,我刚刚在商品期货市场输得一败涂地,但马上就看出了佐尔纳是一个非常、非常伟大的交易员。1974 年,爱德华与韩利公司在经纪业务上爆出巨额亏损,他力挽狂澜,靠着做空股票就为公司的账户赚取数百万美元,让公司生存下来。所谓做空就是卖出目前并不属于你的股票,但日后你必须从市场中买回。如果买回价格较低的话,你就赚了,在这方面没有人比佐尔纳更高明。我拿起一部电话,接线员问我要接什么号码。佐尔纳这时应该做完他的运动了,他的号码是多少来着?201……我的脑子一片空白,只向接线员嘟囔了几个号码,电话那端铃响了。

"佐尔纳,佐尔纳,你在吗?我得跟你谈谈。我是马丁。……你好吗?……我很好,一切都好。我现在正在交易场。第一次来。"过了一会儿,我问道:"你对市场有什么看法?是啊,我也这么想。只是有一点紧张而已。我看价格的走势好像有点疲软。听着,我刚买了一些美莎的看涨期权,你对这只股票怎么看?"

"马丁,我也买进了很多美莎。这只股票看起来很不错,美莎的老总也有意继续推动重组。我觉得这只股票有很好的潜在价值,只不过市场和华尔街似乎还没有看出这一点而已;我强烈地感觉到,它马上要涨了。"

"你这么想的?真的吗?谢谢你,你对这只股票很有信心吧?对了,哦,你瞧,我不知道自己该加码买进,还是该做些别的什么。"

"这只股票看起来很好,马丁。"

"老天!我希望你是对的。我待会儿再和你谈,多谢了,真的很感激。"

和佐尔纳聊聊,效果很好。我又找回了一些勇气,然后再度走回围在美莎期权交易区的人群里。

价格一跳，到了 $61\frac{1}{2}$。

“七仔！七仔！嗯……”我几乎语无伦次了，“现在 10 月到期、执行价 65 的美莎看涨期权价位如何？”

“新来的伙计，现在的买盘是 $2\frac{1}{2}$ 美元，卖盘在 $2\frac{5}{8}$ 美元。”

“$2\frac{9}{16}$ 块买进 20 张，七仔！$2\frac{9}{16}$ 美元！”我又买进了 20 张期权，每张期权让我有权买进 100 股美莎的股票，所以每张看涨期权价值 256.25 美元，20 张总值则是 5125 美元。

“成交！$2\frac{9}{16}$ 卖出 20 张。”

我的 10 月份美莎期权现在是以 1/16 为单位跳动了。在美国证券交易所里，当一只股票的期权价格掉到 3 美元以下时，最小的价格跳动单位就从 1/8 降为 1/16。

价格一跳，$61\frac{1}{4}$。

天啊！我简直看不下去了！我现在已经买进了 30 张 10 月到期、执行价 65 美元的美莎看涨期权，天啊！我从来没想到这会变成一件让人如此难过的事，我得离开交易场才行，待在场里唯一的目的是让我的资金得以充分运用，但现在，我已经没有多余的资金来运转了。

我一直认为美莎石油股会成为我财富源源不断的来源。我计划先做个短线，再拿赚到的钱去投入金额更大、利润率更高的交易机会。可是现在市场走势完全和我作对，我连一个子儿也没有赚到，我开始想着如何在没有薪水的状况下过日子了。我得离开交易场，出去喘口气、冷静一下。

我步履沉重地走上阶梯，推开门，走到阳光明媚的户外，仍穿着蓝色工作服。我徒步穿过街道，漫无目的地逛到特尼地教堂旁的公墓里。在教堂的一个角落，我发现了一张长凳，于是坐了下来。天气很热，这片墓地是酒鬼、流浪汉，以及各式各样的失败者常常聚集的地方。因为这里是他们唯一可以闲晃而不会被人赶来赶去的地方，“居民”无法抱怨什么。

我注意到自己坐在亚历山大·汉密尔顿[11]的墓前。白色的墓碑上写着：“亚历山大·汉密尔顿，卒于 1804 年 7 月 12 日，终年 47 岁。”而我呢？都已经 34 岁了！

7 月 12 日正是汉密尔顿和艾伦·伯尔[12]在新泽西决斗被射杀的那天。汉密尔顿写了一篇批评伯尔贪污腐败的文章，且声称伯尔不适合担任纽约州州长的职务，于是伯尔和他决斗，并枪杀了他。汉密尔顿是美国第一任财政部长，享有“美国金融之父”的美誉，但却在 1795 年因为个人财务问题被迫辞职。记得大学修美国通史课程时读到他的文章时，我还曾惊讶地感叹，如此优秀的人为何落得凄凉的下场。现在，我开始明白了，优秀的人的确不一定会有好下场。我站起来，拍拍工作服，慢慢往回走，穿过特尼地广场，回到交易场看看美莎现在的价位。

价格一跳，$60^5/_8$。

我快步走到七仔面前，“10 月份、65 美元的美莎看涨期权现在价位如何？”

七仔对我咧嘴一笑，“新来的伙计，现在买盘在 $2^1/_4$，卖盘在 $2^3/_8$。”

天啊！我的美莎股价像石头般快速下坠。我在 3 块钱买进了 10 张（总值 3000 美元），然后又在 $2^9/_{16}$ 美元时买进 20 张（总值 5125 美元），而现在它们的买盘价只有 $2^1/_4$ 美元（总值 6750 美元）。仅从账面上看，我已经亏损了 1375 美元，几个小时内就亏掉了 17%的资金。我再也无法承受。我要好好想一想，回家去再说。

第二日

第二天，也就是 14 日，周二，我感觉好多了。老婆让我平静下来。她说我是她认识的所有人中最聪明的一个，既然我已经拟定了计划，那么就该有耐心地按计划来。我已经深入分析了走势图，并计算了所有的技术指标，而且美莎目前看起来仍然很好，真的很好。就像佐尔纳说的，只不过市场还没有看出它的优势罢了。

我走到特尼地广场时，太阳正发出万丈光芒，标有“会员专用”门后的保安也叫得出我的名字来。当乔伊·迪把蓝色工作服递给我时，我那枚上面写着“马丁·舒华兹公司，945 号”字样的胸卡已经挂在上面了。我记起要换上轻质橡胶底鞋，向贝尔斯登公司的职员拿我的日报表。我替自己沏了一杯茶，放进一片柠檬来保护我的嗓子，然后走进交易场里。我以轻快的脚步在场内四处走动，这都要感谢那双轻质橡胶底鞋。我检查了一下报价屏和道琼斯即时新闻。开盘钟声响起。美莎以 $60^1/_2$ 的价位开出。好的，不要慌，这一定就是底部了。老婆说得对，我得有耐心。

我向朋友海耶斯·诺尔挥手打招呼。诺尔是南方人，一个来自纳什维尔的金发男孩，操着浓浓的乡音，很有幽默感。诺尔曾在塞沃尼的“南方大学”学习过，1970 年就在场内工作了。我买下交易所会员席位前，就是他先带我到交易场参观，熟悉环境。

我冲杰瑞·莫尔敦点了点头，他是一位老前辈。莫尔敦曾经在 1973 年和 1974 年间因为市场交易太冷清，在交易之余用卡车拉蔬菜到各地贩卖，兼职赚外快。在他的左边是托尼·吉，他是操作德士古石油公司股票期权的作价员。托尼的身后是艾伦·亚伯邦和艾迪·斯登，这两人是交易所里穿着最讲究的人。亚伯邦身材瘦长，总是穿着浆洗的衬衫。斯登的父亲在纽约证交所也拥有会员席位，他总是穿着自己的西装而不穿蓝色工作服。

价格一跳，$60^{3}/_{8}$。

我的妈啊！“七仔！10 月份、执行价 65 美元的美莎看涨期权现在多少钱？”

“新来的伙计，你还在？”

“是啊，告诉我现在价位如何！”

“买盘在 $2^{1}/_{8}$ 美元，卖盘在 $2^{1}/_{4}$ 美元。”

可恶！“买、卖盘的量各是多少？”

“50 对 30。”这表示七仔愿意在 $2^{1}/_{8}$ 美元买进 50 张，或是在 $2^{1}/_{4}$ 美元卖出 30 张。

我该怎么办？怎么办？卖出？什么都不做？再买进？还是给佐尔纳打个电话吧。

“佐尔纳，你怎么看？我账面已经亏损 1750 美元，我觉得自己快死了，你确定你是对的吗？”

“马丁，听着。我过去做了无数笔交易，赢过很多次，也输过很多次，我确信这次一定赚钱。只要你紧抱着这只股票就好。这只股票的价值被低估了，一定会涨回来的。”

“多谢了，佐尔纳，我知道可以相信你，我知道你很行。”我快步走回七仔身边。

“现在 10 月份、65 美元的看涨期权价位如何？七仔。”

“和刚刚一样。$2^{1}/_{8}$ 买进，$2^{1}/_{4}$ 卖出。50 对 30。”

“$2^{3}/_{16}$ 买进 20 张，七仔！”

“成交！新来的伙计。卖给你啦！”

我在 $2^{3}/_{16}$ 又买进了 20 张期权，总值 4375 美元，而现在我总共买进了 50 张看涨期权了。

那天晚上我彻夜难眠，辗转反侧，一再想着我的头寸[13]。美莎的当天收盘价是 60 美元，我的期权价格因此跌到 2 美元以下。中国有句古话“丢车保帅”，现在一直在我的脑海萦绕。我还能抱着输钱的看涨期权撑多久？我是不是该把自己长久以来研究的结果放弃？

过去的一年，我一直待在哈顿公司的办公室里，潜心狂热地做着自己的研究工作，同时试着操作。因为我必须在转到交易所前，靠操作自己的资金赚更多钱，以累积足够的资本。更重要的是，我要证明自己的确可以成功地靠实际操作赚取利润。有一些分析师认为他们能够赚大钱,因为他们的虚拟模型,或者说他们的“纸上谈兵”模型显示自己可以获利,但他们只是用“不伤人的子弹”和市场搏斗,根本不会受到任何伤害。除非他们真的置身于一线市场,否则永远不会知道自己是不是真的如此出色。我的个性像奶奶,身先士卒,敢于投入实战。我订了至少12种以上的期刊杂志,和诺尔一起研究交易场内的运作情况,向老婆的兄弟麦克和沙利借了5万美元。我想通了:交易场就是我想待的地方。

我爬下床,走到书桌旁,重新审视我的计划。到底哪里出错了?我花了一年半的时间来准备这笔交易,设计了一系列的交易规则,而现在我已经严重违反了其中两条。

第一条规则是:**绝不冒无法承受的风险**,然而我现在已经把一半以上的营运资本投入这笔交易。但是没有办法,我的资金和信息只够投入两种标的物的操作,而把一半的资金投入美莎这只股票对我来说是最好的一场赌局。

我的第二条规则是:**试着让每天的操作都能获利**,但现在我已经连续两天亏损却无计可施。

我的第三条规则是:**“丢车保帅”**,这也是最困扰我的。我该什么时候动手止损?什么时候该承认我做错了而割肉杀出?即使是最好的交易员,即使是佐尔纳,都会有面临亏损的时候。他们都利用分散的投资组合来规避风险,可是我并没有那么多钱建立一个分散的投资组合,美莎是我唯一的投资组合。

最后,当清晨的一缕阳光从卧室的窗户投射进来,我似乎看到了自己胜利的曙光,但另一方面,我也做了第二手打算,下定了决心:如果美莎今天开盘再开低的话,我就砍掉它。

第三日

8月15日,周三的早晨,我走进特尼地广场86号,穿过“会员专用”大门,换上蓝色工作服,套上轻质橡胶底鞋,拿着显示我已经有2300美元账面亏损的贝尔斯登公司损益报表,沏上一杯柠檬茶,走进交易场大厅,查看着报价屏和道琼斯即时新闻,等着开盘钟声响起。

美莎开盘价格是$60\frac{3}{4}$,上涨了5/8美元。这就对啦!宝贝,我可是一直都守着你呢!我跑到七仔身旁,一群人正在他身旁你推我挤,想抢占有利的位置。四周的噪声不断升高。

价格一跳,61美元。

人群越聚越多,声音也越来越大。人们开始大声喊叫着:“现在价格如何?”“卖出价怎样?”

价格一跳,$61^{1}/_{2}$美元。

佐尔纳,我爱你。我就知道你错不了。

“有多少张?”“量有多少?”“买价如何?买盘有多少?”“卖盘有多少?”“到底有多少张?”

时间慢慢过去,我简直兴奋得吃不下午饭了,我真是爱死这个市场了。

“3块对$3^{1}/_{4}$块,$3^{1}/_{4}$块卖出50张!”“买啦!我买啦!”有人大喊。

“$3^{1}/_{4}$块买进50张!$3^{1}/_{4}$块再买进50张!”“卖出!”“卖出!”

美莎的价格已经跳到每股$63^{3}/_{8}$美元了。而10月份到期、执行价65美元的美莎看涨期权价格也再度上扬。“$3^{5}/_{8}$块,$3^{7}/_{8}$块,成交!”“$3^{7}/_{8}$块对4块!”周围的噪声升到了最高点。

“4块卖出100张10月份到期、执行价65的美莎股看涨期权!”“4块成交200张!”期权的价格正快速变化,现股的价格朝我预期的方向前进,所有阴霾一扫而空。我不断核对着手中的头寸。

在3美元买进10张、$2^{9}/_{16}$美元买进20张,然后又在$2^{3}/_{16}$美元买进了20张。我现在该卖出吗?该获利离场了吗?还是再加倍买进?给佐尔纳打个电话?去他的!该是让我听一听收银机欢快的声音的时候了。

我缓慢移动到人群的前面,“七仔!给我美莎的价格!”

“$4^{1}/_{8}$块对$4^{1}/_{4}$块,最多10张,10月到期、65美元的看涨期权。”他的口水喷到我的外套上。我清了清喉咙,想向他喊卖出,可是一个满脸通红、全身长满肥肉的家伙越过我的肩膀大喊:“卖出!卖出!卖出10张$4^{1}/_{8}$美元!”他身上那股波旁威士忌的味道直刺我的鼻子。狗屁!这个家伙抢了我的价格。

“现在价格是多少?”七仔正在打电话,“现在价格是多少?七仔!”

“4块对$4^{1}/_{4}$块,最多20张,新来的小伙子。”

“卖出!4美元卖出20张!”我尖叫着。

价格一跳,美莎的股价涨到$64^{1}/_{8}$美元了。

有人在背后用手肘顶我,“$4^{1}/_{4}$买进30张”,是美林证券的那个伙计。

“卖出!”我边转向他边大声喊叫,口水喷在他的脸上。我的交易都成交了,而我手中的看涨期权也清光了。当我从人群中慢慢走出来时,汗水从鼻子上掉下。交易场职员接过我手中的成交单,并加以确认。我拿出笔,在成交单上写下编号“945”。

现在是计算利润的时候了。我在 4 美元卖出了 20 张,在 $4\frac{1}{4}$ 美元卖出了 30 张。第一笔得到 8000 美元的权利金,第二笔则收获了 12750 美元的权利金,总计收到 20750 美元的权利金。我原先买进的成本是 3000 + 5125 + 4375 = 12500 美元,因此我的盈利是 8250 美元。乖乖,在我看来,这似乎是 100 万美元!我终于找到成功之路了,这是真的美国梦。我没有把事情给搞砸,我不必再回头当证券分析师,不用再去对那些经理人低声下气、阿谀奉承了。我再也不用到那片墓地,坐在汉密尔顿的墓碑旁。更重要的是,我不会像老爸一样受到经济大萧条的严重打击,我拥有了自由。我已经能够跨入赢家的行列了。

我昂首阔步走到数字设备公司期权的交易区,那里的作价员是弗兰尼。他是场里最难搞的一个浑蛋,曾经参加过朝鲜战争,总喜欢在交易场的另一头抽着骆驼牌香烟,真是一个难搞的人。

“菜鸟,你想干吗?”

“弗兰尼,我想进场玩玩。10 月份到期、执行价 85 美元的数字设备公司看涨期权你怎么报?”

“$1\frac{5}{8}$ 美元买进,$1\frac{3}{4}$ 美元卖出。对你的话嘛,菜鸟,我可以在 $1\frac{3}{4}$ 美元卖你 10 张。”

“我出价 $1\frac{11}{16}$ 美元买进 10 张。”

“门儿都没有,菜鸟。如果你要像个娘们儿似的跟我做,就给我滚远点。没门儿!”这个难搞的混蛋连 1/16 美元(相当于每股 0.625 美元)都不肯让我还价。

“好吧,弗兰尼,我就用 $1\frac{3}{4}$ 美元向你买进 10 张 10 月份到期、执行价为 85 美元的数字看涨期权。”我心想,你现在占了我 1/16 美元的报价便宜,弗兰尼,这等于 62.50 美元。我猜你是想让我知道谁才是这里的老板,你这个狗屁比萨店的烂老板!今天你整到了我,但是你给我小心点,我会一直待在这里,下次总有机会整到你。

投资心法 1　冷静客观,理性心态

“这是最后的、最棒的机会,来吧,宝贝,这太容易了。哦,土豆泥,土豆泥,你也办得到。土豆泥,土豆泥,耶!耶!耶!……”我和诺尔在交易场内,尽情地边唱边跳这首欢快的《土豆泥之歌》[14],时间是下午 3:59,离收盘还有 1 分钟。

就像日后我的小儿子所回忆的:“这真是忙得晕头转向的一天。”我们没去管散落满地的成交单,在地板上滑来滑去地玩乐。我们的情绪高到了极点,非常开心。那天我创造了 1 万美元的账面利润,而当时离收盘只剩下 1 分钟了。我才刚刚操作了几个月，心里正为能够在短期间内就创造这么好的业绩而高兴不已，我的头寸价格走势都合我的意，以至于我没察觉到应该把这1万美元的账面利润变换成现金。

第二天开盘后，市场一路下滑，由于我在前一天收盘只顾着跳舞庆祝而忘了清空头寸，所以我最后出场时把那1万美元的账面利润全都吐还给市场了。从那时起，我总是在真正听到收银机结账完了的铃声响起前，全力克制自己想要跳舞庆祝的冲动。当你觉得心情像正在做土豆泥那般兴奋过度时，这是一种发自内心的警告。它正在告诉自己：你已经失去了客观性，过于情绪化，并且会因此付出代价。

另一件同样愚蠢的事，就是你会真的以为自己的舞跳得很好，当然，事实上，你跳得不咋地，甚至很烂。

注　释：

① 此处是作价员对期权的报价，美股期权每张合同代表100股股票，而报价单位却是每股，因此如果报价是0.35，则每张合同为35美元。此处“3块就买10张”，意指每张期权为300美元时，就买10张期权。

② 美莎石油(Mesa Petroleum)目前是美国最大的独立石油公司，创办人是T·布恩·皮肯斯(Thomas Boone Pickens)，20世纪80年代，美莎是除英国石油、壳牌石油、埃克森美孚等五大跨国石油集团之外，美国最大的独立石油公司。

③ 1997年之前，美国股价采用的是分数制，最基本单位是1/8美元，或0.125美元。这个传统来自早年的交易者把1元硬币切成1/2、1/4等做基本单位的习惯。1997年以后，最小单位降为1/16美元。到了2000年，美国终于采取了国际惯用的小数制，基本单元是0.01美元，交易者可以用1美分的价格优势成交。

④ 执行价(strike price)是指(期权)容许期权持有人购买或出售基础工具的价格，也称行使价、履约价。

⑤ 看涨期权(call option)又称买进期权、买方期权、买权、延买期权或“敲进”，是指买家有权以双方预先协定的价格在规定期限内购买一份远期商品(包括金融商品，下同)合同。

⑥ 瑙加海德革(Naugahyde)，一种家具装潢用的织物，表面涂有一层橡胶或乙烯基树脂。

⑦ 场外交易(Curb Exchange)指的是由一群非法交易者于1890到1921年间在纽约证交所外形成的非正式市场。场外交易的活力，主要在于买卖双方能绕过证券商和经纪人，以双方议价方式进行交易。

⑧ 作价员(Specialist)，是指在人工喊盘的市场中为特定的股票和期权担任市场制造者的专业人员。

⑨ 贝尔斯登公司(Bear Stearns Cos.)成立于1923年,总部位于纽约,是美国华尔街第五大投资银行,系全球500强企业之一。2007年6月,它的两只基金因次级抵押债券出现严重亏损,继而成为次贷危机中最先倒掉的一批基金,后来被摩根大通收购。

⑩ 安默斯特学院(Amherst College),位于纽约州,创建于1821年,是一所文理学院,并有"小常春藤"之美誉。小有名气的贵族男校,直到1974年起才开始全面招收女生。

⑪ 亚历山大·汉密尔顿,美国的开国元勋之一,也是宪法的起草人之一,他是财经专家,是美国第一任财政部长。他就是因政党恶斗导致"决斗"而丧失生命的知名政治人物。汉密尔顿是美国现代化进程中的一位重要角色,他推动制宪会议的召开,并为美国宪法的批准做出了卓越的贡献。

⑫ 艾伦·伯尔,美国政治家,美国独立战争英雄,美国民主共和党成员,曾任美国参议员(1791—1797年)、美国副总统(1801—1805年)。

⑬ 头寸(position)是金融行业常用到的一个词,在金融、证券、股票、期货交易中经常用到。是一种以买入或卖出表达的交易意向。可指投资者拥有或借用的资金数量。

⑭《土豆泥之歌》(*mashed potato time*)是迪迪·夏普(Dee Dee Sharp)1962年演唱的流行歌曲。

操盘手计划出炉

人生大转折

“老婆,你咋指挥的啊,我们刚错过那个出口了,这会儿还在 84 号公路朝西走,等一下就开到纽堡去了,你到底会不会看地图啊?”

“老公,你就赖我,谁叫你开那么快,简直像个疯子。”

“就一件事,我只要你办小小的一件事,结果你都没有办好。老婆,你怎么会错过通往 684 号公路的分流道呢?那是进市区的主干道!”

“你开得太快了,我根本来不及看路标,而且我怎么知道我们要转到 684 号公路上?”

“因为你事先计划过,老婆。你昨天在我们上路前研究过地图,事先计划,老婆,你一定要事先计划。”

“给你,你自己去计划吧!”

该计划了

我把车停在安全的路边,把地图摊在租来的克莱斯勒轿车的方向盘上,急忙低头查看。每次我开始感到慌乱时,总会不由自主地再度陷入自己从前那个陆战队员的角色中,我会要求老婆表现得像一个优秀上尉的妻子,但通常这是一个错误，今天也不例外。老婆根本没有心情，任凭我像在交易场那样对她大吼大叫，同时，我也不能责怪她。那时是1978年的7月，当天的气温高达38度，我们热得要命，也累得不行，而现在又错过了分流道的出口，我们正开车奔向一个又破旧又落后的老城镇，它位于哈德逊河畔，纽约市以北50英里。

我们刚刚和里奇·贝尔泰利及他太太苏珊共度了一个周日下午。贝尔泰利夫妇是我们以前在西汉普顿海边避暑小屋俱乐部的伙伴，他们去年冬天结婚，在康涅狄格州的丹柏利买了一幢四居室——漂亮的殖民时代风格的房子，这次，他们邀请我们北上参观新房。当我看到那幢房子时，既印象深刻，又深感嫉妒。苏珊是一名电脑工程师，而贝尔泰利则是联合碳化物公司的业务员。他们现在拥有自己的财产，享受相当多的税赋减免，然后可以悠闲自在地坐看新房子不断增值。

而我们呢？老婆是美国纸业协会回收部门的主管，我则是哈顿公司炙手可热的证券分析师，可我们现在还在租房子，一点减税政策都享受不到，更要命的是，还在一旁呆呆地看着不动产市场价格水涨船高。每年，老婆和我加起来至少可以赚10万美元，比贝尔泰利夫妇多得多，但是我们却买不起一幢他们那样的房子。

我问他们："你们怎么买得起这么漂亮的房子呢？"当时四个人正坐在二楼喝着冰红茶，房间窗户完全打开，但一丝风也没有。一会儿工夫，我已经汗流浃背。很显然，贝尔泰利和苏珊的理财秘诀之一就是不开空调，从小处省钱。

"计划！"苏珊说，"一定得有个计划。"

"计划？"我说，"我每天起床、上班，回家后希望还有足够的精力做爱，然后再进入梦乡，这就是我的计划。"

"这正是我们的问题所在，请接着说。"老婆说。

于是他们就说开了。苏珊和贝尔泰利滔滔不绝地讲，而老婆和我则仔仔细细地听。我听得越多，就越觉得坐下来制订一个计划应该不是一个坏主意。我必须做点什么。

虽然我拥有MBA学位以及多年的工作经验，但到目前为止，还没有尝过成功的滋味。根据一些具体的目标来制订一个计划，并且排出明确的时间表来执行它，至少可以让我好好想一想自己该做些什么。但是我讨厌设定任何目标的想法，我已经有点对此感到厌倦了。

设定目标意味着承诺，承诺代表着义务，而义务则代表着房贷、第二抵押、汽车贷款、汽车保险、人寿保险、健康保险、房屋产险，对我们而言，还包括使用空调的电费账单。而最令我害怕的是老爸带给我的记忆，他的工作看不到前途，房贷还没有还清，面前是一大叠生活开销的账单，成天担心钱从哪儿来。我最害怕的就是困在中产阶级的牢笼里，下场和我老爸一样。绝不能让这种事发生在自己身上，我赶紧用袖子擦了擦额头上的大汗，我的天啊，贝尔泰利的屋子里真是快热出人命来了。

自由，我一定要有自由，但随着那天下午的记忆远去，我开始认为自己的自由或许并不那么重要。最近我很自由，但它为我带来了什么？我是一个33岁、一事无成的证券分析师。我刚刚结束一趟商务旅行，从得州飞回来，在那里向机构客户推荐热门股票，我的行程从休斯顿的早餐会开始，随后进行了四场会谈，然后又赶到机场飞往圣安托尼奥参加晚餐会，最后才在一场暴风雨黑夜的飞行后，步履蹒跚地住进达拉斯的旅馆房间，那时已是凌晨一点了。

第二天，我在睡眠不足的状况下继续下一个类似的行程。如今，我对出差那叫一个厌倦，每次要出差时，几乎必须要老婆把我从前门推出去，才能逼着我继续这样的推荐股票行程。我已经烦透了！生活也糟透了！当我们离开贝尔泰利家时，我在想，或许苏珊和贝尔泰利说得对，我所需要的是一个计划，一个成功的蓝图。

“这是一会儿的过桥费。”老婆边说边把两个25美分的硬币塞到我手里。我们正堵在收费站前的车流里，等着跨越哈德逊河到纽堡。路面被晒得浮起阵阵热气，车上的空调也开到了最大，但我依然是一身汗。前方的十八轮大卡车喷出一股股浓浓的废气，后面那部车子没来由地乱按喇叭。我究竟在这里干什么？我不想卡在这个车阵里，我也不想到纽堡去，我一定要让我的人生来个大转折。

“抓紧了，老婆！”我用力把方向盘打到最左边，横切过收费站前的空地，直直开上对面的车道。老婆大声尖叫，轮胎在地面上嘎嘎作响，四周的喇叭声响作一团。管他的，我在乎什么？终于，我开上了正确的方向。

五大步骤

回到家后，我拿出一叠纸和一支笔，坐在饭厅的桌子旁。“这就对了，老婆，”我说，“拉张椅子出来，我们来设定一些目标，该是我描绘伟大目标的时候了。”

老婆是唯一可以帮我设定目标的人，也是唯一真正了解我的人。在遇见老婆之前，我和女人相处的经验不仅短暂，而且令我觉得困惑。我没有办法与异性保持健康、正常的交往关系。1976年，我本已认定女人对我来说真的是太复杂了，单身生活会简单得多，但那时遇见了现在的老婆奥黛丽。她是一个美丽、自信、成熟的女人，而且喜欢我。她告诉我：我是她认识的所有人当中最聪明的一个。而且这话是发自内心的，我简直不敢相信她会这么想。1976年夏天我遇见的奥黛丽，正是那个自己一直期待的终身伴侣。

到了 1977 年夏天，水到渠成，我们谈婚论嫁了。我知道奥黛丽是我想要的终身伴侣。我们相识时，我正陷于长期的负债之中，而且操作股票一直亏损。一年后，我已经还清了债务，还赚了 5000 美元。可是我觉得自己还不到结婚的时候，婚姻会不会让我习惯了的自由生活就此结束？

1977 年 8 月，我们开始商量订婚戒指的事。我那时开始感到肠胃痉挛，浑身不舒服。到了 9 月，开始讨论结婚日期时，我的肠胃痉挛加重了，已经开始只能吃流食了。10 月时，她对我发出最后通牒："马丁，我的公寓租约明年 3 月就要到期了，不管将来是不是和你住，我都要搬家，所以请你马上做决定。"当时她正准备前往雪城参加侄子加雷德的成年礼。她们整个家族都要到那里去，而且家族里的人都期待奥黛丽会戴着一颗大钻石，在我的陪伴下出现在教堂。没有大钻石，我就没办法加入他们家族，我开始留在家里和肠胃痉挛作斗争。

我去找家庭医生雷蒙·郝克曼做乙状结肠镜检查。"哇！看看你大肠里的硬块。"医生边说边把镜头转过来，让我能够仔细观看。医生用笔指着屏幕对我说，"这就是症结所在，那个造成你肠胃严重压迫感的东西，约有一分硬币那么大，我们得马上把它弄掉才行。"

我小心翼翼把裤子穿上，问郝克曼医师是否可以用他的电话和经纪人联络。前一阵子，我拿去年辛辛苦苦积累下来的 5000 美元，悉数投在 1 月份到期、执行价为 78 美元的兴泰克股票的看涨期权上。跟经纪人通话后，他告诉我兴泰克股价正在猛涨，而我的 5000 美元已经变成 15000 美元。我对着电话大喊："卖掉。"

这该是我听听收银机铃声、医治肠胃痉挛、买一颗大钻石给奥黛丽的时候了，也更是长大变成熟的时候了。于是翌年 3 月，当奥黛丽的房屋租约到期时，她成了舒华兹太太。婚后四个月时，舒华兹太太告诉我，我将会成为明日之星。

"老公，你已经 33 岁，一直都希望为自己工作，所以尽管放手去做吧！你受过良好的教育，这是谁都夺不走的。最糟的状况顶多就是你最终破产，然后再回去当证券分析师罢了。去当一个操盘手吧，这是你的第一个目标。来，把它写下来。"

我拿起了铅笔。老婆说得对，我一直都知道自己想成为操盘手。没有任何其他的工作更适合我的个性，而且也没有任何其他事情比交易更能使我全身心投入。

我的数学很棒，对数字敏感，反应也快，热爱赌博，而且极喜欢在市场里搏杀。**成为一名操盘手。**我用又大又粗的字体把它写下来，这看起来很好。

"这就是我的第一个目标，咋来实现呢？"

"老公，一个计划，你必须要制订个计划。记得贝尔泰利他们是怎么说的吗？

现在你已经有了目标,你一定要想一个计划来实现它。”

我坐下来静静思考,“好吧!我必须做的第一件事,就是拟定出一套符合自己风格的操作方法。”

老婆说:“那你把它写下来!”

在**成为一名操盘手**的下面,我写下:

(1)拟定一套符合自己风格的操作方法

“好,”老婆说,“如何拟定?”

“最近一期的《巴伦周刊》①在哪里?”

接下来,我们用两个小时的时间讨论我的计划。我们剪下一些市场分析报告和订阅的股票技术分析图表资料,计算需要多少营运资本才足以支持我自己的操作头寸。我们确定至少需要 10 万美元。我觉得,少于这个数字的资金,就无法实现目标。所以我写下:

(2)积累 10 万美元的营运资本

“这要花多久的时间啊?”老婆说,“记住,你一定要设定实现目标的时间期限。”

“一年?”

“一年?你在一年内怎么有办法弄到 10 万?你已经在股市中折腾了九年,却从来没有赚过这么多钱,你必须现实一些。”

“嘿!不要忘了,我是你所认识的最聪明的人。如果我要成为操盘手,就必须证明自己能从交易中赚到钱。不是靠投资、不是靠借贷、不是靠写市场行情分析报告,而是靠交易。”我在纸上加上一个期限:**一年之内**。

我们继续讨论,我需要一位导师兼顾问。每位一流的操盘手都有自己的导师和顾问,他必须是一位年纪较长、阅历丰富、反应敏捷,而且愿意教导后辈的人。麦克·马库斯的导师是艾德·史柯达,保罗·都铎·琼斯的导师是艾礼·杜利斯。佐尔纳!对了,就他了,他是我在市场中所认识的最出色的操盘手,我接着写下:

(3)请佐尔纳当导师兼顾问

我们还谈到其他方面,要成为操盘手,我需要拥有某个交易所的会员席位。有了会员席位,交易成本才能大幅下降。会员交易时不用付很高的佣金,此外,他们有“3M”,也就是“做市商保证金”(Market-Marker-Margins)的好处,因此比一般的市场参与者有更大的优势。

如果我以一般交易者的身份,用每股 3 美元的价格买进 1 张(100 股)股票看涨期权时,必须支付全额 300 美元。但是交易所会员只须付一半的金额,也就是150美元。这使交易所的会员享有较大的优势,以两倍以上的速度赚钱,当然也可能以两倍以上的速度亏损。而且,交易所也替会员投了条件优厚的健康保险,于是,我又接着写下:

(4)在某个交易所取得会员席位

我打了个哈欠。时间已经很晚了。"我们先把东西收起来吧,明儿早还得上班呢!"

老婆说:"老公,说起你的工作,你可得在靠交易赚10万的同时,又保住不丢工作啊!光靠我的那点薪水过日子,那可不行!"

"别担心!我的事公司一点也不知情的,但我要在这一年中好好休假一段时间,想想自己的事情。我做这份一无所获的工作有八年半了。我对企业和行业的动态了如指掌,公司想尽办法压榨我,好在我自有办法应付。大部分人要做一个星期的工作,我只要一天就能完成了。"

"如果这也是计划的一部分,那就把它写下来吧!"老婆说。

(5)在未来一年中休一段时间假,替自己打算

我把铅笔丢下,"够了,这就是我的计划了!"

说干就干

第二天,我关上办公室的门,要秘书把所有的电话挡掉,然后开始拟定操作方法。要拟定出符合自己个性的操作方法,是我计划中最重要一环。没有合适的操作方法,就不会有获取利润的优势。一直以来,我都侧重股票的基本面,留意通货膨胀率、利率、公司增长率、市盈率、收益率、毛利率、市场份额、政府政策,以及其他一切会影响股价的长期因素。

但从此刻起,我要把自己转型成为技术分析者——一个灵活掌握市场时机的交易者,一个注意市场价格变动所发出的买卖信号的人,这就是投资者和操盘手本质上的最大不同。操盘手会把市场看作一个有生命、会呼吸的活性个体,而并非仅仅是许多个股的呆板集合。

正如同经济学大师亚当·史密斯在《金钱游戏》(*The Money Game*)中所说的:"市场就像是一个漂亮女人——无限迷人、无限复杂,总是变幻莫测,总是那么神秘。"这句话一直在我的脑海中萦绕。在认识奥黛丽之前,我在情场上总是打败仗,这也就不难理解为什么我在市场里也是一败再败,但现在我有了她,可以马上弄清楚其他漂亮女人在玩什么花招。

我开始阅读各种有关市场分析的刊物:理查·罗素的《道氏理论市场报道》

(*Dow Theory Letter*)、《巴伦周刊》(*Barron's*)、《商业周刊》(*Business Week*)、《标准普尔趋势线图》(*S&P Trendline Charts*)、《曼斯菲尔德技术图表》(*Mansfield Charting*)以及《CMI 技术图表》(*CMI Charting*)。其中我最喜欢的是《收割者》(*The Reaper*)通讯,这是一本由亚利桑那州的一个老好人麦克麦斯特所出版的商品期货市场报道。我是一个喜欢综合衡量事情的人,所以把各种不同的理论混合,加以取长补短,很符合我的个性。

在我阅读的各种刊物中,特里·兰德里的"神奇 T 理论"最能让我心领神会,所以我打电话给他,说明自己对他的研究如何着迷。兰德里是一个与众不同的天才,住在南塔特克岛,他也是一名陆战队员,毕业于麻省理工学院,如今,他正利用自己扎实的工程学技能来分析市场。兰德里相信市场上涨和下跌的时间一样长,而且在开始上涨前一定会有某种征兆,或是经历一个资金累积的阶段,当市场准备就绪、能量积蓄到位后,就会开始发力上涨。

仔细观察"T"这个字母,你会发现它在字形上,左右两边的长度都是相等的,所以兰德里称自己的理论为"神奇 T 理论"。我一看到这个理论,就知道它将会成为我新的操作方法中的重要环节。这涉及我对人类的认知:左右对称、达尔文主义、进化、事物的自然规律,所以我完全接受这个理论。

我每天工作 14 个小时,一周 7 天连轴转。在周末时,我研究趋势线,并制订下周的操作策略。每天晚上我都会评审自己的技术图、重新计算移动均线值、推算拐点,并设定我的进场和出场价位。有了神奇 T 指标,我仿佛发现了宇宙的规律,以及每 12 个小时交替的涨潮和退潮,神奇 T 指标已经和我融为一体。市场数据以最原始的方式上下起伏,而我就像一只生活在沙里的软体动物一样,根据本能直觉地和市场一起上下波动,这就是我的操作方法。

我一直充分相信我的导师和顾问。我开始一天打三四次电话给佐尔纳。在 1975 年,当爱德华与韩利公司因为 1974 年的空头市场而发生问题时,佐尔纳跑到哈肯萨克市,在那里设立了一家小型的对冲基金。我在新泽西访问一家医疗器材公司时,经常顺道到那里拜访他。结婚后,我和老婆会在周末时开车到新泽西去,我和佐尔纳打网球,而奥黛丽则和他的太太薇琪聊天。

佐尔纳开始操作基金时,在哈肯萨克市弄了两间办公室,他用其中一间,薇琪则坐在另一间里。办公室里放着一部道琼斯的纸条式报价机,是那种在顶上带一个玻璃灯泡的直立式古老机型。报价机上方的墙上挂着一只大西洋三文鱼标本,两者清楚地表现了佐尔纳一生中的两样最爱——交易和钓鱼。

我会坐在他身边,看着他花几个小时的时间,细细查看手上那一长条连续的报价纸条，他的指尖上总会因此泛着淡淡的紫色墨水印。

“马丁，你一定要感觉出报价的变动，”他会这么说，“它会告诉你需要知道的一切。市场价格可能在好消息披露后下跌，或在坏消息公布后上涨。如果你有能力洞察价格跳动中的奥秘，你就能够知道目前市场健康与否。”然后他突然停止说话，长达数米的纸条堆在脚边，停留在他沾了油墨的手指下，“等一下，马丁，我们找到了一个例子。你看这里。宝丽来相机的价格又上涨了3/8美元，结果很明显，他们一定会在圣诞节假期前卖出许多相机，这表示该公司第四季度业绩应该会很好。看一下你的均线，现在可能是买一月份到期看涨期权的大好时机。”

到了1979年年初，我可以看出自己的计划开始奏效了。我对神奇T指数的细微变化越来越明察秋毫，并从中发现一些新的用途，也摒弃一些不实用的部分，经过多次尝试后，我渐渐将神奇T理论和我的个性，以及自己在数学方面的思考结合在一起了。

借助这个过程，我拟定出一套独特的操作方法，再结合佐尔纳对我的指导，我开始尝到了赚钱的滋味。我的自信心也越来越足，准备随时到市场里淘真金了。

我主要做期权交易，其中大部分是看涨期权，因为我对自己在过去两年中曾经操作过的十几只股票，有着倾向于做多的看法。我操作过的都是一些大型企业股，如兴泰克、IBM、霍尼韦尔、特利丹、宝丽来，以及施乐等，在证券分析师的眼中，这些股票都有良好的基本面因素支撑，每天的成交量很大，流通性极佳。

流通性非常关键，因为我是一名帽客②，在几个小时，甚至几分钟之内可能会在市场中杀进、杀出好几趟。此外，期权的价格波动比股票高得多，这表明以同样的资金，我可以乐享更多股价上涨带来的利润。

我通常会同时持有3到4个看涨期权头寸，大多数的赌注都在5000美元到15000美元之内，这恰好与我的营运资本规模相匹配。一般而言，我希望能够在每一笔交易中赚取1000到3000美元。

自从在1976及1977年当中维持损益两平的局面后，我现在已经开始稳定地获利了。以前，我凭着市场传闻或是自己的直觉进场交易时，只要发生任何意料之外的状况，我就好像陷入了深不可测的沼泽地，孤立无援。

但现在，我每天晚上定时研究技术图形，回顾并更新趋势线，计算均线值指标，推算价格拐点，设定进出场价位，这些准备工作令我充满自信，好比一个棋手在棋盘上按照自己的想法在走棋，并随时能精确地计算出，接下来的五至七步可能会怎么走。我的操作并没有太大的改变，但我用一种更聪明的方法来交易。研究市场的过程成为我内心力量的源泉，帮助我将头脑中潜藏的智慧与能力充分发挥出来,从而帮助我做出更明智的决定。

当你在市场中交易时,你不能傻呆呆地站在原地不动,没有足够的时间仔细思考,必须马上决定要进攻还是撤退,是卖还是买。拥有一套操作方法让我感到充满力量,因为在心中就能看清楚自己所做的每一个动作。这套方法使我有足够的信心,在必要时当机立断、做出决定。

在1979年的第一季度,我的营运资本累积到5万美元,这已经是所需资金的一半了。我完全相信自己能在第二季度再赚到另外的5万美元。到时候就该是展开下一阶段工作——取得某个交易所会员席位了。

1973年,芝加哥期权交易所(Chicago Board Options Exchange)成立,专门交易各种挂牌的期权。它的快速成功促使其他交易所,比如太平洋证交所、费城证交所,以及美国证交所,都开始努力增加期权合约的成交量,以期在期权市场中分得一杯羹。我原本计划搬到芝加哥去,但是如果我可以在美国证交所取得会员席位的话,又何必非要离开纽约搬到芝加哥去呢?

鲍勃·弗里曼是蒙哥马利证券一位知名的医疗用品行业分析师,也是我的故友。我们曾经一同在1976年组建了《机构投资者杂志》(*Institutional Investor Magazine*)的"全美研究团队",所以我们常在会议中见面。有一天弗里曼向我提起他的一个同母异父的弟弟丹尼·维斯科普夫,他是一个在美国证交所工作的作价者。当我向弗里曼说起自己想要买一个会员席位时,他就把我介绍给他弟弟。维斯科普夫负责交易的是巴利娱乐公司的期权,这是当时交易场内最炙手可热的一种期权,我去见维斯科普夫时,他忙得像个正在照顾四胞胎的保姆似的,所以他就把我转介给海耶斯·诺尔。

诺尔为维斯科普夫工作,年龄和我相当,而他从1970年起就已经在交易场内工作了。和我一样,诺尔也沉浸于技术分析领域,而且,他也和我一样希望能够操作自己的资金,我们很快就成为好朋友。

每周总有几天,我会以出去吃一个长时间的午餐为由,然后直奔交易所。我在参观者柜台登记,拿到临时参观证,然后广播员就会广播:"海耶斯·诺尔!海耶斯·诺尔!柜台有你的客人。"诺尔下楼来,然后我就戴上参观证跟着他进入交易场。

在那几次参观中,我像个陆战队员似的查看着新环境,思考着自己将来如何在这里求得生存。我会在诺尔身后亦步亦趋,看他如何操作,观察周围的"地形",详细记下谁负责什么合约的交易,谁又是哪里的职员,电话在哪里,厕所又在哪里,等等。

有一天,诺尔对我说,"马丁,你一开始应该先租一个会员席位。这样的话,你可以省下一些成本,等到你今后能在这里站稳脚根时,你再确定是否买一个席位。”

“这不可行!”我说,“我已经确定自己可以在这里做下去了,我就是要买个席位。”

拥有和取消会员席位,必须直接到交易所办理手续。交易所会从中收取一笔他们喜欢称之为“过户费”(Transfer fee)的为数不少的佣金,而席位的行情也分买盘和卖盘,不尽相同。交易所总是有空下来的席位出售。

1979 年夏天,一个席位的买盘价约为 8.5 万美元,卖盘价则约为 9 万美元。这意味着我大约可以用 9 万美元买到一个席位,另外还要加上 2500 美元的转户费,不过首先我得先注册成为全国证券交易商协会(National Association of Securities Dealers)认可的合格交易商,并上过美国证交所一堂如何操作期权的课程。到了 6 月底时,我已经赚到了 10 万美元,终于一切准备就绪,开始准备行动了。

这时,我迫不及待想要从哈顿公司辞职。在几乎长达一年的时间当中,我把工作设定在“定速巡航”的状态,要秘书挡掉所有电话,躲在办公室里,关上门,打开报价器,然后开始交易。我一天中曾经执行过 3 到 6 笔交易。

在办公室里装一部即时报价器是一件很重要的事。我是哈顿公司里唯一拥有个人报价器的证券分析师,这部报价器是我在 1977 年跳槽到哈顿时和他们谈的条件之一。在我最早的几份工作中,整个研究部只有一部报价器,而且还设在大厅里。我总是不断地走过去看那部机器,老板们看到我一直站在大厅里看报价,便开始怀疑我到底在搞什么鬼。我很久以前就了解了华尔街的游戏规则,那就是:如果想要增加收入,最简单的方法就是跳槽。

华尔街老板们的定律就是薪水付得越少越好,只要能够把你勉强留下来就可以了。但当别的公司需要你时,会提出更高的薪水作为条件,因为他们知道,这是你换工作的唯一理由。我受到哈顿公司的机构研究部门负责人丹·墨菲的青睐时,觉得可以向他提一个要求:在我的办公室里装上一部报价器。就这样,我可以在别人不知情的状况下,随时掌握市场行情。

现在,我打算从哈顿辞职了。我觉得要去告诉墨菲自己想要辞职的最好时机是周一的早晨,一周和一天刚刚开始的时候。我选择了 7 月 9 日,周一的早晨来做这件事。按照别人通常的做法,我会直接走进他的办公室告诉他,然后马上走出去。这是人们在华尔街的办事方式,但是老婆建议我采取一个不同的做法。

“向墨菲实话实说,阐明你的计划,让他知道你不是跳槽,只是想出去当一名操盘手,经营自己的资金,他会尊重你的想法的。如果有一天你还得回去的话,这也算是留下了一条后路。”

所以，当我进去见墨菲时，我对他说："非常感谢你在哈顿对我的关照，但是我决定改变自己的人生规划。我九年半以来一直担任证券分析师，去年刚刚结婚，希望建立一个家庭，再也不想到处做商务旅行了，这不是我想要过的日子。我一直想成为一名企业家，自己当老板，所以现在，我打算做一名操盘手。"

墨菲起身关上办公室的门。由于刚刚才有两名证券分析师跳槽到其他公司，所以现在公司内部的情况相当微妙。"好吧，"他说，"但是你得帮我个忙，请你暂时保密，因为我需要一些时间来找新的分析师。如果你现在就向外宣布你要辞职的话，同事们会觉得这个部门好像快散伙了。"

我答应墨菲，甚至还继续替他出了几趟商务差。我们安排了一个到费城的行程，分别到 6 个不同的公司做 6 场商务访问，其中一场在上午 9:00，一场在上午 10:30，一场午餐会，一场在下午 2:00，一场在下午 3:30，最后一场在下午 4:30，然后赶搭快速火车回纽约。我痛恨这种行程，但是墨菲说："请你帮我这个忙，站好这最后一班岗吧！"

在我辞职那天，发生了一件前所未闻、令人惊讶的事情，就是在辞职后的 6 个月内，墨菲仍为我在公司留有一间办公室。在华尔街，通常当你告知老板自己想要辞职时，他们会马上封锁你的所有档案，检查你的公文包，恨不得把你抓起来做个"直肠检查"，看你是否藏了公司的东西，然后由保安"送"出大门。但是由于这次，我彻底改变了自己的职业生涯，出外打拼自己的事业，所以我觉得自己走得像个英雄。

我的计划已经成功了，我拟定出了一套适合个人风格的操作方法，让佐尔纳成为我的导师兼顾问，并通过交易赚取了 10 万美元。我在美国证交所买了一个会员席位，离开了哈顿公司，正式成为一名操盘手了。

在 1979 年 8 月 13 日，周一的早晨，我驻足在美国证券交易所的入口处，深深吸了一口气，拿出了会员胸卡，然后走进那扇写着"会员专用"的大门。我准备好了，该小试牛刀、展翅高飞了！

投资心法 2　积累资金，保本为先

我喜欢幻想回到过去某个历史时期，想象自己如果生在那个时代会怎样。比如，我幻想过自己是一个文艺青年，生活在 14 世纪的文艺复兴时期；我也幻想过自己是一名在"淘金热"中涌向西部的拓荒者，生活在 19 世纪的西部拓荒时期，在寻找食品和工具[③]，然后去加利福尼亚淘金。

1979 年我开始自主创业，就一直在股票、债券、期货和期权市场中打拼。我需要 10 万美元做营运资本。从心理层面上讲，除非我确定能赚到六位数以上的利润，否则，我会认为自己不具备自主创业的能力。其实我应该确立更高的资金标准，但是我非常急着要出外闯荡，而 10 万美元是我预计要达到获利目标所需的最少营运资本了。如果你要以交易维持生计，一定要给自己一年的时间。以足够的资金开始投入交易，才能应付得了日常生活开销。足够的资金也可以让你以相当的规模从事交易，并且使你持续保持获利。

如果你另外还有一份正式工作，就不需要为生活开销另做准备，但仍然要有足够的资本来让自己有机会成功，并以一个自己感到适当的规模从事交易。想要控制你的交易行为，最简单的方法就是在经纪商那里开设一个专用于交易的账户，千万不要把超过你能承受亏损的过多资金放进这个账户里。我无法告诉你该投入多少，这是一个因人而异的决定，但不论金额多少，你投入的资金不应超过自己能够承受的亏损额，这是底线。万一你真的把这笔资金输光，也要有放弃的心理准备。

在自主创业之前，你一定要能够完全控制自尊心，并且了解“获取利润”远比“决定正确”重要。在你准备通过金融交易维持生计前，必须通过活跃的交易来证明自己的能力，并测试操作方法。这意味着我必须不断地用营运资本积极交易。如果我可以通过交易累积 10 万美元，就表明自己已经拟定出一套可以成功的方法。

我不认为借钱充作营运资本是正确的决定。戒赌中心里多的是借钱当赌本的人。没错，我是向老婆的兄弟们借了 5 万美元，但那些只是备用资金，而且我下定决心绝不动用，事实上，我也从没动用过。对我来就，那 5 万美元就像小飞象丹波[④]的羽毛一般，只是用来做飞行时心理上的保障，一旦需要用到它时，就表明我已经失败了。而我绝对不能失败，至少这次不能。

赚到 10 万美元是一回事，要把它保住可又是另一回事了，所谓“打江山易，坐江山难”。老婆和我放弃了享受、全力储蓄，使我可以顺利创业，我因而深深体会到监管资金的重要性。让营运资本在交易过程中持续增长，需要极大的自律，而且，如果你能在打下山之后坐稳江山，你通常就会获得成功。优秀的操盘手每天都可能盈利或亏损数千美元，通常会给人一种“钱来得容易，去得也快”的印象。这并不全是，我们就不以赚钱为喜，也不以赔钱为悲，但这并不代表我们视金钱为“粪土”。

杰克·施瓦格在他的大作《金融怪杰》(*Market Wizards*)一书中提到的最有趣

的一个观点就是，几乎每一个他曾采访过的操盘手，都会提到自己曾经如何经历失败，但最后终于成为市场赢家。你的营运资本一定要多到让你有足够的时间迈向成功，并且多到足以不会令你在一笔交易后就被淘汰出局。我刚开始在美国证交所操作时，几个小时之内便输掉了营运资本的10%，但因为营运资本够多，而且我的止损点也够接近，所以我在市场转向有利于我的方向前，并没有清空头寸。

此外，我是一个专打一垒安打[⑤]的人，我不期望击出全垒打[⑥]。我的交易风格就是积少成多、聚沙成塔、积小胜为大胜，而不是一定要赶上某一波大行情，因此我的营运资本并不需要像那些总想把球击往外野围墙的人那么高。

正如那些在淘金热中涌向加州、占下土地和财富的人一样，最有机会致富的操盘手，是那些能够靠自己赚到营运资本的人。

注　释：

① 《巴伦周刊》(*Barron's*)，创刊于1921年，发行量超过30万份。作为专业财经周刊，《巴伦周刊》以帮助美国专业及机构投资者把握金融市场发展方向为宗旨，以准确的判断和透彻的分析为特色。作为道琼斯旗下的一份杂志，《巴伦周刊》以对公司前景的尖锐评估和对股票市场的调查报告而闻名。

② 从事抢帽子行为的人，在股市中称为帽客。抢帽子是股市上的一种投机性行为。在股市上，投机者当天先低价购进预计股价要上涨的股票，然后待股价上涨到某一价位时，当天再卖出所买进的股票，以获取差额利润。或者在当天先卖出手中持有的预计要下跌的股票，然后待股价下跌至某一价位时，再以低价买进所卖出的股票，从而获取差额利润。

③ 食品和工具(grubstake)，美国人在西部拓荒的时候，往往会找一些会给他们提供食品和工具的人，这样可以使他们有能力开始他们的计划。现在，这个名词已经演变成为开创新的企业、投资等所提供的资金或贷款。本文是指营运资本。

④ 在迪士尼电影《小飞象》(*Dumbo, Walt Disney Productions, 1941*)中，小象丹波真的会飞，但他自己不相信，他在身上系了羽毛，把全部信任都放在羽毛上，他认为羽毛能带给他飞行的本领，但当发现羽毛飘走时，他被迫求助于自身的能力。

⑤ 一垒安打，是棒球术语安打的一种，就是击出安打后击球员成功上一垒的情况。

⑥ 棒球运动中，全垒打是一种打者可环绕所有垒包一周的安打。除了打者跑到终点本垒时，可自力得到一分之外，所有已经在垒包上的跑者每人皆可得到一分。

在赌博中成长

市场如赌场

我挥汗如雨，抬头看着墙上的报价屏，检查我的头寸状况。我受够了，得清空它，如果不这么做，可能会把一切都输光，所有努力的成果都将化为泡影，我会把一切搞砸。每个人都会站在我的四周，不断地叫喊："来啊！马丁，别放弃这个大好机会！""是啊，来试试吧！出击吧。""对了，马丁，别站在那儿发呆！""采取行动吧，你这个懦夫、懦夫！……"

我一刻也不愿再等。我已经准备好了，看着尤基那张又肥、又黑，上面有个大鼻子的意大利人面孔，我向他打出手势。拥挤的人群逼使尤基的身体左右摇摆，一下子被挤下过道，然后又斜靠在墙上。我在空中挥舞着拳头，清空了我的头寸，控制权再度回到手中。

天生的赌徒

我最初接触赌博，是从小时候和别人交换棒球明星卡开始的。每逢周六的早晨，我会把脚踏车骑出来，然后在附近收集汽水瓶，一个 12 盎司的瓶子值 2 美分，而一个 32 盎司的则值 5 美分。到了中午就有价值 40 到 50 美分的瓶子在我的小车上叮当作响，在 1953 年，这对孩子来说可算是一大笔钱。我会把瓶子拿到街上的杂货店，换取一包包的棒球明星卡。

每一包卡片要花5美分，里面装有5张棒球明星卡片。我扯开其中一包，丢掉里面的口香糖。没有人会去吃那个口香糖，它硬得像制皮鞋用的牛皮，味道像是墙上的壁纸一样，只有很小的小孩子才会笨到去吃它。接下来，我会把卡片外面一层粉红色的包装纸拿掉，仔细检查每张卡片，找出我已经拥有的，期待着能找到一张曼多或是利兹托的卡片，同时又祈祷不要拿到像匹兹堡海盗队和华盛顿参议员队（华盛顿："战争第一，和平第一，美国联盟倒数第一"）那些烂队球员的卡片。最后，我和朋友会找个地方对着墙壁交换卡片。

想要成为赢家，必须严格遵守规则、果断采取行动。

从10岁开始，我已经可以靠铲雪来打工了。冬天时暴风雪会从加拿大蒙特利尔直吹而下，学校因此停课，而我则抓着铁铲出门。我会铲一个早上的雪，每条人行道收费1美元，每条车道收费2.5美元。那是很吃力的工作，而且常常当我以为完工时，铲雪车一经过，又把雪给推回原位。我不断努力铲雪，到中午时，口袋里大概就有七八美元了，这在当时可真是一大笔钱。铲完雪后我会直冲到艾迪·科恩家的地下室去玩牌。我们通常玩一种名叫"大逆转"的玩法，有时候我一个下午玩下来可以赢10或12美元，这比起铲雪来说当然好多了！

15岁时，我们改成玩扑克牌了。周六早晨，我会跑去当外公的球童，虽然外公的高尔夫球打得并不高明，但小费给得很大方。他会递给我一张10美元钞票，这在1960年时可是一大笔钱。然后我还是会直奔科恩家的地下室，和几个老哥们儿见面。其中一个家伙是托尼，他的父亲在西纽海文市经营一家汽水公司。我喜欢和托尼玩牌，因为他身上总带着很多钱。他的父亲开一部凯迪拉克轿车，而且是木桥乡村俱乐部的会员，但托尼显然不是个很聪明的人，他永远搞不清"不要拆掉对子来凑顺子"这个基本原则。通过玩牌赢托尼，我尝到不少乐趣，因为当我和比自己有钱的人对抗时，总会激荡着一种亢奋的情绪。

我爸妈似乎对我的赌博行为不怎么管，可能是因为我从中赢了不少，但当我外公知道我用他的钱做赌资时，他简直气疯了。他向我妈妈抱怨道："你怎么可以让他去玩牌，还赌成这样子呢？要是他染上了赌瘾，这辈子就毁了！"

我的确沉迷于赌博，但我不会毁了自己这辈子。我跑到阿奎达跑马场去赌马。一拿到汽车驾照，我就每次带50美元开车到那里去，试着在回家时能赢个100美元或更多。大多数时候，我的确办到了。跟玩牌一样，我发现自己对赌马也很有一套。而且我到赛马场是纯粹"做生意"，不是去吃喝玩乐，也不是去交一些酒肉朋友，而是去赚钱的。

我观察马的跑姿，研究训练师，把骑师的状况列出表格来细细对照，并深入调查马场里跑道的状况。我会注意马匹的血统是否纯正，以及最近一次比赛的结果如何，希望从中找出一些规律。我会翻阅《赛马日报》(*Daily Racing Form*)的评级报告，来衡量哪一匹马在哪天的哪一场比赛中最有可能胜出。我也计算每匹马的速度，用来决定要怎么下注。最后，我会细看赌金计算器的显示板，找出其中异乎寻常的状况，确认下注的机会，等到最后一分钟然后下注。

我喜欢阿奎达跑马场，那里环境清洁、绿草如茵、马匹优良，而且没有人会在意我老爸的烂工作、我的犹太后裔身份，或是我没有钱加入木桥乡村俱乐部的事。如果有人想进入阿奎达跑马场的俱乐部会馆，只需要多付点钱就行了。

比其他玩家知道得更多，是成为赢家的关键所在。

读大学时，我下课后最喜欢做的事就是跑到赛马场，我通常独来独往。在1963年那个时候，我们学校并没有太多学生赌马。周五的足球训练结束后，我会徒步走到位于校园书店旁的车站，搭上巴士，直接赶往位于新罕布什尔州辛斯代勒市的小型跑马场。当巴士经过美丽的新英格兰区农场时，我望着窗外秋天的树木，心中想着如果我将来能拥有一个长着黄橙枫树、盖着暗红色谷仓、围着白色篱笆、种满绿色牧草的农场，并且养着属于自己的好马，该有多好！在夜晚的归途中，我会坐在巴士的最后一排座位上，数着赢来的钱，感觉自己像是个大赢家。

敢于梦想。真正重要的不是你现在在哪里，而是你将往何处去。

或者就像我祖父最爱唱的那句歌词，**"如果连梦都没有，哪来的梦想成真"**。

欧洲赌博之旅

1967年夏天，我爸妈给了我1000美元赴欧洲旅行，五年前我哥哥从雪城大学毕业时，父母也给了他那么多的一笔钱。这趟旅行是和我大学时期的室友拉瑞·林肯及他的弟弟史蒂夫一起去的。我们安排了长达11周、从六月中一直玩到八月底的行程。父母认为这可以让我有足够的时间，在商学院的课程开始前去吸收一些欧陆文化。

当拉瑞和史蒂夫在博物馆和大教堂游览之际，我却在各大赌场痛快地赌钱。这些赌场都是相当古老而华丽的巴洛克式建筑，有着拱形屋顶、水晶吊灯、天鹅绒厚窗帘，里面的人都穿着正装，打着领带。我最喜欢的赌场位于法国的迪翁。当我们待在日内瓦时，我开着拉瑞和史蒂夫的老爸要他们买了带回美国的奔驰轿车，穿过瑞士边界直奔迪翁。

我记得要通过边界时，我拿出护照以及驾照。边界的守卫问我："先生，你准备到法国做什么么呀？"

"好好赌几把。"我回答。

"啊！那祝你好运啦！先生。"

"谢谢你的好意。"我说不了太多，谁叫我实在不怎么会讲法语呢。

我从远处看到了灯光，然后开着那部奔驰停在赌场前，觉得自己好像007系列电影《皇家赌场》里的詹姆斯·邦德。像邦德一样，我使用复杂的级数系统来赌轮盘。我等着轮盘出现连续四或五次黑色，四或五次红色或其他颜色。我会站在桌旁把结果登记下来。我并不认为轮盘赌博里的结果完全随机，或每个颜色出现的概率是确定的，我要找出它的规律。在从中找出某种规律之前，我不喜欢拿钱下注，谁知道那天晚上会不会有哪部轮盘机出现偏差？

在欧洲待了10天后，我赢的钱已经比花的钱还要多了。这真令人兴奋，我开始希望能从赌博当中赢到足够的钱，让我在假期结束时能把父母给我的1000美元还给他们，我想这一定棒极了。

我们在欧洲大陆游玩期间，我一直在赢钱，但当我们到达行程中的最后一站伦敦时，我太急着要进赌场玩，竟然连休息都顾不上。**在赌博中最重要的一件事，就是让自己得到充分的休息。**就像参加赛跑一样，你如果没有把体能调整到最佳状况，注定会输。但是当我们从盖特威克上岸后，我所做的第一件事就是跑到我能找得到的第一家赌场去赌个痛快。

那天晚上大约八九点钟，当我找到一家赌场时，那个地方几乎像一片荒原。其实我当时并不知道，伦敦地区的赌场都要很晚才开始营业。我想去玩掷骰子，想和其他玩家赌。但是现场并没有其他赌客可以一起玩，所以我左手和右手赌。我自己曾设定了一个严格的规则，限制自己不能让同一个玩家连续赢我两次，如果发生这种状况时，我就立即收手，等待下一个玩家出现再上场。但在这里，下一个玩家就是我自己。我当时一定是神智不清了，在对手是自己的状况下连赢了七场。"太厉害了！"赌场经理赞叹地说，"没看过有人像你这样赌骰子。"

当天晚上回到旅馆房间后，我写道：

1967年8月18日。今天晚上，我希望能从这个"学费"高昂的一课中学到一些东西，而且从金钱的角度看，我希望自己所学到的能比所付出的代价多一些。今天晚上，我赌输了400美元，这对一个比我大的人来说都不算是一笔小数目，对我这样一个刚满22岁、没有正式工作的人来说，更是巨额损失。我在自己尚未平静下来的时候写这篇日记，希望今天晚上我所学到的东西，让自己设定下今后一生中都不可打破的戒律：

1. 绝不再用太大的金额下赌注。靠努力工作来赚钱，自己再也不要妄想捞那种不劳而获的钱，因为世界上压根没这么好的事。

2. 绝不在度假期间做大金额的赌博。如果真的忍不住的话，也只能拿一些小钱来赌，而且如果缺乏自律，就不要带太多钱出门。事实上，只能带自己输得起的钱去赌场，而这笔钱的金额也应该非常小。

3. 拿大把钞票投入赌场或赛马是件很荒唐的事。以后只要拿小小的赌资当作一时的消遣，怡怡情就好了。

今晚吸取到的教训将在日后显现出真正的价值。牢记今晚的教训，未来就可以证明我付出的代价到底是昂贵还是便宜。该是让自己不再进行这种疯狂举动的时候了，我该回到从前相信努力工作才是追求成功和快乐的信念中。我只应该从有成效的工作里得到满足。我必须及时吸取教训，以免形成大患。

为帮助自己消除个性中的弱点，我认为必须在就读商学院期间加倍用功，以减轻这种好赌的习性。

当然，我写的这些都是屁话。我才不想放弃赌博呢！第二天我就重回赌桌了。而且在我离开伦敦之前，还赢回了不少先前输掉的钱，只不过，最后剩下的钱并不够还给父母的1000美元。

不要打击自己的信心。如果拥有一个有效计划，就坚持到底！

拉斯维加斯就是天堂

里奇把我带到另一个层次。1970年的冬天，当时我刚从商学院毕业并且开始为库恩·洛恩公司工作，我也从位于纽黑文的陆战队的运输补给部，调到布鲁克林的俄罗斯侦察部。里奇是我所属单位招募而来的兵，他简直可说嗜赌成性。由于当时在布鲁克林实在没有什么俄罗斯人好侦察，所以我们把部分空闲的时间都用来玩牌，并讨论有关赌博的话题。

有一次，我们在加州彭德顿进行为期两周的训练时，有一整个周末没事干，里奇就对我说：“中尉，你想去拉斯维加斯吗？”

我从来没去过，所以很自然回答说：“当然好啦，你这个傻瓜！”

很自然地，单位中的大部分人都和我一起开车到洛杉矶，然后搭乘飞机到拉斯维加斯去。那时是8月初，天气仍然十分炎热，而且沙漠中不时会吹起沙尘暴。

我们像小猫一样被塞在一个像烘干机似的小飞机上，驾驶员甚至不确定我们是否能顺利降落。他总共试了三次才成功，我当时还以为我们真的会机毁人亡呢！当我们终于走进金沙饭店时，我看到了老虎机、牌桌、饮料、食物、招待小姐，以及各种赌具，立马感觉自己好像又活过来了！

我们住进饭店时，服务员说："你们需要什么，尽管告诉服务台。我的意思是，如果需要'任何'服务，只要打电话给我们就行了。"我还没打几通电话要求服务，拉斯维加斯就已经成为世界上我最喜爱的地方了。我下楼赌博，回到房间，打电话给服务台，休息一下，吃点东西，再度下楼，继续赌博。对一个拥有不错工作的单身汉来说，拉斯维加斯简直是天堂。

从那时开始，我只要一有机会，就会到拉斯维加斯玩一趟。我曾与总部设在西岸的一些公司来往密切，因此开发了一条旅行路线：每逢周三晚上，我会从纽约飞到盐湖城，周四整天都和公司高管洽谈。周四傍晚飞到拉斯维加斯，住进凯撒宫饭店，然后尽兴赌博。周五一大早，我又飞到凤凰城访问几家公司，然后傍晚又回到凯撒宫。整个周末我都在赌桌上度过，最后在周日晚上红着双眼回到纽约。周一一早回到办公室去写出差报告，并向同事吹嘘我在赌桌上的战果。

对一个纯粹的赌徒而言，拉斯维加斯就是天堂。

我还赌球和赌马

同年秋天，我们在布鲁克林的部队开了一次会，里奇要我帮他鉴定足球明星卡，他说他想打电话给他的马票商（以赌马和开赌盘为生的人）卡迈因。我说："真巧！我也想要找一个马票商和我合作。"

马票商是不随便与人见面的，得有人做担保才行，所以里奇就帮我和卡迈因安排了一次面谈。我们在位于扬克斯市的阿瓜维特餐厅见面。卡迈因是一个皮肤黝黑、身材矮小、行为鬼祟的西西里人，他的领子拉得高高的，帽檐压得低低的，而且还会不停回头张望。我大概看起来不像联邦调查局的探员了，因为刚一见面，卡迈因就开始和我说起行话来了。例如想要下注 500 美元就用"5 美分"为暗语，而"10 美分"代表投注 1000 美元 。他给我留了几个电话号码，让我在需要的时候能找人下注，最后他对我说："马丁，你需要一个代号，就叫你枫树好了。"

自此我的代号就是枫树，我也喜欢这个代号。我会在周日的早晨出门找一部公共电话，拉高衣领、压低帽檐，贼头贼脑地四处张望，然后打电话给卡迈因。"我是枫树，"我对着电话小声说，"巨人队的赌盘如何？底特律超过 8.5 分吗？好，我喜欢这个赌盘，帮我在狮子队上面买个 5 美分（500 美元）。”

卡迈因不接受支票或信用卡，只收现金，所以我开始在公寓里找一个好地方藏钱，所有赌徒都有自己怪异的藏钱地点。我终于选定了一本我在读商学院时买的有关联邦税制的书作为藏钱的地方。我发觉那本书不会引起任何人的注意，而且我喜欢把赌资藏在这本书中的反讽意味。

枫树在橄榄球方面赌得还算顺利，但在篮球赛季中有点失控。如果枫树当时曾经找过精神科医生的话，他也许会知道赌博可能是一种和异性建立稳定关系的替代品。枫树的社交状况变得越糟，就越有进场赌博的渴望，而 1972 年年初，他不但没有与异性建立稳定的关系，还处于不断输钱的状况，情况更加糟糕。

我曾经在佛蒙特州的糖枫林参加一个滑雪俱乐部，但还是没有办法借此与异性建立什么特别的关系，到 2 月初，我已经在卡迈因那里输了 2000 美元，这对我来说可谓一大笔钱。一个周五的晚上，我正开车往滑雪俱乐部去，那时我已经差不多要宣告破产了。在那周稍早时，我曾经南下到路易斯维尔，和一家公司的总裁面谈。

卡迈因有一种很奇特的赌法，叫作“如果反转就加倍”（double if-then reversal）赌法。在这种赌法里，你可以在四种结果中任何一种出现的时候赢钱，就有机会以 500 美元赢得 4000 美元。我一直用自己记录赛马、骑师，以及轮盘的方法来记录美国大学篮球赛的比赛结果。

那一赛季接近尾声时，我已经很清楚谁会赢得各场胜利，谁会赢得连续胜利，或者谁只会赢得主场胜利。我挑出四场比赛来玩这种“如果反转就加倍”的赌法。我在第四场比赛赌路易维尔队会赢曼菲斯队 3.5 分。因为我在路易维尔期间，每个人都在谈论红衣主教队，而我对路易维尔队的感觉也很棒，所以我打电话给卡迈因下注。

周六下午到晚上，我开着我的 TR6 跑车[①]围着山路兜风，调整收音机的频道，听一听比赛结果。当时正在下雪，我的手都快冻僵了，静电严重干扰收听效果，但过了午夜后，我很确定我赢了第一场和第三场比赛的赌局。只要路易维尔队能赢 4 分，我就能摆脱困境，大赚一笔。我好像听到中场休息前路易维尔队落后 11 分，或者 7 分，但不管他们落后多少，听来似乎都不太妙。

我快要发疯了，我必须知道路易维尔队有没有后来居上取得胜利。时间已经是清晨一点，我还把车停在滑雪俱乐部的屋外，在车里调整着收音机。我收听到盐湖城摩门教堂的唱诗班歌声、魁北克的冰上曲棍球比赛比分、伏特沃斯的牲口价格以及拉斯维加斯的拳击比赛结果，但就是没有听到有关路易维尔队或曼菲斯队球赛结果的报道。除了我以外，别人都在俱乐部里参加舞会，怪不得我没有办法和异性发展稳定的关系了。

凌晨两点，车里的汽油都快烧光了。我放弃希望回屋里睡觉。

第二天早上，除了我以外，其他人都去滑雪了。我把汽车开进城里，买了一份《纽约时报》来看，结果让我大喜过望，路易维尔队最后绝地大反攻，从落后 15 分急起直追，最后以 75 比 71 赢得比赛。

我赢了这场赌局，赢了 4000 美元！完全摆脱了困境！

回到城里，我立刻打电话给卡迈因，问他该约在哪里见面付钱。通常每周的赌局在周日结束后，赌金支付日是下个周二。卡迈因告诉我，他那天下班后会在第 86 号街和第 3 号街的路口和我碰面，正好在电影院的门前。要去拿 4000 美元现金，我真的感到很紧张。在那个时候的纽约街头，有很多人会为了抢劫 40 美元而割断别人的咽喉。我不敢想象歹徒面对 4000 美元会对我做些什么。

当时《教父》这部电影刚刚上映，排队买票的长龙绕过了街角。

当卡迈因拉高衣领、压低帽檐走过来时，我正站在影院的屋檐下。他从排队的人群中挤过来，塞了 40 张百元大钞在我的手里。每个人都盯着我们看。我正好站在大幅电影海报旁，从一个马票商手中接过一大叠现金。我开始设想，在我到家前，会突然冒出一个满脸横肉的彪形大汉来抢劫我，甚至取了我的小命。我禁不住汗流浃背，直到把那 4000 美元放进联邦税制的书中时才安下心来。

高明的赌博者会使他们的赌注保持平衡。你得过得比经纪商或马票商更好才行。

里奇有一个朋友叫比利，他是在赫兹公司工作的一名经纪人。比利总喜欢搞一些花样，1971 年 8 月，我们三个人开车到萨拉托加去玩。比利说他认识一个自称可以控制比赛结果的赛马训练师。我怀疑这只是传闻，但是，大体上不论你是赌马还是在市场上交易，其实都一样，每个人都梦想自己能未卜先知。我说："比利，如果那个家伙有什么动作的话，让我知道一下。"

到了下个月我们碰面时，里奇把我拉到一旁，"比利说他的朋友又透露了内幕消息：有一匹马周四会在阿奎达跑马场跑第六场比赛，它的名字叫'我的旋律'，他说赌这匹马稳赢。你要一起来赌一把吗？"

"这当然好啦！"

周一，我前往银行取出 1000 美元，然后把它夹在书里。周二，我告诉秘书乔安尼，周四下午我有场重要的会议，所以不要再帮我安排其他行程。周三，我买了一份《赛马日报》，并欣喜地发现"我的旋律"的赔率竟然是四比一，但在周四的早晨，我接到里奇打来的电话。“算了吧！”他告诉我，“我们玩不成了，那匹马刚刚受伤了。”

接下来的周一是航海家哥伦布纪念日[②]，尽管银行都还没有开门，市场还是照常开盘，所以我还是进了办公室。我正准备出门吃午餐时，电话铃声响起。是里奇打来的。“我们又可以进场玩了。比利刚才听说我们的马要在第四场比赛时出赛。我们得马上赶到赛马场才行。但是有个麻烦。银行都没有开门，所以我们根本取不出钱。你手上有现金吗？”

“有啊，大约1000美元吧！但我把钱放在家里了，一个小时之后我拿过来。”

“把钱全部拿来，如果有更多的话也一起拿过来吧！我们下午一点钟在比利的办公室等你。”

这个赌马的机会又回来了。我打电话给哥哥杰瑞，问他手上有没有更多现金，结果他也想赌一把。我告诉他：“半个小时之后我们在地铁站见面，往城郊方向的月台。”我赶紧抓起西装外套，告诉乔安尼：“我现在要赶去开上周四被取消的那场会议。很重要。如果有人找我，告诉他们我会在三点半左右回来。”

我下楼跑到地铁站，搭上了开往城郊的列车。我在42号街那站下车，和杰瑞碰了面，向他拿了100美元，然后又跳上地铁。我在77号街那站下车，跑步到自己的公寓，从书里取出1000美元，再跑回地铁站，搭车回头到第59号街下车。我的手表指向1:05。赫兹公司的办公室就在59号街和派克大街的转角上。里奇和比利正在大门外的阶梯上等我。

比利问我：“你拿到钱了吗？”

我掏出那叠钞票给他看，随后我们跳上一部出租车。我丢了20美元给司机，吩咐他：“到阿奎达跑马场，请开快点！”

我们赶到赛马场时，第三场比赛刚结束。我借给里奇和比利300美元，然后自己在“我的旋律”身上下了800美元的赌注。那场比赛是我所看过最棒的一场。“我的旋律”以两个半马身的距离赢得了比赛，在整个过程中，我们不停地大声叫嚷、尖叫，互相拍着彼此的背，上下跳个不停。我赢了2800美元。这是我第一次靠内幕消息赢钱，更让我觉得胜利的滋味格外甜美。

里奇和比利还要留下来接着下注，而我还得赶回办公室。我拿出一个25美分的硬币，漫步走向地铁站。这时，我看到场外的车道上停满了一排加长型豪华轿车，心想，“慢着，你刚刚才赢了2800美元。口袋里还有超过4100美元的现金，搭什么鬼地铁？何不犒劳一下自己？”我花了50美元，为自己雇了一辆豪华轿车，然后愉快、风光地坐车回到办公室。

无论结果如何，人人都想未卜先知。

天堂岛觉醒

1972 年，我发现从纽约乘飞机只需两个半小时，再付个几块钱过桥费就可以抵达天堂岛(Paradise Island)，它位于拿骚群岛。天堂岛简直融阿奎达跑马场、迪翁和拉斯维加斯于一体。这里有着相当多的林荫和小溪，许多西装革履的欧洲人来此旅游，同时也有很多好玩的活动。但与拉斯维加斯不同的是，天堂岛并非单身汉的“天堂”，去那里的人大多是成双成对的。由于我从来都没和任何一位长相较好的异性约会过，所以在我结婚之前，去天堂岛玩的次数就远低于拉斯维加斯。

后来我认识了奥黛丽。当我们讨论去哪里度蜜月时，我心中除了天堂岛外，别无其他选择。1978 年 3 月 26 日，我们在纽约度过了新婚之夜，第二天一大早就搭上前往拿骚的班机。我在劳斯饭店订了一间面向大海的蜜月套房。中午时分，我们住进饭店，当老婆打开行李时，我已经抓起电话开始和贝尔斯登的经纪人连上了线。即使是度蜜月，我也不忘继续赚钱。

那里的赌场在下午 1:00 开始营业，所以在 12:55 时我打完了电话，然后欢呼一声：“老婆，该是我们欢度快乐时光的时候了！”

“我马上就出来。”她在浴室里柔声回应。

我看了看手表，“好吧！快点吧！甜心。我现在可正在兴头上呢！”

浴室门打开了，老婆穿着一件薄纱睡衣站在门口，左手拿瓶香槟，右手拿盒草莓巧克力。

“嘿，你在干什么?”我惊讶地说，“你干吗穿成这样?赌场在一点整就开始营业了。我们不抓紧时间，就玩不了几把了。”

老婆的脸色马上晴转多云，她转身走回浴室，放下巧克力和香槟，把门锁起来。她想象中那个罗曼蒂克的天堂岛蜜月之旅，刚刚被我给搞得兴致全无了。她现在才发觉，她所嫁的那个浑小子心里所谓的享乐，只不过是跑去赌场赢钱而已，根本不在乎新婚妻子的感受。

做事要考虑优先顺序。

我已不再经常去玩牌、赌马，或者去赌场豪赌了。老婆和我在 1978 年的夏天制订了“计划”以后，我把自己的兴趣从赌场转移到股票、期权以及期货市场上。但是我并没有忘记自己在科恩家的地下室、阿奎达跑马场、辛斯代勒、欧洲、拉斯维加斯、阿瓜维特餐厅，以及天堂岛那里学到的种种经验与教训。

股市中出现了越来越多全新的金融工具，操作行为也渐渐从交易场转移到电脑系统，同时，越来越多的操盘手在一些名牌大学学习，比如哈佛、宾州大学沃顿商学院、巴黎大学，以及伦敦大学政经学院。学历固然重要，但是，在交易场开盘钟声响起时，即使交易员拥有世界所有名校的学位，仍然是不够的，我从许多向我寻求建议的年轻人身上看出这一点。除非他们在内心深处已经有了深刻的体会，否则，就无法遵守操作纪律，无法在关键时刻敢于果断出手，也就无法成为真正的市场赢家。

一个伟大的操盘手，一定也是懂得如何赌博的人。

投资心法 3　戒除赌性，自律投资

操作期货和在赌桌上掷骰子有许多相似之处，因此，对于一个想要成功的操盘手来说，磨炼严格遵守操作纪律的最好地方，就是拉斯维加斯。没有人能持续在拉斯维加斯赢钱，但是，如果你真的是个好手，可以在一定的时间段里赢钱，并且减少亏损，那样，倒是有办法使自己每一回都其乐融融地玩，不至于败兴而归。

但这必须是在你能够自律的状况下才行。赌场都希望你靠勇气和直觉来赌，不希望你用头脑和智慧来赌，而且会想尽一切办法来打断和分散你的注意力。他们提供无限制的酒精类饮料，衣着暴露、举止放荡的女人，并且还有无止尽的娱乐，一天 24 小时，每周 7 天，一年 365 天从不间断。

我最喜欢的赌法是掷骰子。这与在交易场中做交易非常相似——节奏快、噪声大、人群挤，而且流动的现金量大。12 个玩家斜靠在赌桌旁看着每一掷，急着要分辨出谁是赢家。庄家开始掷骰子时，筹码在桌上飞舞，人群会向前挤得更紧，每个人的呼吸都变得很沉重，呼吸声也更大。这种感觉，与我在交易场里站在七仔、弗兰尼和肥麦克的身旁一样。

我是一个总是和庄家对赌的玩家。不论你是否和庄家对赌，获胜的概率其实都是相同的，但大部分的人都下注庄家会赢。我之所以这么做，是因为不希望和那些身着蓝色休闲衫、胸前挂一块大金牌的乡巴佬，或是穿着亮片迷你裙、总在掷骰子前往手里吐一口唾沫的胖女人等这些人为伍。每次我都希望他们都掷得很糟，这样我才能赢钱。因此，基本上每个参加这种赌博的人，甚至包括那些靠赢钱者打赏的赌场职员，都很讨厌我，不过我根本不把这一点放在心上。不管是在骰子赌桌上或是在交易场里，输家总是会痛恨赢家的。

在拉斯维加斯参加掷骰子赌博，让我学到三条对金融操作绝对重要的规则：

一、把自尊心与赌博游戏或操作行为彻底分开

绝不带着情绪操作。当你和别的赌客对赌时，不应该把事情个人化，而应该对事不对人。如果你让自尊心融入赌局，可能会在乡巴佬赢了几盘后把赌注加倍，或是当穿着亮片裙的胖女人掷不好时降低赌注。我发现这是一种自我毁灭的行为，必定会把事情搞砸。你必须完全不做任何情绪性的反应。

二、管好你的资金

每次我一进赌场，就先到兑币处前，租一个保险箱来放我的钱。我把大部分钱都放在那里，身上只留几百块。如果手头上的钱输光了，我就得去打开保险箱再拿。而迫使自己去保险箱拿钱，可以使我暂时离开赌桌，自动中止一直输钱的差劲手气，同时也让我有时间轻松一下，思考下一步怎么做。这样做的效果就好像往自己脸上泼一盆冷水，使自己完全清醒过来，这对金融操作同样适用。把你的钱放在另外一个独立户头，除非你紧急把钱转过去，否则经纪人是无法动用的。如此一来，你就不会因为一时的情绪激动，而轻易地倾其所有，最终输得精光。

三、在接二连三赢钱后换张赌桌

你在过去一段时间中越是幸运，运气就越有可能马上消失。换张赌桌并不是件容易的事，在手气一直都很顺的状况下更难。人类的天性会告诉你，如果在一张赌桌上赢了很多钱的话，就应该留在那里赚更多。但是，你真正要做的是，拿着刚刚赢到的钱，起身到兑币处，把多余的钱存起来，手上仍然只留下几百块钱。周期性地带着赢来的钱离桌，是你避免被赌场拖累的唯一办法。

之后，如果你还是觉得运气正旺，自己仍有足够的精力专注于赌博，而且也还想玩的话，就换张桌子玩吧！如果你的状况真那么好，那还是可以继续赢钱的。

这些心理上的自律法则或许不能保证你成为市场中的大赢家，但是如果没有的话，毫无疑问，你定会成为一个大输家。

注　释：

① Triumph TR6 Sport，首现于 1968 年，TR6 也被认为是最后一部能代表着 Triumph 品牌的跑车。

② 哥伦布日（Columbus Day）为 10 月 12 日或 10 月的第二个星期一，以纪念哥伦布于 1492 年首次登上美洲大陆。哥伦布日是美国于 1792 年首先发起纪念的。每年的这一天，美国大多数州都要举行庆祝游行、教堂礼拜和学校活动以纪念这个具有历史意义的日子。

分析师生涯沉浮

江湖险恶

1970年年初，当我刚从哥伦比亚商学院毕业时，就一心想进入股票市场。当时我认为有三种方式可以进入这个市场：成为一名投资银行家、操盘手或证券分析师，我知道自己的个性并不适合在投资银行工作。投资银行家都是一些靠着创业投资、承销股票，和一些巨额的投资方案赚钱的上流社会人士，但我并没有这方面的经验，也没有资本，更没有这个背景去当一名投资银行家。我也不想做操盘手，因为在当时，操盘手只不过是中间人而已，他们从客户那里收到交易指令后，再把这些指令放到交易场里。因此我决定要成为证券分析师，这是当时最吸引我，也最适合我个性的工作。

小学一年级时，老师问班上每个人长大后的志愿时，我说："我长大后要当个侦探。"这就是当时的我，一个从犹太家庭出来的聪明小孩，但是我不想成为医生或是律师，只想成为一名侦探。我爸妈一定很怀疑自己到底是哪里做错了，但我从小就喜欢分析事物，而这正是证券分析师的工作内容。他们分析企业，与公司管理阶层访谈，然后写报告。他们必须在国内到处出差，而我也很喜欢旅行。

毕业站稳华尔街

1970年春，美国正处于经济衰退，在那个年代毕业的年轻人，想在华尔街找个工作是很困难的一件事，但这并没有使我停止脚步。我是一个有才干的人，而且要向华尔街推销的是我最满意的产品——我自己。

年初，我开始到处打电话找工作时，我就像一个侦探一样，到处调查市场中居领导地位的公司，查出它们研究部门主管的名字，一一致电。他们总是说："我们今年没有招新人的计划，尤其是你们这些刚从学校毕业，一点经验都没有的小孩。你难道不知道现在经济非常不景气吗？"

"是的，我明白，或许有人留给了你一些先入为主的坏印象。"我会这么说，我总是想方设法和他们保持通话。通常我都有办法让谈话继续，然后试着和对方约个时间面谈，因为即使这次接触并不能马上产生效果，但在未来却仍然可能有意想不到的发展呢。我的努力还是很有成效，最后，总共有6家公司给我提供了工作机会。

我选择到库恩·洛恩公司上班。库恩·洛恩公司是个家族企业，而且是个老字号、广受尊敬的犹太裔公司。杰克·法维亚是研究部门的主管，他决定给我1.6万美元的年薪，这在当时可是不菲的薪水。法维亚把我派到亚伯·布朗契顿的手下工作，他是麻省理工毕业的，担任药品类股的分析师。布朗契顿是我入行的指导者，他专门研究制药产业，而他指定我去研究药品连锁店的营销渠道，我因而进入了医疗产业的研究领域。

除了药品连锁店之外，布朗契顿也让我接触其他医疗产业里的公司。我最早被分配的工作是拜访四季疗养中心。那时老人医疗保健制度才刚开始施行，这些看护中心类股便因此大行其道，成为股市最风行的主流股。四季疗养中心由杰克·克拉克创办，克拉克曾经专程到纽约，向华尔街的分析师举办法人说明会，布朗契顿和我则到他下榻的酒店做过早餐会谈。

克拉克是个花花公子，一个典型的上流社会人士。当我走进他的房间时，第一眼注意到的就是他脚上那双鳄鱼皮鞋。我这辈子还真的从来没看过这么好看的皮鞋，开了眼了，它看起来闪闪发亮，简直就像天空中流泻下来的光芒一样。

当时，世界上没有任何一个有理性的人，会花1500美元买这么昂贵的奢侈品，在华尔街上晃悠。但我还是忍不住盯着那皮鞋，心里在想：嗯，鳄鱼皮鞋很适合我啊，我以后一定要买几双穿穿。

时隔多年，我对于那次面谈的内容已经记不起来了，但是那双鳄鱼皮鞋，则在我心中永远铭记。想想也是，像我这样不足 25 岁，刚从商学院毕业、少见多怪的毛头小伙子，难怪没有人想雇呢。

几周之后，布朗契顿和我飞到伊利诺伊州的久利特市去拜访四季公司，想看一看他们所经营的其中一处疗养院。自然我们被带到一所崭新的疗养院去，但是我们稍后却发现，四季公司的盈利不是来自疗养院的经营，而是全部来自营建方面的生意。

克拉克是一名骗子，他的手法就是不断盖新的疗养院，然后虚增营建方面的盈利，再把盈利转到疗养院的营业利润上。靠着这个手法，他们的股票才能成为高市盈率的“概念股”。就如美国曾经发生的 S&L 危机①一样，企业可以利用虚增利润的方式来产生巨额的盈利。1970 年 4 月 27 日，四季公司的股票被停牌，而克拉克穿着他那双漂亮的鳄鱼皮鞋住进了监狱。

疗养院之后出现的热门概念是医院管理。与四季公司以及其他的疗养院方面的公司所不同的是，医院管理不是庞氏骗局②，而是正当的业务，由那些看到以医疗保健制度及医疗补贴制度所代表的巨大商机的人所经营。

这个刚萌芽的产业，在我看来，与医疗保健的产业相当类似，于是开始深入研究，而医院管理就成为我最关注的主要领域。我是一个新兴行业的年轻的分析师，而这也是我第一次真正接触那些手腕很厉害的人。

在我了解其中的一些事情之前，我充当了他们一些手段里的喽啰。我当时全心投入，写了一篇对这些公司有利的研究报告，推荐他们的股票，并让库恩·洛恩公司在纽约市的俱乐部主办一场法人机构的投资说明午餐会，所邀公司的大头们都搭私人飞机前来，而我则担任主持人。我和他们一同坐在主桌上，并将他们介绍给我们的法人客户。

“大卫·琼斯是一位耶鲁法学院毕业的高才生，而他和肯塔基州上校队的新老板温德尔·雪利两人合力经营，使延伸医疗保健公司成为全美成长最快的公司之一。”我滔滔不绝地说，“仅仅两年中，汤姆·佛斯特博士和杰克·麦西已经使得美国医院公司成为同业中的佼佼者，”我极力宣传着，“伯尼·柯曼和鲍勃·高桑特是首先看出医院整合性管理产业潜力的人，而且由于他们的努力，使得美国医院公司得以成为行业的先驱。”我为他们吹嘘着。

这真是一场精彩而热闹的演出，而我则是这场秀的灵魂人物，这些公司的股价马上飙升。我越卖力讨好那些客户，公司就可以吸收更多大型投资机构的资金，最后也让我自己赚取大笔的佣金。投资银行是真正大型资金的来源，想要从他们手中拿到生意,就必须随时以和颜悦色、正面积极的态度来面对。我这生意啊,是越做越上道了!

跳槽加薪

1972年的春天,我已经在库恩·洛恩公司工作两年了,年薪涨到了3万美元,而我则是马不停蹄的空中飞人,分析药品连锁店产业,四处推销医院管理公司的股票,还不时跟我大学的哥们儿炫耀一番。有一天,在一场哥伦比亚商学院的校友餐会中,我遇到一个同班同学,他当时正在大金字塔公司上班。

那个时期有许多小型的证券经纪公司,但它们研究部门里的热门分析师水平很高,备受市场瞩目,大金字塔公司也是其中之一。我同学告诉我,大金字塔公司准备招募更多的分析师,他可以帮我安排和主管面谈。能够和大金字塔公司的头头们面谈,就好像能获选参加达拉斯牛仔队的球员选拔一样令人兴奋。“真的?!好啊,请帮我安排一下吧!”我说。

大金字塔公司位于巴特里公园旁边一栋令人目眩的建筑物里,在这个全新钢结构大楼的33层,从那儿直接可以俯瞰史坦顿岛后方的整个港区。我和他们整个法人投资部门的主管,以及负责法人研究业务的一名董事会面,而且谈得不错。他们答应给我开5万美元的年薪,我同意了。

大金字塔公司在很短的时间内,成为华尔街最令人印象深刻的企业。大金字塔公司的组织结构类似金字塔结构,公司里最大的领导是胡夫法老和哈夫拉法老。胡夫和哈夫拉是公司里面的神,共同建立了这个金融界奇迹,就如同古埃及文明中的伟大君主一般,他们在自己建造的古堡中堆满了宝藏和各种贵重的物品。

大金字塔公司在一栋令人头晕目眩的新大楼里,在公司里能够俯视到自由女神像。大金字塔公司里的人,他们的父母和祖辈从东欧和俄罗斯逃亡来到美国,他们当时是从另一侧仰视自由女神像的,这具有讽刺意味。

他们的父母和祖辈落脚在布鲁克林和布朗克斯,但现在他们却忘记了长辈从哪儿来。他们爬上了纽约的社会阶梯,像他们的长辈曾经爬上“五月花号”一样。他们加入高尔夫俱乐部,送孩子去私立学校,在汉普顿避暑,做慈善,在林肯艺术中心买包厢,在古根海姆啜酒,在大都会博物馆大嚼奶酪。

在胡夫和哈夫拉法老之下的是“大祭司”,他负责公司的法人业务拓展及研究部门的管理工作,当初就是大祭司决定把我挖过来的。接下来,直接隶属在大祭司手下的,则是“先知”。先知主管研究部门,是我技术上的直接领导,但是我一到公司上班后，就发现大祭司和先知当不了我的指导人，因为他们没有办法像库恩·洛恩公司的法维亚和布朗契顿般教我那么多东西。

先知的手下，包括我在内，有30名分析师。研究部门主管的职务是和分析师们开会，了解分析师正在进行的研究报告、督导进度，向大祭司汇报，并确定研究报告都已经分送给客户及其他同行。先知将研究部重新改为三个小组，每组各有10名分析师，还指派一名资深分析师担任小组长。现在先知根本就不必再参加会议，只要“埃及草纸”帮他代劳就好了。

埃及草纸是负责督导我这个小组的研究部副主管，他负责研究航空产业，比我大不了多少，但在华尔街已经是“传奇”人物了。有一段日子，航空公司是市场上最热门的类股，但是降温的速度和上涨的速度一样快。更不幸的是，埃及草纸对于航空类股的投资建议也搞砸了，同时还让公司的散户经纪人和他们的客户一起套在这些股票上，他自己也因此成了大金字塔公司的最大笑话。

“埃及圣书字”也是我这个小组的成员，公司里也流传着不少关于他的笑话。埃及圣书字曾经在每股170美元的价位推荐买进宝丽来股票。宝丽来的快速显像技术专利，并没有让普通相机和底片的销售受到严重的影响，这一点他没看出来，因此也没有赚到大钱。相反，他深信未来宝丽来将会迅速飙涨，让大家赚到每股至少83美元。

根据埃及圣书字的说法，全世界的每一个角落，甚至你家的厕所里，都会有宝丽来相机的存在。当他所预估的每股盈利被证明完全错误后，大金字塔的经纪人和他们的客户又赔惨了，那简直是血流成河、哀鸿遍野啊。

狮身人面是我这个小组中的另外一名成员。他是会计师出身，专门研究盈利快速增长且成立不久的公司。在研究小组中能够有一名像狮身人面这样会计方面的侦探是很重要的一件事，因为企业，尤其是那些新兴产业中的新公司的财务年报的数字，水分很大，可能有相当多的陷阱和误导。那些为企业查账的独立会计师，通常会在报表中加注如下的免责声明：

我们针对该公司的各种财务报表所进行的各项复核，均以一般公认会计原则为依据。以我们的意见，本年报中所附之资产负债表、损益表以及盈余表均相当地表现了该公司的财务状况。

可是这种免责声明，在字里行间流露出的，真正要表达的意思其实是：

我们大致上看过了这家公司给我们的官方数据，但是你最好了解一般公认的会计原则，对于所谓获利的认定留有非常多的的灵活范围。此外，这家公司付给我们一大笔钱为这些数字认证，如果我们不愿意，他们马上会毫不考虑地换一个愿意背书的独立会计师。

这就是为什么每一份企业年报的每一页里，都有用小字体印刷的“附注”列在财务报表后面。而且这些附注的字体是那么小，内容又是如此模棱两可，以至一般投资大众根本看不懂。只有像狮身人面这种会计师出身的人，才能看出其中值得留意的重点。他会把各家公司的年报摊在面前埋头苦读，一旦消化了其中的内容后，那些附注就可以让他清楚了解这家公司的真实状况：某公司的存货可能缺乏流通性，库存太久；某公司资产折旧过大；销货毛利被过度低估；应收账款可能被打了折扣；公司的商誉可能已经开始走下坡，诸如此类。

到了1972年的国际劳动节时，我已经在大金字塔工作了3个月。我仍然负责研究医院管理产业，而且我仍然积极看多。由于医疗保健制度及医疗补贴制度的实施，大笔金钱流进了医疗业，而且由于医疗产业的积极整合，这些医院管理公司势必从中得到相当多的好处。我正凝视着史坦顿岛，心里想着自己将要成为一个驾驭全新热门产业的年轻牛人时，狮身人面走进我的办公室。

由于狮身人面是大金字塔中会计方面的侦探，所以只要他认为从会计观点来看可能是好标的的公司或产业，他都有特权加以深入研究。当他完成研究之后，就会直接去找负责的分析师，告知他的发现。狮身人面把他肥胖的臀部塞在一张椅子里，脸上露出沾沾自喜的微笑，闪现愉快的神色，就好像一名会计师查到有一笔帐的借贷方被弄反了时那样。

狮身人面说：“马丁，我一直在注意那些医疗管理公司，我认为它们的每股盈余简直就是狗屎。”他接着告诉我医疗管理这个产业快速成长的盈利来源，是政府对医疗保健和医疗的补贴，但是这些钱，只不过是根据习惯上的费率，所预估出来的应收基础数字。真正由政府方面支付的金额，会根据审计后的结果而定，而审计通常要花上两到三年的时间才会有结果。所以，狮身人面认为这些公司目前都以过度乐观的态度来预估应收账款，结果也使盈利过度虚估。

“这听起来很有趣。”我说，同时不安地改变坐姿。我是公司里最顶尖的医疗管理行业分析师，他告诉我这些公司利用应收账款大玩数字游戏，就好像告诉啦啦队长，他支持的球队后卫已经和地下赌球组织相互勾结打假球一样令人沮丧。

狮身人面接着说：“马丁，应收账款还只是问题的冰山一角而已。真正严重的是，这些公司现在正是市场最热门的类股，所以市盈率目前都已经高达30到40倍了，但这是不对的。以医疗保健和医疗补贴可能流入医疗产业的金额来看，政府将来可能会采行紧缩政策。政府终究会提高支付标准，并减少补贴金的支付，如此一来，这些医疗管理公司的毛利率就会立马直线下滑。这些公司的股价不应该享有这么高的市盈率比率，他们的市盈率应该和公用事业类股差不多才对。”

我从不需要问狮身人面对于政府的法规了解多少。狮身人面年纪比我大，而且比我威望高，当他说出建议时，你最好洗耳恭听。我非但没有告诉他不必担心这些公司会有什么问题，或是它们可以很轻松应对政府修改法规的趋势，反而非常认真考虑他的话。我开始问自己到底漏掉了什么，或许我和这个产业贴得太近，也可能我并没有很客观地审视眼前的证据。

研究报告风波

我决定不要再让自己继续当医疗管理产业的啦啦队长，沉下来，最好开始撰写一篇报告，深入探讨产业所面临的问题，尤其是政府法规对这个产业可能形成的冲击，然后预估这些问题对未来的盈利到底有什么样的影响。

我草拟了研究报告的大纲，然后送给先知看。9月底，我收到一份先知回复给我的备忘录：

公司内部备忘录

日期：1972年9月28日

收文者：马丁·舒华兹

发文者：先知

抄送：狮身人面

我很喜欢你对医疗管理产业的研究报告大纲，希望你能全心全力完成此份报告。这份报告很有可能成为一篇非常、非常优秀的作品，随时请狮身人面抽出时间协助你。我想他很乐意，也很有能力提供必要的支援。

所以，我开始和狮身人面一起合作，几乎把全部时间花在撰写报告上。连续几个周末，我都开车到他位于西彻斯特郡的漂亮房子，两个人待在地下室，摊开所有公司的财务报表和年报，深入研究其中的资料。我们绘制各类图表，想从中找出任何可能不利于医疗管理产业的各种因素以及趋势。

我们所绘的图中有医疗收费占国民生产总值百分比分析图（感谢医疗保健和医疗补贴制度，这项百分比正在上升中）；有病床使用率走势图（那些成立三到四年的医院中病床使用率并没有增加）；有病人住院天数图（这项数字在全国各地都下降，这可能是因为低出生率和门诊设备的改善有关）；有医疗收费价格图（在过去几年中，医疗收费价格的年增长率均被限制在6%以内）；也有新医院增加率图、医疗支出占总支出百分比图、医院总支出占国民生产总值百分比图，以及一张总成本图。我们针对毛利、净利、总支出、每天每名病患对税前净利的贡献额加以假设,而狮身人面则口中不停念念有词:“马丁,马丁,这些公司的市盈率不该这么高,应该要和公共事业产业股一样才对。”

在初步完成的草稿中,我们根据过去五年的资料,讨论了一些可能造成未来盈利增长从 15%到 20%的高点开始下滑的因素。我们说明成本正在增加,而这项因素所形成的负面效果将在产业中的两大龙头股美国医院公司和美国国际医疗公司最新的季报中显现出来。这两家公司的股票市盈率都相当高,如果预估正确的话,这会是首当其冲、受伤最重的两只股票。我们在这份报告最后用以下的警告作结束:“虽然投资人对医疗管理产业的市盈率倍数已具有共识,但我们仍须指出,在未来如果这些公司的盈利出现任何令人失望的数据,将导致此类股票市盈率的快速下滑。”

到了 10 月底,狮身人面和我已经准备好要把初步研究结果向小组成员汇报。每个小组都有周例会,聚集所有分析师共同发表看法。基本上这根本是浪费时间,因为每个分析师不会在乎别人负责的公司到底怎样。他们只管自己的产业就忙不完了。周例会里唯一在乎分析师在做什么的只有经纪人,因为分析报告,尤其像大金字塔这么有影响力公司的报告,对于股价将具有立竿见影的影响。经纪人是不准参加分析师会议的。在经纪人和分析师之间似乎有一道万里长城,如此才能确保每一份研究报告都很公平地传达到客户、投资界以及一般大众的手中。虽然如此,经纪人还是喜欢在分析师身边转悠、套近乎,试图从中得到一两个小道消息,好占一些优势。

我对于这份报告兴奋异常。我还记得在哥伦比亚商学院念书时,看着那些民主社会学生联盟的怪人在举行反越战示威时,自己觉得他们都是大笨蛋。但后来我进了陆战队才了解,或许抗议战争和参战都需要同样的勇气。

我提醒自己去挑战人们心中根深蒂固的观念,比顺从它需要更多勇气。而现在,在狮身人面的帮助下,我将要面对人们根深蒂固的想法。就像那些反越战的示威者一样,我也确信自己的想法是对的。

一如预期,没有人对我们的报告发表任何意见,根本没有人在乎医疗管理产业,他们唯一关心的只是我们的报告所推荐的股票会不会失败。大金字塔和库恩·洛恩公司不同,在这里团队作战并不存在,各自为战比较盛行,每个人只针对自己负责的领域而工作。大祭司与先知也和法维亚与布朗契顿不一样,前两者从来不曾在周例会中露面。

每个参加那次会议的分析师都拿到一份报告的草稿。每个人都知道初步的研究报告是高度机密的，在讨论过后，手上那份草稿都必须销毁。保罗·斯坦迪什是与会的分析师中，唯一看起来对这份报告有兴趣的人，斯坦迪什是负责制药产业的分析师。如果我们的假设都正确的话，那些制药公司同样也会面临严重的压力。

我并不知道这一点，但结果是当斯坦迪什离开会议后，并没有把手中的草稿销毁。他把草稿带走，并在几天后从加州出差回程的飞机上，和另外一位制药行业分析师讨论起这份报告。那位分析师是斯库德—史蒂文斯—克拉克公司这家位于波士顿的老牌投顾公司的分析师。

把报告内容告诉那位斯库德—史蒂文斯—克拉克公司的分析师，无异于将我们推向一个危险的局面，随后在 1972 年 11 月 7 日，斯坦迪什更是把我们推入毁灭的深渊，他把一份草稿寄给了斯库德—史蒂文斯—克拉克公司的那个阴险小人。

直到今天，我都想不通斯坦迪什的脑袋里到底想些什么。但毫无疑问的是，把报告的副本寄给另一家公司的人不只愚蠢，更违反了职业道德。

11 月 13 日那个星期，传闻开始在市场中传开。斯库德—史蒂文斯—克拉克公司那个卑鄙混蛋把我们的草稿在他们公司内部广为散发。斯库德—史蒂文斯—克拉克公司的客户开始卖出手中各家医疗管理公司的股票。到了 11 月 21 日，消息泄露的新闻出现在报纸上，而美国国际医疗公司的股票下挫了 $5^7/_8$。一周之内，美国医院公司股价重挫了 22%，有人试图操控行情的谣言在华尔街甚嚣尘上。大金字塔公司里开始电话铃声不断，感谢那道万里长城让我们的客户还一直被隔绝在塞外，但他们显然为没有得到这些消息而相当不悦。我们的散户经纪人甚至更为沮丧，怎么会让斯库德—史蒂文斯—克拉克公司的客户比他们更早拿到我们自己所出的研究报告？这到底在搞什么鬼？大祭司和先知在哪儿呢？大金字塔的经纪部门开始变得群情激愤。

身为一个从小一直想成为侦探的人，我却一点线索都找不到。当先知把我叫进他的办公室，问我报告为什么外泄时，我告诉他我不知道，这显然不是他想要听的答案。除了我们的经纪人和客户之外，美国国际医疗公司的总裁乌拉诺斯·艾派勒也随即找上门来。艾派勒确信大金字塔公司试图操纵他公司的股价，而且也怀疑报告外泄是整个计划的一环，目的就是要打压股价。他要求纽约证券交易所展开一项调查。

11 月 22 日，周三，大金字塔公司的法律顾问走进我的办公室。“马丁，”他说，“你将被传唤到纽约证券交易所作证。”

作证？我为什么得去作证？我已经告诉先知自己所知道的所有事情了。为什么不传唤狮身人面？狮身人面比我年长而且更为人尊重，更何况当初要写这篇报告也是他出的主意。我感觉到整个大金字塔的压力都放到了我的肩膀上,我试图恢复镇定,我又没有做错任何事!我只是整个大金字塔里最下层的一块板砖而已。我相信胡夫和哈夫拉法老会叫大祭司和先知保护我,不让我受到伤害。

法律顾问向我简要说明可能会遇到的情况,并且向我保证我是整个部门里非常重要的一员。"只要你告诉我事实,"他说,"就什么事情都不会有。"然后,当他要起身离开时,再补充了一句:"哦,马丁,顺便提一下,如果在任何时候你的个人利益和公司利益冲突时,我们会声明你再也不是我们的一分子,而你也必须自己聘请辩护律师。"

他一离开,我马上给我哥哥杰瑞打电话。杰瑞是大卫斯与吉伯特事务所负责广告业的律师,但现在他已经是我唯一能够信任的律师了,"杰瑞,那些混蛋刚刚把一个拉开保险的手榴弹丢给我,我咋办?自己找律师还是咋样?"

"不,你什么错事都没有做,而且只不过是去参加一个听证会而已。如果你带着自己的辩护律师出席反而不好,你只要出席,并告诉他们事实就好了。"

而这就是我在听证会中所做的事。11月24日,周五,我步行到纽约证交所,接着在宣誓后作证六小时。我曾经通过海军陆战队的拷问训练课程,但这并不能帮助我面对这场严酷的考验。会场中有一名法庭速记员记下每一句证词,而且对方不断压迫我,一再重复问我同样的问题。

为什么我以前那么看好这个产业,却会突然写出一篇如此负面的研究报告?从哪里搜集到资讯?和谁讨论过这篇报告?谁有机会看过报告?我曾经把副本交给同组人员以外的人吗?我或任何人知道有谁在过去一年中,放空过美国国际医疗公司、美国医院公司,或医院管理产业中任何一家公司的股票?

我的记忆力很好,而且我只是不断告诉他们我所知道的每件事。六个小时后,事实应该已经很明显,我并没有将任何报告内容泄露出去,而且即使报告外泄真的是大金字塔公司想要操纵股价的整体策略之一,压根也和我个人一点关系都没有。我满怀自信地离开交易所,以为已经没事了,但事实上还有一个大问题需要解决,那就是大金字塔公司还没有正式发表这份研究报告。

无论如何,如果先知或大祭司等高层人士在报告外泄前读过的话,它根本就不可能会被刊印出来。实际上,我们的研究报告等于是对医疗管理产业做出了"卖出"的建议,而在华尔街,没有任何人会写一篇建议投资人"卖出"持股的报告,"长期持有"已经是最糟的建议了。"长期持有"表示请投资人赶快跑去找经纪人(不是走啊!)卖掉手中的持股。如果先知很尽责地做了他该做的工作,就会从头到尾监督狮身人面和我在做些什么,而且也会出席那次的会议,听到我们的口头报告。如果他当时出席的话，会马上就把这篇报告压下来。但是先知并没有坚守岗位，只是猫在办公室里看自己的盘，而现在想要收拾这篇报告造成的风波，为时已晚。

现在，在大祭司和先知严密的监督下，狮身人面和我必须把这份报告全部重写。我们把所有来自美国国际医疗公司的参考资料全都删去，放宽了我们的假设，调整了一些措辞，也软化了我们的语气，把一大堆“将会”改成“可能”，“可能”改成“也许”，而把“因此”改成了“很可能”。更重要的是强调我们预期这个产业，在 1972 年结束前到整个 1973 年，还是会维持 15%到 20%的盈利增长。我们很清楚地表明这篇报告绝对不是一个“卖出”的建议，而只是一个“警报”，让我们的客户了解医疗管理业，在长期观点上可能会面对的潜在问题。

这篇正式报告在 1972 年 12 月 1 日周五正式刊出，但是那时已经没有人相信它的内容了。稍早，在 11 月 27 日周一《华尔街日报》丹·多芬腩的“华尔街传闻”专栏中，谈到了这个报告外泄事件，并提到原版的内容比正式出版的要负面许多。“这对大金字塔公司来说真是一场‘噩梦’，至少有一个内部消息来源这样形容。”多芬腩以这句话作为开头。他表示原版报告在未经授权的状况下外泄，造成医院管理业股票投资人的损失惨重，而由于市场上空单不少，令人怀疑大金字塔公司是否试图操控市场。多芬腩最后引用了纽约证交所一名资深交易员的话作结尾说：“我想这些股票是完蛋了。根据大金字塔公司原版报告的描述，未来这个产业的盈利能力有相当严重的问题。没有人知道报告是对还是错，不过如果是正确的，那这些股票真的就毁了。”

难怪艾派勒和这个产业里的其他总裁要一直施压纽约证交所展开调查了。在艾派勒看过原版的研究报告后，向媒体指称原始的报告内容相当“不专业”，而且“显示出对医疗产业领域所知甚少”。他还愤怒地指出：“股价的重挫已导致一项重大的并购计划取消。”

而纽约证交所也开始通过股票交易监视股市，观察从 11 月 13 日以来几周里医疗管理类股的交易状况。这个报告外泄案追溯到斯库德—史蒂文斯—克拉克公司的那个混蛋那里，最后，才又追查到斯坦迪什身上。斯坦迪什起先否认他把这份报告外泄，但是在 1972 年 12 月 12 日，他终于承认自己把那份初稿私自带走，并拿给了那个混蛋。到了 12 月 14 日，斯库德—史蒂文斯—克拉克公司的总裁乔治·约翰逊承认有一名他公司的分析师曾经拿了研究报告的草稿，而且有部分客户可能在报告广为流传、造成股价重挫前，就已卖出手中的持股。这终于证明我在这个事件中是清白的，至少我自己这么认为。

1973年1月26日，一群美国国际医疗公司股票投资人向法院控告大金字塔公司和我个人，他们在诉状中写道：

该公司的一名合伙人伙同证券分析师联手策划了一个“放空”该股票的计划。在这个计划中，他们假借“内幕消息”的名义散播不实消息，反映出不利于美国国际医疗公司财务状况的各种资料，结果，导致这家拥有众多投资人的公司股价重挫，而被告得以在低价买进以轧平其早先放空的头寸。这是一个串谋好的计划，是一项为了打压美国国际医疗公司而进行的阴谋。

他们要求7.42万美元的损害赔偿以及74.2万美元的惩罚性赔偿，共计81.62万美元的赔偿金。大金字塔的法律顾问表示我们不必担心，这个案子根本不会成立。不过，事情也并非那么好解决。至少艾派勒不肯善罢干休。到了1月底，美国国际医疗公司的股价已经跌到24½，总共下滑了将近50%。

1973年2月2日，在纽约证券分析师协会所举办的一场会议中，艾派勒痛骂大金字塔公司、那篇报告和我。他赞扬美国医疗公司在上一季盈利增长20%的表现，“从来没有出现过如此强劲的增长潜力”。他猛烈地指责这篇报告外泄的过程，指称这是一份“地下刊物”，其中至少包含了七个最基本的错误，并且具有许多“模棱两可、误导事实而且严重疏漏”的内容。他强调“这份不精确的报告，是两名年轻的分析师在和我面谈了两个小时后的草率作品”。

那些医疗管理产业的高级主管和我往日的哥们儿，都不再提供任何资讯给我。我成了一个没有题材可以研究的分析师。更糟的是，在当时整个市场都处于空头状态中，小型股股价在1972年下半年开始下跌。在1972年秋季，唯一还能上涨的股票只剩下所谓的“走俏50股”，那些都是法人投资机构的最爱，如宝丽来、柯达和雅芳等等，这50只股票担任了当时多头的主角，市盈率都高达50到60倍。

28岁吃救济金

1973年1月，道琼斯工业指数在1017点达到最高点，然后进入了美国建国以来最严重的空头市场。3月15日，那个诉讼案因为缺乏犯罪地点而被判不起诉，但几乎没有人知道这件事。整个市场都陷入了低迷的气氛，而医疗管理类股只不过是众多惨跌股票中的一分子罢了。

1973年1月，先知把我叫进他的办公室，告诉我由于市场陷入空头走势，大金字塔公司也面临精简人事的压力，“马丁，我很遗憾，但是我们只能请你另谋高就了”。

我惊讶地呆站原地。我还以为我们是并肩作战的合作伙伴，而在这6个月当中我也一直为大金字塔公司尽心尽力，现在他们竟然翻脸不认人，一脚把我踢开，但我自己早该想到这一天迟早会来临。再一次地，他们为了自身的利益出卖了我。在斯坦迪什被抓起来，并且承认自己就是那个把我的报告外泄出去的人后，华尔街里像多芬腩这一类的评论家开始公开质疑，到底大金字塔公司的管理阶层有没有善尽监督的责任，大祭司和先知自然而然成为首当其冲的人。

我是写那份研究报告的家伙，因此自然成了管理层的眼中钉。但在那桩诉讼案还没有结束前，他们暂时不会动我，因为他们很清楚我知道太多的内幕消息，这足以毁掉大金字塔公司，因此宁愿多付几个月的薪水，等到诉讼案尘埃落定后再跟我秋后算账，卸磨杀驴。

我当时只有28岁，在华尔街里还算是一个想法天真的小伙子。我是商学院的毕业生，但在学校里，却从来没有人教过我什么是真正的"商学"。我老爸是一个名不见经传的小商贩，老妈则是一名高中老师。我在大学时主修的政治学和经济学那一套绅士般的教育理论，在这里派不上用场。

我在海军陆战队学的是永远忠实、真诚待人。在库恩·洛恩公司，我是整个团队的一员，法维亚和布朗契顿则在背后监督、照顾我。我完全无法适应像大金字塔那样的公司，在大金字塔，你不能把防弹背心穿在前面，得把它穿在背后才行。

我大概还有4万多美元的积蓄，所以并不急着另找工作。我决定在整个夏天休息一下，到我在汉普顿的度假屋住一阵子。我在海滩上碰到了几个操作商品期货的家伙，他们说服我到芝加哥商品交易所去参观。接着我投资5000美元和一个叫保罗·戈尔茨坦的电脑狂合作，他借着和别人合租的一部电脑期货作业系统来赚钱。戈尔茨坦没有自己的电脑，所以只好利用凌晨三点的便宜时段使用电脑。我也投资了2万美元在一笔俄罗斯的小麦期货交易上，这笔交易是我的老赌友里奇介绍给我的。里奇的期货经纪人比利有一个大舅子，和华盛顿的某个家伙之间有热线电话，因为那个家伙认识到过俄罗斯的美国农业部官员，他们常常交换一些内幕消息。

到了10月，我已经花了2.5万美元，手头也有点紧了，开始觉得应该重操旧业，找份分析师的工作，所以开始和华尔街的老朋友联络。"是啊，舒华兹先生，你的履历表看起来很棒，但是大金字塔那档子事啊？哎呀！真抱歉，你看现在市场跌成这样，我们没有雇用新人的计划啊！"

没有人有空去发掘事情的真相，他们根本不买我的账。每个人都希望把事情单纯化，想当然罢了，所以我就成了替罪羊，一个没有人要的弃婴。没有人想要和我扯上任何一点关系，而房租却还是要按月缴纳。

我抛下自尊，到位于百老汇街和第89号街交叉口的失业救济中心，排队领救济金。当那个队伍缓缓前进时，我感觉到自己的未来也正渐渐离我而去，我当初干吗要听狮身人面的话啊，搞得自己落到今天这个田地？

而事情的发展，也证明了我们这位会计方面的大侦探最后还是失算了。在1973到1974年间，医疗管理类股虽然和其他类股一样，随着大盘严重的空头走势一起下跌。但是那些公司的盈利在接下来20年当中，由于美国国内医疗支出从国民生产总值的6%暴增为16%而持续增长。

在如此利多的背景下，虽然目前这些股票的市盈率都比当年低很多，但是价格仍在这些年中增值了好几倍。所以我们那份报告的结论可以说对了一半，也错了一半。

至于我，在这次事件后，职业生涯暗淡了好几年之后，我却变得更坚强，得以磨炼成为一名更好的操盘手。我也因为这个事件才有机会认识佐尔纳，这对我来说未尝不是塞翁失马，焉知非福。

事后想起来，我当时应该继续当一个合群的人，写一些对医疗管理产业利多的报告才对，先知不可能不明白这一点。我真搞不懂当他要我和狮身人面一起写那篇负面报告时，心里到底在想些什么。

站在申请失业救济金的队伍中，我脑中清楚地浮现当先知看到我们的研究提案时，他真正要说的应该是：

公司内部备忘录

日期：1972年9月28日

收文者：马丁·舒华兹

发文者：先知

抄送：狮身人面

你这个白痴！我恨透了这篇关于医疗管理产业研究报告的大纲，我命令你马上停止这项工作。这份报告很可能对我们两个人的事业产生永久，且具有毁灭性的影响。没有人想看负面的研究报告。信托部门需要能帮他们解套的报告。他们会把报告放进档案中，一旦股价下跌，就拿出来说："看吧！写这玩意儿的家伙比我聪明，薪水也比我高，我是看了他们的报告才买了这只股票的。"

此外，我劝你离狮身人面远一点。狮身人面很想也很有能力毁了你。为了自身的利益，你好好想想吧！

投资心法4 内幕消息，不可依赖

我很喜欢说自己是一个完全不靠小道消息或谣言来操作的人，因为利用谣言来操作，违反了我认为想要在市场中成功最重要的一个基础——努力工作。努力工作使你坚强，小道消息会使你依赖和懒惰。通常当你听到一则小道消息时，已经慢了一步，而且手中不会有足够的资讯。如果股价下跌，你就一点退路都没有。在心智上你将越来越迟钝、衰弱，而当你衰弱时，将处于最容易受到伤害的境地中。和每个市场中的玩家一样，我也多次因为听了市场传言而吃亏。

最糟的小道消息，似乎总是在你操作最不顺利的时候出现。当你手气很背时，甚至可能会听从擦鞋童无聊的小道消息。这就好像当你在跑马场里，一整天都没赢过钱时，你会侧过身去，问身旁那个吃救济金的家伙："第八场里你最看好哪匹马？"然后他会说："嗯，第六匹马，杰瑞·贝利是它的骑师，所以它一定会赢。"结果他今天表现糟透了，第六匹马也只跑出第四名的成绩。

小道消息充斥的股票最常出现的走势就是剧烈震荡，它们上冲下杀，好像被猛力摇晃的苹果树一般。当股价开始下跌，就是你最脆弱的时刻，也是最有可能恐慌性杀出持股的时候，因为你根本无法预期股价会跌到哪里。你如果不衰弱的话，一定是在赚钱，而如果你感到无力、无助的话，一定是处于亏损状态中。

就像那些老掉牙的陈腔滥调所说，链子总是会在它最脆弱的那一点断裂。在那个点上，你内心深处最可怕的恐惧控制了理智，纵使你会说："我是个笨蛋，为什么又犯了同样的错？我以前就犯过这样的错，为什么这些事会发生在我身上？"你感到惊慌而恐惧，觉得想吐，然后毫无理性、不计成本地抛出手中的股票。

如果你想要靠某个谣言来操作，会希望是一个成功率比较高的来源消息。我主要的来源是"内幕大哥"③。内幕大哥是一个喜欢在华尔街到处探听消息的优秀股票分析师，他常常和各大企业的CEO共进午餐，和那些上市公司董事交换情报，这里听一点，那里又听一些，四处搜刮小道消息。

因此，内幕大哥来电时总是有消息可报。为什么他要给别人这些消息？有一些人就是喜欢帮助别人，这让他们觉得很有能力、很慷慨，就像以消息来做慈善捐献一样，但是大哥这么做，其实另有原因。首先你必须了解内幕大哥可不只打了一个电话，他早就已经建立了头寸，所以他会打20个电话。大哥希望和每个人都成为好朋友，但也想要别人帮他的头寸抬轿子。只要股价向上跳个1/8美元，你和其他人就会赶着跟进，然后内幕大哥扮演的角色就不一样了。他成为大家的操作顾问，每个人都想要小道消息时，第一个就想到他。

“大哥,怎么搞的?到底发生什么事了?”

“没怎么样,都很正常啊!”大哥说。

“在苏黎世的会议进展如何?”

“哦,都很顺利。是啊,我知道时间是久了点,不过这些事通常要花比较长的时间,你们总得要做做姿态嘛!每件事都在预定的情况下发展,不要担心,不要再紧张了,你老是这么紧张。”

等到你被市场修理时,你会进场加码买进更多的股票,而另外19个人也同样会这么做,所以股价的变动看起来似乎又回到稳定的状况。每个人都松了一口气,因为有人报给他们消息,而这只股票的表现看来也不错。可是接下来,股价会突然开始下滑,直到你心悸恶心、止损出场为止。

这时,当你打电话给内幕大哥,问他到底市场在搞什么鬼,他才不想听你跟他抱怨呢!“我也赔钱啦!”他说,“我赔得比你还要多!”但事实上,大哥早已经出货,正等着低接你们手中抛出来的股票!

事实就是如此。当你再一次发誓从此不听任何小道消息,但是几个月后,就在你的操作出现一连串的亏损时,电话铃声响起,是内幕大哥打来的。“嘿!”他用一种神秘兮兮的低声,“我跟你讲哦,有一个赚钱的大好机会……”

注　释:

① S&L 危机(S&L crisis),1989 年美国储贷协会(S&L)的破产危机。

② 庞氏骗局(Ponzi Scheme),指骗人向虚设的企业投资,以后来投资者的钱作为快速盈利付给最初投资者以诱使更多人上当。

③ 作者在书中并没有写出其真实的名字,用 Inside Skinny 代替,本文采用通俗易记的译法。

情迷黄金

骨子里的东西

“再来点爆米花吗，爱伦？”我轻柔地问，再次不经意地将手背扫过她的毛衣前面。当时正是1964年的圣诞假期，而我们正坐在纽黑文大学街上罗杰·雪曼影院最后一排的座位上。我是阿默斯特大学二年级学生，到那时为止，我的社交生活简直一团糟。当初我决定要到这么好的学校就读，就是想提升我的社交层次。很显然的，我还有很多社交活动需要努力，但在当时，我可一点也不像一个职业操盘手，我做事既不果断，也不高明。

我做了很深入的研究，譬如我会仔细阅读一年级新生的相册和通讯录，从中挑出一些外表美丽、头脑聪明、在名校接受大学预科教育的女孩，然后一一打电话给她们，但我那笨嘴巴总是能把美事搞砸。

“嗨，苏茜，从格林威治来的苏茜·佩恩吗？我是从纽黑文来的马丁·舒华兹。你今天过得好吗？”咔嚓……

“丽兹·亨特，你好。我是阿默斯特大学的马丁·舒华兹。我不知道你这个周末有没有兴趣来玩牌。桥牌？是啊，当然好，一墩赌多少钱？”咔嚓……

“哈喽，金柏莉·威廉斯吗？我是马丁·舒华兹。我知道你是从维吉尼亚的米德尔堡来的，那里是养马胜地，是吗？我不知道你想不想搭巴士到辛斯代勒去赌个马？”咔嚓……

于是我又被打回到属于自己的狭窄的社交圈。爱伦·范恩是当时我约会的对象,她是我高中同班同学,当时是瓦沙学院二年级的学生。

偶像金手指

影院里灯光昏暗,银幕上放映的是英俊而温文尔雅的詹姆斯·邦德,他那充满魅力且具弹性的身影被框在一个枪管之中,正要为皇家秘密行动小组出动,和另外一个犯罪集团的首脑对抗。此外,邦德会为一群美丽的女士们服务这也已经不是什么秘密,这就是为什么我会约爱伦来看《金手指》这部 007 电影的主要原因,我希望邦德能够帮我完成破冰的任务。当他在银幕上采取行动时,我则在座位上如法炮制。

我并不需要等太久。这部电影一开始就是一段火辣辣的剧情,邦德和漂亮的金发女郎吉儿·麦斯特森裹在一床被子里。当镜头里的邦德在迈阿密枫丹白露饭店的阳台上搂抱着吉儿时,我也正在纽黑文市罗杰·雪曼影院的最后一排座位里搂着爱伦。当邦德把手臂环绕着吉儿时,我也把手臂环绕着爱伦。当邦德攻下一城时,我也攻下一城。在同一个时间里,吉儿和爱伦都在我的耳边轻声细语。真感谢 007,事情进行得顺利极了,所以我决定要试试看有没有办法再下一城。我慢慢地、平缓地,就像 007 一样,开始采取行动,把手悄悄从她的肩膀向上滑动。“嘿,慢一点,”爱伦低声说,“你以为你谁啊?詹姆斯·邦德吗?”

她从热烈的拥抱中挣脱开来,我感到有一些突兀,我确信爱伦只不过不想进展得太快而已,我得像 007 一样保持镇静。当我抬头看着银幕时,邦德正在和金手指打高尔夫球,他们打球的地点是一个风光明媚的英式乡村俱乐部。我立刻就喜欢上金手指这个角色,他让我回想起当年自己充当外公球童的情景。邦德和金手指站在第十六洞的果岭上,而金手指正准备要打一个很简单的推杆。“您到底有何贵干呢?”他边把球放好,边对邦德说,“我想你可不是专程来和我打高尔夫球的吧?!”

扑通一声,邦德故意把球杆放倒在球洞旁的草地上。金手指的身体略为抽动,因此这个推杆失误。我从座位上醒了过来,我从来没有看过任何一个比在草地中闪耀光芒的纯金球杆更迷人的东西。我开始深深地融入这个讲述金手指准备用核武器攻击诺克斯堡(Fort Konx)的剧情之中。这真是一个高明的计划,如果你能够用核武器摧毁诺克斯堡里储存的黄金,何必大费周折地打主意去偷它?如果全世界黄金储存量最大的地方受到攻击,使得里面存放的黄金成为废物,那么金手指手中持有的黄金自然就会身价暴涨。当然，电影最后，邦德适时阻止了金手指的计划，但即使这个计划并没有成功，金手指已经成为我的新偶像了。

爷爷和金币

长久以来，我一直深深地对黄金感到着迷。从很多方面来看，黄金的这种魅力来自于文化以及商业两个层面。从法老时代开始，犹太人就喜爱黄金，因为黄金一直是逃难者最容易随身携带的贵重财物。当摩西从山上把十诫带下来时，他的追随者便用黄金来制作十诫的雕刻。在接下来中古时期，西班牙的天主教时代、东欧的共产革命，甚至二次大战期间希特勒在大屠杀之时，犹太人都一直在逃难。

当我爷爷在从东欧的动乱中逃亡到美国时，就知道要把终身积蓄存放在哪里。身为一名住在纽黑文的水手，我爷爷一直处于手头很紧的窘境中，但是只要他手上攒下了一点钱，就会拿去买黄金。在这样的背景之下，对黄金的渴求就成为我遗传的一部分了。

黄金不会受空气、热、湿气和大部分溶剂的影响。在人类历史上，它不只是因为美丽和抗腐蚀性而享有高度价值，更因为比其他金属更容易加工、保存成条块状态，也因为稀少性而广受收藏者的青睐。因为这些原因，黄金自古以来就已经被人类当作货币使用。

长久以来，每个国家都以黄金作为衡量币值的基准，也就是所谓金本位制度，而当商业活动在 19 世纪末急速增加，使得用来结算国际贸易账的制度广为各国所需时，黄金就自然而然成为国际货币交易的基础。虽然有一些例外存在，但是金本位制度一直沿用到经济大萧条时期。在 1931 年到 1934 年之间，几乎所有的国家都发现自己必须放弃金本位制度才行，因为如果本国货币贬值的话，就可以刺激国内出口发展。但是，当别的国家也放弃金本位制度之后，它们所拥有的比较利益将随之消失。

罗斯福总统入主白宫后也被迫采用这个政策。1933 年 4 月，他命令美国人向政府上缴手中的金币，大部分的人听话照办，但仍然有很多人把黄金私自藏起来。我爷爷才不愿意交出他那些 20 美元面值的金币呢！他反而把那些金币存放在不同的地方。当时美国的经济状况糟到了极点，谁知道舒华兹家族什么时候又得开始逃难？

我爷爷一直持有这些金币直到 1957 年，他已经年老体衰为止。有一天，他什么话也没说,走到位于喷泉街底的西城储蓄银行,拿他所收藏的金币,向银行要求以20美元的面值来兑换。

那时爷爷的想法可能还停留在24年前,罗斯福总统下达回收金币令的那个年代。其实在1957年,一枚双鹰金币的币值早就已飙涨到100美元了。幸好,我奶奶也偷偷藏了几枚金币,在我13岁生日时,她给了我其中的一枚,那是一枚1925年"D版"的圣高登双鹰金币。

那枚金币是由奥古斯都·圣高登在1907年设计的。其中一面铸着一只飞向太阳、姿态雄伟的老鹰,太阳的光线打在它的身上,那只老鹰的上方刻着几个字:美利坚合众国,20元。

而在那只老鹰的下方,沿着太阳的周围,看起来像是光环的,则是"我们信赖上帝"几个字。

在硬币的另一面,则是一个留着浓密长发的女人,穿着薄纱纺制的长袍,右手握着象征自由的火炬,左手则拿着象征和平的橄榄树枝。她的左脚踩在一块石头上,使得身上的薄纱长袍因而绷紧,看起来美丽极了。在那块石头的上方,刻着年份"1925",而在两道太阳的光线之间,铸着它的版本"D"。

在画面背景的下方,几道几乎看不见的光线中,是一个微小的美国国会大厦图样。在金币的最上方是"自由"这个字,而四周则满布着小星星。我爱死这枚金币了,当时我轻轻地抚摸它好几个小时,之后,就养成了收集货币的习惯。

1958年,我买了第十版的《美国硬币指南》(*A Guide Book of United States Coins*),那是尤曼在1952年所写的。这本手册是研究货币者必读的经典之作,每年都会再版。其中详细记载了每一种美国硬币目前大概的市值,根据其品质和稀有性加以分类排序。我会拿着这本手册散步到银行,用10美元纸钞换取一卷15美分的硬币或是两卷10美分的硬币。然后走到银行大厅的一角,把硬币的包装纸撕开,将硬币摊在桌上,开始找寻特殊的硬币。

我会不断地走回柜台,重复换取更多硬币。我再次发挥起喜欢当侦探的天性。当我终于找到一枚想要的硬币时,会检查制造日期、哪个铸币厂制造的,然后与手册加以比对。我会查看这枚硬币有多少在市面上流通以及目前的市价,接着就向不同的硬币商兜售,如果我搜集到一整个系列的硬币时,我会在《硬币世界》(*Coin World*)或《货币新闻》(*Numismatic News*)这两份刊物中登广告,把它们直接卖给硬币收藏家。

我靠着硬币交易赚了不少钱,但我的最爱仍然是黄金。能够找到一些特殊的硬币固然不错,但这根本比不上我轻轻抚摸圣高登双鹰金币那种愉悦的感觉。我热爱黄金,但没有财力购买,而且技术上除非你是一个货币收藏家,否则私自持有金币在当时仍然是非法行为。

金手指马丁

1974 年 12 月 31 日,美国人才再度被允许购买黄金作为投资手段。但是当时我在市场上的操作老是输钱，所以没有能力买太多黄金。直到我和奥黛丽结婚,并开始在美国证券交易所操作自有资金后,才真正开始经常性地购买金币。当时，黄金价格已经涨到每盎司超过 500 美元的水准，但只要我手上有一点闲钱,就会购买一些南非克鲁格金币(Krugerrand)或是加拿大枫叶金币(Canadian Maple Leaf)。当我买了将近一打金币时,我会把它们拿来摊在枕头上,并把它们抛向空中,这感觉真是棒透了。

后来黄金价格持续上涨,越来越多的人因为恐惧通货膨胀而投资黄金,一本本金融投资畅销书都在预测全世界经济已经面临崩溃边缘。道格·凯西写了《危机投资学》(*Crisis Investing*)，杰洛米·史密斯写了《即将崩溃的货币制度》(*The Coming Currency Collapse*),哈利·布朗写了《如何在即将来临的资产缩水中获利》(*How to Profit from the Coming Devaluation*),以及霍华德·鲁夫写了《如何在未来几年的不景气中成功》(*How to Prosper from the Coming Bad Years*)……每一本书中都以独具一格的方法来散播恐惧,并预期金融体系将以他们预言的方式崩溃。

我在 1979 年的下半年,对黄金简直到了神魂颠倒的地步,当我在美国证交所赚取了第一个 10 万美元后,曾考虑要卖掉我的会员席位,然后在纽约商品交易所(COMEX)买一个会员席位。我想要成为"金手指马丁"——一个黄金期货的操盘手。我和老婆讨论了这个想法,结果我们都认为这不是什么好主意。"老公,你在美国证交所的操作一直都很顺利,"老婆说,"如果你想操作黄金的话,就操作黄金股(产制黄金的产业股)吧!"

说的比做的容易。市场上根本没几家上市公司是生产黄金的,只有几家黄金股在美国证交所挂牌上市。在纽约证交所有一只叫 ASA 的股票,它是一家专门投资柜台交易的南非金矿股的封闭型投资公司,七仔那一组人,除了在美国证交所当美莎石油期权的作价员之外,也是 ASA 期权的作价员。ASA 的交易圈就在美莎期权交易圈的旁边,而七仔的手下"小胡子彼得"就负责 ASA 期权交易。

如同往常一般,我在开始入手 ASA 期权之前做了很多功课。我的原则之一就是,如果对某只股票没有研究透彻,并且完全符合我的操作逻辑之前,绝不轻易入手。在研究ASA的过程中,我发现加拿大和美国黄金类股与金价之间,存在着一种有趣的相关性,即股价通常会先于金价变化,因而使它们成为金价的先导指标。ASA这家公司是投资在南非的黄金制造商上,其股价通常同时会随着金价波动,所以我看出来当加拿大和美国的黄金类股上涨时,ASA的股价毫无疑问地会随后跟进。

我在1979年的12月开始操作ASA期权。金价仍然持续飙涨,而在七仔负责的交易圈中,交易相当快速而热烈。黄金是当时最新的热门商品,所以在那个交易圈聚集着一大堆穿着蓝色工作服的交易者在那里推挤、喊叫。

“3½元卖出50张。”小胡子彼得大声喊着,“买进!”“买进!”一群人同时尖叫着,然后在同时买进的交易员之间,就会为了到底最后谁能够买到而出现一番争执,直到一切都摆平后,继续交易。

基本上,我总是在市场中做多,买进ASA股票的看涨期权,预期ASA的股价会随着加拿大和美国的黄金类股走强。

我穿着蓝色工作服,一个口袋里放着两本成交单,红色的是卖单,蓝色的是买单;另一个口袋则放着ASA的技术图,站在围绕在七仔四周的人群之中。我吞下几颗止咳喉片,因为我整天都在交易场里大声吼叫,如果不吃喉片简直在谋杀喉咙。我看着ASA、黄金现货,以及加拿大和美国黄金类股前一天的最高价、最低价,以及收盘价,等着ASA的股价突破前一天的最高价,然后就会全力抢进ASA看涨期权。我会对着小胡子彼得大喊:“买进!买进!我要买进!”这只股票的期权执行价是以5美元为间隔,而在交易火爆的日子里,ASA股价可以很轻易地突破这个执行价区间。

“彼得!4¼美元有多少张要卖出?30张吗?我要买进!”我以每张4¼美元买进了30张看涨期权,总值为12750美元。我浑身大汗,热得不得了,脚上的橡胶鞋简直热得快要着火了。我觉得这只股票还要继续涨,从我的眼角余光中看到金价正在上扬,其他的黄金类股也在上扬,我在心里对自己说:老天爷!我得多买进一些ASA才行。

我的手下有两名助理,苏珊和吉米,我每个月付给他们几百块钱,而他们则在我完成交易后,把成交单输入到我得交给贝尔斯登清算公司的资料卡上。

“苏珊!吉米!”我从人群中高声喊着,“你们死到哪儿去了?把我的头寸表拿来。让我弄清楚我的头寸。我卖出了多少执行价为45美元的看涨期权?我又买进了多少执行价为50美元的看涨期权?”我满口白色泡沫。ASA股价的波动真是剧烈,操作ASA股期权简直就像在拉斯维加斯的赌桌上豪赌一般。

感谢 ASA 股和其他股票期权，让我在 1980 年靠操作它们赚了 60 万美元，并且在 1981 年赚了 120 万美元。随后在 1982 年，里根政府开始控制通货膨胀，黄金价格也开始下滑。当黄金类股价格波动减缓后，我在这个市场的优势渐渐消失，所以我不再像以前那样，操作那么多 ASA 股期权了。

当黄金热潮退烧时，每一个穿着蓝色工作服的市场老手都知道该开始寻找新的操作标的了。我们全都在 1982 年开始的新多头市场中，转战美林证券的期权市场。

到现在，我还是把克鲁格金币和枫叶金币存放在银行的保险箱中。以客观的角度来看，它们真是世界上最糟的投资标的。我在 20 世纪 70 年代末和 80 年代初买进现有的大部分金币，那时金价正接近历史高点。我的买进成本大约是每盎司 500 美元左右，而现在，在大约 20 年后，金价已经跌到每盎司 300 美元以下了。我最后下了个结论，那就是除非金手指东山再起，并且用核武器成功攻击诺克斯堡，否则我绝不可能靠持有黄金而获利。

但无论如何，我依然热爱黄金。对我而言，它代表了财务安全的保障。谁晓得舒华兹家族什么时候又要开始逃难？黄金已经是我体内基因不可或缺的一部分了。

投资心法 5　危急关头，立即行动

1982 年的 8 月，我正过着梦想中的生活。当时是周五的下午，我和老婆正在新买的海滩别墅度假，我在游泳池边披着浴巾，看着报价屏，并用专线电话和纽约的黛比·洪连线，遥控着在波动剧烈的市场中操作、赚钱。这时另外一线电话响起，打电话来的是内幕大哥，以一种我从未听过的兴奋语气和我说话。

“马丁，车轮快要从马车上脱落啦！”他以沙哑的声音在电话里小声地说，“美联储主席沃尔克，正紧急把所有银行的总裁从假期中召回。墨西哥要发生债务危机啦！这些银行贷了太多钱了。有很多银行都会因此遇上大麻烦。这可是一个最危险的紧急警报啊！”

在整个夏季中，有关墨西哥将要破产的谣言早已甚嚣尘上。每一个股票操盘手心中最深的恐惧就是另一个像 1929 年那样的崩盘和经济大萧条。许多人都认为在这些年所建立的金融安全机制，诸如保证金的限制、自动执行的头寸止损、银行的准备金制度、联邦存款保险，以及其他各种制衡作用，应该可以防止这种混乱状况再次发生。不过，在我们这些操盘手的内心深处，可一点儿也不相信这一套。

以那些大型银行把资金往拉丁美洲猛砸的大手笔来看，谁晓得事情会糟到什么地步，而如果内幕大哥认为他知道真相，我可绝对不敢掉以轻心。他可不是一个普通的理发师或出租司机，他和圈内各个产业的首脑以及政府官员都有很密切的联系。他的消息一向具有极高的准确性，听从内幕大哥的消息在过去让我赚了不少钱，而他的专长就是在事情还没发生前预先知道内幕消息。他操作股票、债券，更重要的是，他也和人交易资讯。如果你够分量也够幸运能成为他传播消息的对象，而且也能偶尔回馈消息，十次当中可能有七次，他能让你赚到钱。

我看着手表，已经是下午两点半了。我得在银行周末开门之前把黄金提领出来。如果内幕大哥的消息正确的话，银行在周一早上可能没有办法开门了。

我自从三年前开始操作自有资金以来，就开始建立自己的储备黄金。不论何时，只要我在市场赚了很多钱，总会拿出一部分的资金来买一些克鲁格金币或枫叶金币，然后将它们放在几个不同的地方，像是厕所的抽水马桶里。这听起来或许很搞笑，不过我也把手上的黄金存放在几个不同的保险箱里。我认为它们就好像我买的保险一样，是在危急时可以用来救命的东西。这也是一般有钱人都在做的事，他们总是把财富分散各处，这里藏一点，那里也藏一点，使得他们在面临突发意外时随时有备胎可用。我就常常在离开纽约市时带个一打左右的克鲁格金币在手提箱里。现在，在3点银行关门前，我只剩下半个小时能赶去提领出来。

"老婆！老婆！"我尖叫着，"你现在马上就去银行，把我们的黄金全部取出来。我得留下来把我的头寸弄清楚，并且发出止损指令。墨西哥马上就要破产了，那些银行都要倒大霉了。"

"老公，你到底在说些什么？你哥哥才刚刚到我们家度周末！我们等一下就要出发去海滩了，为什么你突然大呼小叫地要把黄金取出来？"

"老婆，别和我争论，去把黄金取出来就对了。带杰瑞和你一起去，他可以帮你一些忙，把它们给领出来，快去吧！我还要在市场中交易。"对着黛比我喊叫着交易指令。"买进！该死的！""卖出！""等一下！""帮我买进更多这个期货合约。""黄金！""石油！我要买更多石油。"叮、叮、叮，股票、期权、期货，我披着毛巾疯狂地指挥交易着。当我抬起头时，老婆和杰瑞还目瞪口呆地站在我面前。"你们在搞什么鬼！为什么还站在那里发呆？你们听到我说的话了吧？马上赶去银行把黄金取出来！我不知道情况到底会糟到什么样的地步，我们得要靠那些黄金来保命！"他们看着我，以为我发疯了。"我是舒华兹上尉，"我大吼着，"照着我的命令去做就对了，小兵！"

"老公，这次你做得太过分了，你已经失去理智了。"

"到时候我们就知道谁会真的失去理智,"我尖叫着,"等到银行都关门大吉,每个人都在喝西北风时,只有我们拥有黄金,才能保障我们在状况最糟时,还买得到生活必需品。"

于是老婆和杰瑞出发去银行,大约一个小时后,带着黄金回来了。"老公,这里是你的黄金。"老婆说,顺手把手提箱砰一声丢到地板上。她揉着肩膀说:"我的胳膊简直快断了,不过还是把它们给提回来了,你现在准备把它们藏在哪里?"

"放在床底下就好!我可以睡在这些黄金上面。如果有人想要拿,就得先过我这一关。"

"哼!他们可不必通过我这关,"老婆说,"你可以自己一个人睡!"

在整个周末中,沃尔克都在和银行家们开会,他们决定由美联储提供资金援助墨西哥,这个危机因而解除。周一早晨,银行一如往常开门营业,而除了内幕大哥、我,以及少数消息灵通人士之外,绝大部分的美国人从来都不知道这些银行家,差点让我们全都陷入极为严重的金融风暴中。

到了周二,国债的价格暴涨,而到期收益率则出现历史上最大的单日跌幅。在周二的下午,我对老婆说:"甜心,亲爱的,我想这次的危机已经算是雨过天晴了,我可以请你帮我把这些黄金送回保险箱里吗?"

"哈!"老婆说,"我为了提那些黄金,弄得胳膊到现在还痛呢!我替你把黄金提回来,该你自己把它们提回去才对!"

这就是我想要保护家人所得到的回报,但是当你面临危急状况,或在危难当中做决策时,不管在别人眼中你的举动多么荒唐可笑,都必须立即付诸行动。经纪商里的经纪人、投资顾问、基金经理人、理财咨询专家、家庭中的成员,以及其他支援者都必须全力配合这个行动决策,否则最好请他们站一边去,不要碍事。

谣言的可信度视来源而定,但若你确信得到的资讯相当可信,就得马上采取相应的行动。家庭的安全是我心中最重要的事,所以我总是预先推想最坏的状况,并预做周密的准备,使我和家人可能受伤害的程度降至最低。

期指大发家

运气还是智慧

叫他们把将来丰年一切的粮食聚敛起来，积蓄五谷，收存在各城里做食物，归于法老的手下。

所积蓄的粮食，可以防备埃及地将来的七个饥荒年，免得这地被饥荒所灭。

《圣经·创世纪》，第 41 章，第 35 至 36 节

自从约瑟为法老解梦，认为他的梦境象征埃及接下来会有七个丰收年，以及随后的七个饥荒年之后，期货合约一直就是保障农民和农产品购买者免于价格波动风险的最佳工具。

期货市场的变迁

一直以来，芝加哥都是期货交易的中心。这是由于两个位于芝加哥的最主要的期货交易所——芝加哥期货交易所(CBOT)，以及芝加哥商品交易所(CME，业内昵称为 Merc)——最早都是因农产品期货交易而闻名的。

所有交易所，不管位于芝加哥、纽约、费城、波士顿、旧金山，甚至堪萨斯，说穿了其实不过是个大型的赌场。只要有更多人下单，交易所就能赚更多钱。一般赌场靠着在输赢概率上的先天优势赚钱,而交易所则是靠收取会员费赚钱。这两者都存在着同样的特性,只要量越大,他们赚走的就越多。这就是为什么交易所总是像赌场一样,一直想尽办法吸引新的玩家来玩期货。

但在20世纪70年代初期,CBOT与Merc的交易量都出现了明显的衰退。主要原因是二战后婴儿潮成长的这一代,不再对农产品期货交易感兴趣。他们对于小麦、玉米、黄豆、活牛、瘦猪、五花肉这些商品根本一无所知,甚至对较为精明的交易者来说,商品期货也如一团迷雾。他们对商品期货的认知,只有交易所的人把一卡车的五花肉倒在自己家前院的呆板印象。因此,新一代的投资者根本不想玩商品期货。如果真的非玩不可的话,他们对那些可以整齐地存放在保险箱里的玩意儿,可能会更有兴趣些。换言之,他们只对股票或债券这类金融工具感兴趣,这使得他们开始把资金挪到纽约去,不在芝加哥玩。

CBOT与Merc眼看大笔资金跑到纽约去,身为美国金融重镇之一的芝加哥若再不做些改变,迟早要把大好江山拱手让人。1969年,利奥·梅拉姆德成为Merc的新任主席,成为风雨飘摇中的芝加哥的一线希望。他和家人逃过了二次大战期间纳粹在波兰对犹太人进行的大屠杀,横越西伯利亚,逃到日本,并幸运地在珍珠港事件前抵达美国,定居在芝加哥。

梅拉姆德的父母在犹太人学校找到教授依地语①的工作,而梅拉姆德这个标准的犹太人则在Merc找到了生财之道,五花肉这项商品更是他致富的关键。不过,梅拉姆德可不只把聪明的头脑放在判断猪肉价格的波动上,这对Merc、CBOT以及整个芝加哥来说,真是一件再幸运不过的事了。

梅拉姆德很有远见,他看出在投资人眼里,CBOT与Merc是农民的交易市场。投资人一想到牛或玉米的买卖,会关心的只有纽约老字号餐厅戴尔蒙尼的菜单价格。他很清楚,如果不赶快变出一些新样式,把纽约的资金吸回来,Merc很快就会门庭冷落,甚至关门大吉。但有什么新东西可以提供?在他1969年就任董事长一职后,就开始积极研发金融期货的可行性,而且终于等到了期待已久的大好良机。1971年8月15日,美国总统尼克松做出令国际金融界为之震惊的举动:宣布美国不再履行将境外美元兑换成黄金的承诺。

这个出人意料的声明象征金本位制度彻底瓦解。而世界上各种原本盯住美元的投资人,转而盯住黄金(当时每盎司35美元),而货币币值也开始浮动。突然间,货币也变成一种商品。梅拉姆德在《逃向期货》(*Escape to the Futures*)一书中这样写道:“别再想着五花肉跟农业了,要向钱看,各式各样的钱,这才是至高无上的商品。”

梅拉姆德很清楚别人一定和他有同样的想法，于是决定先下手为强。在1972年的1月，Merc成立了一个专为货币期货交易而设的交易所——国际货币市场(IMM)。

与此同时，Merc的最大竞争对手CBOT也不甘示弱，聘请加州大学伯克利分校的知名经济学者理察·桑德，从象牙塔里走出来，担任CBOT的总顾问。就好象《窈窕淑女》(*My Fair Lady*)这部电影里的亨利·希金斯教授一样，桑德教授的最大挑战就是如何把CBOT从一个纯朴的村姑(只提供农产品期货)，转型为迷人的都市女郎（提供各种创新的金融期货)。经由这样的转变，CBOT才可望超越Merc，并把投资人从纽约拉回来。

桑德教授认为，既然Merc已经在货币期货交易上抢得先机，他干脆把重点放在利率上面。首先他于1975年发展出住宅抵押贷款(Mortgage-backed)期货，但并不十分成功。所以在1977年，桑德教授又发展出30年期的长期国债（T-bond)期货合同。他觉得在美国政府发行的各种债券中，30年期的长期国债将有可能把CBOT变成窈窕淑女②。

直到20世纪70年代末期，虽然Merc和CBOT分别在货币和国债期货的交易中跟上时代的脚步，也从纽约的地盘上抢回了一些投资人的资金，但是它们要从传统的农产品交易所成功转型，也非一朝一夕之功，市场中的大玩家仍然没兴趣把真正的大钱挪回芝加哥。当你习惯在华尔街和一流企业的精英分子玩股票和债券的时候，哪会有兴趣跟一群农民和乡巴佬玩期货?

最后，就像交易中常发生的情况，让Merc和CBOT得以从业绩不佳的阴影中走出来，将原来最不利期货市场发展的因素化为最大的助力，甚至开始大赚其钱，还是全靠梅拉姆德的实力。Merc和CBOT最大的生意来源是避税交易。在70年代这是一种相当盛行，由税务专家为高收入者规避庞大税赋支出的操作手法。

虚卖和卖空的法令禁止投资人在年底最后交易日卖出持股，然后在隔年第一天马上补回，从而造成税收流失的操作方式，但是相关法令并不把期货市场的投资放在此列。于是许多摇滚歌星、影星、运动明星等高收入人群，和像我一样收入很多的操盘手，都可以在期货市场利用这个方法，延后上缴百万的税金。这种交易受欢迎的程度可由美林证券设立独立部门来服务客户看出端倪，直到20世纪80年代，国税局在忍无可忍的状况下，才把这个漏洞给堵了起来。

避税交易为Merc和CBOT带来了相当可观的佣金收入，国税局的新措施却堵了这条财路，无异给期货交易所的工作人员带来了最坏的消息。Merc和CBOT之间一向因狗咬狗式的互相争斗而声名狼藉，但当大冲击到来时，两家却异常团结，所有工作人员决定同心协力、一致对外。他们先达成利益交换的条件，并平息原先两边的纷争和问题。

当国税局针对避税交易开刀时，梅拉姆德和CBOT的主席列斯·罗申达尔马上去找国会中的芝加哥议员丹·罗斯顿科斯基。根据梅拉姆德后来的说法，罗斯顿科斯基的第一个问题总是“这对芝加哥很重要吗”，他也总是说，“这些年来，我一直是芝加哥期货市场最忠实、最卖力的保护者！”

罗斯顿科斯基很干脆地为芝加哥奋战，但是那些东岸的自由派议员势力实在太强大了。当罗斯顿科斯基的提议在参议院表决时，东岸议员的代表人物、来自纽约的丹尼尔·帕特里克·莫尼汉，强烈指责避税交易是不入流的做法，并将这个提案封杀了。罗斯顿科斯基所能做的，就是利用他在委员会担任主席的机会，给这些芝加哥小子们一点甜头。

啊！没想到这真是一个很不错的甜头！1981年，在《经济复苏税收法》（*Economic Recovery Tax Act*）中有一项不起眼的条款指出，自同年6月23日起，“所有的期货交易均须在年底以市价评估，任何收益或损失，都必须将其中40%以短期资本损益认列，60%以长期资本损益认列”。

这对期货业来说真是天大的好消息。期货是一种短期交易工具，如果你在20分钟内进出一趟交易，收益中的60%可以“长期资本收益”加以课税（税率20%），而不是一般的所得税（税率50%）。

这个甜头真是太帅了！这个条款违反了所有的逻辑。不过逻辑可是芝加哥这些家伙最不在意的东西，他们原先好像掉进了粪坑，但是在罗斯顿科斯基帮了这个大忙后，他们不但全身而退，而且情况简直大逆转。在拉斯维加斯，赌场给客人提供免费的食宿、饮料、筹码和秀场歌舞女郎，但现在起，芝加哥的期货交易所却能提供更诱人的东西——税赋减免。

试水标准普尔期指

自从我开始在Amex担任场内操盘手后，1979年我在四个月内赚了10万美元，1980年我赚了60万美元，而且1981年开始以破百万美元的速度获利。我在股票、债券、套利以及非常多的期权交易中大捞了一把，其中尤其是提供我高财务杠杆的期权交易贡献最大。

我交易时头寸的进出频率通常以小时计，有时甚至以分钟计。因此大部分的收入都是短期资本收益，而且课以普通所得税税率，联邦和纽约市政府总共对我课征57%的所得税(联邦政府课征50%的税,纽约市课征14%,但其中一半从联邦税中扣除,因此,总共为57%)。你可以想象缴辛苦所得的57%的税多么令人心疼!一旦避税交易这条路行不通时,我只好考虑转战期货市场。

玩得越大的人就越需要考虑期货交易,因为从期货交易所里,你赚到的每一块钱都可以少缴18美分的税(60%以长期收益计,税率为20%,等于12美分;40%以一般所得计,税率为50%,等于20美分;因此,现在一美元总计上税32美分,比之前的50美分,降了18美分)。这对专业操盘手来说可是不小的数目!

如果我要在芝加哥进行期货交易,就得找一个清算公司合作。在当时,纽约的经纪商都还没有涉足期货交易。SL&K是一家在纽约有办公室的大型清算公司,所以我在1982年3月2日正式在那里开户,并买了市值12万美元的短期国债[3]放在账户中充当保证金。期货合约的总值通常是原始保证金的15到20倍,所以我存进账户、市值12万美元的短期国债,让我能够操作总值达180到240万美元的期货合约。

如果财务杠杆是20倍的话,期货价格只要反向变动5%,我就会把钱输光,而期货价格顺向变动5%,我账户的净值就会增加一倍到24万美元,我将因而可以操作总值480万美元的期货合约。

更令人感兴趣的是,如果用短期国债来充作保证金,在操作期货的同时还可以享受短期国债的利息收入(免税哦)。这真是世界上最棒的事啦!换作在股票市场,我得拿钱缴股款,这会增加我的(资金)成本,而在期货市场中,只要我赢钱,就没有资金成本的问题。

SL&K就派了一个名叫黛比的接单员来服务我的账户。黛比曾经在纽约期货交易所(NYFE)中为另一家经纪商担任场内经纪人,所以她和Merc与CBOT间有专线保持联系。那年三四月间,我开始从黄金、IMM的欧洲货币、瑞士法朗、马克,当然还有CBOT的30年长期国债这几种期货合约下单交易,不过股票仍然是我的主要标的。

当时,我在Amex从事期权交易赚了不少钱,对我来说,投资货币和债券只不过像玩二十一点和赌轮盘一样。我找寻着适合下注的骰子台(股票),而那时并没有和股票相关的期货合约,所以我还是专心地在Amex操作期权,并把我在芝加哥的期货头寸维持在很少的量。此外,我并没有忘记1973年我和戈尔茨坦那个爱电脑的小丑,在小麦期货交易上输的那2.5万美元,所以,我对期货还是深具戒心。

另一个令我无法专心于期货交易的原因是,在1981年11月,我的人生陷入了一个严重的低潮。当时老婆已经怀了20周的身孕(我们的第一个孩子),但进行产检时,医生发现她没有羊水,很快失去了那个孩子,我们简直不知所措,都傻了。我爷爷总是喜欢唱一首歌,"如果连梦都没有,哪来的梦想成真?"但爷爷从来没告诉我们,当梦想硬生生地从手中被夺走时,那是怎样的一种痛啊!

老婆失去孩子后,我们感叹世事无常,人生苦短。如果我们无法享受的话,光赚那么多钱又有什么用?该是花些钱及时行乐的时候了。老婆和我都喜欢位于海边的房子,事实上,我们也是因此相遇的。可是,我们结婚后,却被困在一套两居室的公寓里无处可去,就好像住在鸟笼里一般。我们一直想拥有自己的海边别墅,所以决定该是买一套的时候了。1982年元旦,我们手中拥有120万美元,我们用其中的三分之一在西汉普顿买了一套海滨别墅。

从理财的观点讲,把这么多营运资本花在这种没生产力的资产上似乎很愚蠢,这占去不少原本该拿来从事交易的资源,但我心中一直想象着自己整个夏天都待在海边,把报价屏推到户外,每天坐在游泳池边交易的美梦(最后我发现在游泳池边整天晒太阳可不好受,我得围着一条大浴巾,躲在报价屏的阴影下,像马修·布莱迪[④]那样酷)。再加上我相信以我过去三年的成功打拼经历,可以赚回更多的钱。

当我被击倒时,绝不会等着人家倒数读秒,而是一定马上站起来。我坚决相信当事情变糟的时候,好事肯定会接踵而至。如果我还倒在地上喊痛,就等于失去先机。1982年4月21日,我买下别墅的两个月后,Merc宣布开放"标准普尔500指数期货合约"(Standard & Poor´s 500 Stock Index Futures Contact)的交易。这是一个梅拉姆德称为"终极合约"的新金融工具,标准普尔500指数期货是以500家大型企业的股价为基础的合约。

顿时我直觉地认为标准普尔500指数期货将会是最适合我的操作工具,因为它是从股价衍生出来的工具。而我长久以来用来从事股票交易的技术,例如神奇的T理论、10日均线、震荡指标、KD指标都可以用在这个新工具的交易上。这就好像突然间,我可以在所有的二十一点赌桌上下注一样令人兴奋。

1982年4月29日早上,我下了第一张标准普尔500指数期货的交易单,买进10手六月的期货合约,结果输了370美元。第二天,我又试了一次,在117.20美元的价位买进40手六月期货合约。一手标准普尔500指数期货合约的总值等于指数乘以500,因此我所买进的六月期货合约总值是2344000美元(40×500×117.20),但我可以不必动用这么多资金,因为我存在期货交易账户中那价值12万美元的实物国债就足以满足保证金所需。这才叫作财务杠杆,乖乖!货真价实的财务杠杆！仅仅几个小时后，我以117.70美元卖出所有的头寸，赚了1万美元（40×500×0.50）！

在那年的整个春夏季，我不停地用标准普尔500指数期货做试验。虽然我对这个期货合约非常有兴趣，但仍旧十分小心。当任何一种新金融工具刚上市时，都很不稳定，每个人只抱着姑且一试的心态，使得交易量很不规律，而交易所也很难马上使交易情况导入正轨。

和Merc一样，我把每个交易日都以半小时为单位加以分割，并把每半小时的价格变动率都画下来。我把盘中的动量看作潮汐一般，高低起伏、有涨有跌。如果标准普尔500指数在三个时间单位中，连续上涨0.5点、0.3点及0.1点的话，我就察觉到价格动量正在转变，而价格的正弦波动曲线将要转而向下，市场的红灯马上就要亮了，此时就该摘挡、停车（平掉多头仓），等到绿灯亮时，采取行动，转头做空，挂挡前行。

我在标准普尔500指数期货的市场中看到好多机会。除了迷人的财务杠杆、不需买进一堆现股就能投资500大企业股价指数这两大好处外，标准普尔500指数期货也是一种绝佳的避险工具。如果我认为股市将下跌但不想卖出现股时，可以卖出总值相同的指数期货合约，这就帮我规避掉大部分的风险，别忘了，这同时还满足了我在税务方面的利益呢！

不过一般而言，我玩的量还是很小。因为在那年8月，美联储主席沃尔克把各大银行头头们从假期中紧急召回华盛顿开会。市场谣传墨西哥将发生严重的债务危机，传闻满天飞，甚至听说在华盛顿的会商中，美联储决定放弃墨西哥，以免美国的主要银行陷得更深。当消息传出来后，利率马上开始下挫，那些把大量资金放在货币市场（短期利率工具）的银行信托部、养老基金、共同基金以及保险公司，都赶忙将资金移回股市。在8月17日当天，道琼斯工业指数史无前例地上涨39.81点，而我则忙着在期权和指数期货间找寻获利的机会。

此外，我也借着这个机会在货币，以及30年期长期国债期货交易上赚了不少钱。感谢罗斯顿科斯基所提的小小法条，再加上美国政府发行越来越多的债券，使得CBOT的30年期长期国债期货成为世界上交易最活跃的期货合约。与日俱增的交易量，也使得长期国债成为更安全、更稳定的交易标的。

我同时发现了另外一种交易辅助工具，那就是德励财经（Telerate）的报价机，这确实为我交易长期实物国债提供了不少帮助。虽然CBOT提供了一个稳定的长期国债交易市场，但对政府已经发行的实物国债，却没有一个集中交易市场进行实物国债交易。实物国债经由联邦政府发行后，投资人只能经由经纪商从事买卖。

当利率上涨或下跌时,长期实物国债的价格也随之往反方向波动,当某经纪商以 101 美元的价位卖出国债时, 另一家却可能以 98 美元卖出同一期国债,各经纪商的出价完全根据自身的头寸和筹码而定。所以债券交易者就得和农民买卖新鲜牧草一般,必须四处询价以找出最好的报价。

尼尔·赫希曾经担任坎托·菲茨杰拉德债券经纪商的经纪人。他发现实物国债市场的玩家们,一直希望能有一个提供所有国债报价的服务机构,所以就成立了德励公司,向各家经纪商收集政府发行各种不同年期国债的最新报价,然后将这些价格立即显示在德励出租的单机屏幕上。所有租用德励报价机的交易者,从此可以很有效率地掌握最新国债现货报价。这个简单的创意让赫希发大了,他后来把德励财经卖给了道琼斯。

自从我花了更多时间从事 Amex 以外的交易后,就租了一部德励报价机。在我们这行中最主要的工作就是,找出市场的不均衡状态并从中获利,而德励的报价机在国债期货的交易上为我提供了很大的帮助。此外,我本来就很喜欢这些科技产物,也总是在新的玩意儿推出后买来尝鲜。

虽然我比较少在 Amex 场内进行交易, 交易所仍然规定会员必须每天到场内亮个相。有一阵子我还是天天早上去晃一下,但是由于 Amex 只有股票交易,在场中并没有任何的德励报价机可以看到国债行情, 所以我总是在下午 3 点后回到办公室查看国债报价。国债期货在下午 3 点收盘,但是国债现货市场则只要经纪商想交易,都一直有报价,而德励报价机上的国债报价让我得以借由这些盘后交易,感受第二天的行情走势。

一招鲜快速致富

9 月 10 日,一个周五的下午,当我回到办公室查看国债报价时,发现了一些有趣的事。“老婆,来看看这个!”我说,“我觉得国债现货和标准普尔 500 指数之间存在某种相关性!”

“我正在忙,等一下!”老婆回答,自从我明确了自己想成为一名操盘手,老婆就辞去了工作和我并肩作战。她帮我绘制技术图,完成一些文书工作,并倾听我对行情的看法。过不了多久,她已经能够分辨出我是很认真地在讨论一个交易机会还是只是闲话几句。

“不,赶快过来看一下嘛!我想我可能发现了什么!”

老婆正在做一些文书工作，并不想被打断。我们才刚刚从市区搬到新买的海滨别墅，她还在适应当中。她很不情愿地把椅子滑到刚好能瞅见德励报价机的位置。“我一直把国债现货看作是国债期货的先行指标，”我指着报价屏说，“但是，股价也会因为利率波动而涨跌。”这是因为当利率上扬时，企业必须付出更多的资金，因而提高了经营成本而降低了盈利。高涨的利率使得消费者不愿扩张信用来买东西，这会减缓企业营收而更不利于盈利，股价会因而下跌。

“所以呢？”

“所以如果国债价格在盘后交易中上涨，代表利率在下个交易日会下跌，那标准普尔 500 指数期货就该上涨。”我拿起一叠技术图，“给你看一个例子，8 月 30 日，长期实物国债的价格在最后一小时下跌了 0.75 点。”我又拿出 10 日均线图，“你看这里，8 月 31 日的标准普尔 500 指数期货开盘就下跌了 0.80 点，但是上周国债价格上涨了 0.50 点，而标准·普尔 500 指数期货第二天开盘就上涨了 0.65 点。”

“那又怎样？”

“老婆，这会是一个很棒的指标啊！”我感到非常兴奋，“国债期货 3:00 就收盘了，但标准普尔 500 指数期货要到 4:15 后才收盘。如果实物国债价格在 3:00 到 4:15 之间上涨的话，我就可以在收盘时买进期指（指数期货合约的简称）；如果实物国债下跌，我就卖出期指。”我指着报价机的屏幕，“听着，前几个小时长期实物国债的价格已经上涨了 0.50 点，如果我的推论没错的话，这表示标准普尔 500 指数期货下周一会高开。”

老婆看了一下手表，“现在已经 4:10 了，你只剩下 5 分钟，如果你想试，那就试试看吧！”

我走到电话旁边，“如果长期实物国债在最后一小时上涨 0.50 点，可能就太迟了。我看一下标准普尔 500 指数期货的价位……黛比！”我打给我在 SL&K 的经纪人，“我是马丁，12 月的标准普尔 500 指数期货价位现在在哪里……漂亮！没有动，帮我市价买进 30 手。”

整个周末我仔细地研究线图，试着找出实物国债现货在盘后交易的价格变动，和隔天的标准普尔 500 指数期货价格之间到底有什么样的联动关系，也试着看看其他的指标能不能提供更多的线索。

结果并不算完美，但大致上，只要债券在盘后交易的价格变动很明显，第二天标准普尔 500 指数期货也会有类似的波动。更重要的是，这些波动都和我的主要指标——T 指标、10 日均线、震荡指标以及 KD 线等配合得很好。

我等不及要看周一早上的开盘。老婆和我起了个大早，在报价机前坐定。我很确定市场会高开，而事实也的确如此，开盘价在 119.40。“这就对啦！”我马上打电话给黛比，“全部卖掉！”

在接下来的几天，长期国债现货在盘后交易时段都没有明显的波动。直到 9 月 20 日，周一，我的长期国债现货指标在盘后上涨了 9/32。“老婆，”我说，“机会来了，标准普尔 500 指数明天会高开。”

“高开多少啊？”

“我不知道，我得仔细推算一下。我还没有足够的资料。不过相信我，至少会高开 0.20。”我在 4:10 拿起电话，“黛比！12 月标准普尔 500 指数期货在哪里？123.40……好，帮我市价买进 50 手。”

黛比在 4:11 回报说我在 123.45 成交。我等于是买进了总值 3086250 美元（50×500×123.45）的期货合约。不过，我不需要投入那么多的资金，只要用我放在期货账户的实物国债充作保证金就够了。

第二天，我买进的期货合约开在 123.65，并且立刻又上涨了 0.75。我马上拥有了 7500 美元的账面获利。我检查了一下其他指标，所有指标都看涨。“我该怎么做呢？老婆，我该获利了结还是加码买进？”

“先等一下，今天已经高开，所以你有本钱多等一会儿。”

12 月期指的价格一路涨到 124.40 才暂时打住。我在 124.30 获利出场，赚了 0.85 点，相当于 2.125 万美元。当天下午，长期实物国债的价格又在盘后交易中上涨了 11/32。因此，在 4:10，我又买进了 50 手 12 月标准普尔 500 期指。第二天指数高开 0.70 点，而我又赚了 1.875 万美元，真过瘾！

9 月 23 日，长期实物国债在盘后交易时段下跌了 12/32，这是该试一试操作策略的时候了。“黛比，12 月标准普尔 500 指数期货在哪里？123.857，帮我卖出 25 手。”我看了老婆一眼，她对我点了点头，“不，重来，我要卖出 50 手，市价卖出！”我对黛比喊道。

第二天早上 10:01，标准普尔 500 指数开在 123。我一开盘又赚取了 1.875 万美元。真棒，我的理论在正反两面都有效。

在 9 月剩下的交易日里，我在市场中进进出出，一下买进 50 手，一下又反手卖出 50 手，利用德励的报价机大进大出。虽然在那段时间股价指数整体来说根本水波不兴，指数在 9 月 13 日开在 119.40，在 30 日收在 119.35。但我却在这段时间内赚了 16 万美元！

一个月之内，我们的财产增加了一倍。

那年10月股市简直热闹极了。10月6日周三，道琼斯工业指数以历史第二高的涨幅向上飙升37.07点。每一个在Amex交易的人都欣喜若狂，大赚其钱。交易场内成交单满到连地板几乎都找不到，我更利用期权交易海削了一票。但当其他人在收盘后手舞足蹈地去酒吧庆祝时，我回到办公室看报价机。"老婆！你看长期实物国债在搞什么鬼？不知道12月的标准普尔500期指现在价位如何？"老婆马上询问黛比。

"马丁，标准普尔500期指涨到126.45了，而长期国债现货的价格也正在往上走。"我的情绪也随之高昂。我们看着长期国债现货的价格在接下来的半小时内持续走高，到3:30时已经上涨11/32，3:45已经上涨1²/₃₂了，而且涨势看来没有要停止的样子。我得采取行动了，因为4点时长期国债已经上涨1¹⁰/₃₂了！

"黛比！帮我市价买进12月标准普尔500指数期货150手！不，买200手！尽快向我回报成交价。这一票够我们去拉斯维加斯好好度个假了。"我挂了电话，"老婆，如果这次也像以前一样有效的话，我们又向前迈进一大步啦！"

第二天早上，标准普尔500指数期货高开在128.70，而我以平均价位126.53总共买进了200手合约(200×500×2.71=21.7万美元)。天啊！这真是我的一项新纪录！

在整个10月份中，我来回炒作着标准普尔500指数期货。10月22日那天，市场谣传美联储直到大选前都不会调低贴现率。长期国债现货的价格在盘后交易中重挫，而第二天标准普尔500期指低开1.85点时，我手中已经持有150手期指。我在开盘时以市价出场，在一分钟内赚了13.875万美元。到了10月底，我已经赚了140万美元。我的腿因为雀跃不止而感到酸痛。

在2月，我们才刚从窘境中爬了出来，而且才花了40万美元来买我们的海滨别墅，当时我们的财产净值才只有120万美元。现在，在一个月之内，我就把它增加了一倍，在这个月中我所赚的比前半生都要多。我无法形容这种感觉。曾经连续20天，我们每天从办公室驾车回家时都比前一天富有7万美元。如果我还继续当证券分析师的话，一年也不过才赚7万美元。

突然间，我成了一个37岁的百万富翁，同时还拥有在未来累积更多财富的无限潜力。为什么？只因为我找到了一个适合本身个性的金钱游戏，而且从中形成一套属于自己的获利策略。我是第一个发现长期国债现货价格和标准普尔500指数期货价格间联动关系的人，也是少数同时涉足股票、债券、货币市场的操盘手。

大部分交易者都只在个别交易所操作同种类的金融工具，因此无法发现不同市场间的互动关系。我也是最早利用德励报价机发现额外获利机会的标准普尔500期指交易人，真感谢德励公司，我体现了每个赌徒的美梦——未卜先知！

这是运气吗？你可能会这么想，但这可是在我全心投入研究后所得的智慧结晶！我用所有的时间，找出一些别人看不出来的事，现在我可比约瑟夫要快乐多了。我有能力照顾家人，并且给他们提供终生的财产保障了。

这风声传到法老的宫里，说：约瑟的弟兄们来了，法老和他的臣仆都很喜欢。

法老对约瑟说：你吩咐你的弟兄们说，你们要这样行，把驮子抬在牲口上，起身往迦南地去。

将你们的父亲和你们的眷属都搬到我这里来，我要把埃及地的美物赐给你们，你们也要吃这地肥美的出产。

《圣经·创世纪》，第45章，第16至18节

投资心法6　顺势而为，主动应对

我下定决心，不管成或败。

——卡西·史丹格尔

在我从事场内交易后的数个月，虽然在弗兰尼负责作价的数字设备公司的股票期权上面做了不少交易，却一直必须大费周折才能得到报价。在交易场内，我总是无法找到所需的资讯，只有那些支付报价机租金的报价员，才有权决定屏幕上该显示哪些报价。七仔在他的屏幕上只放美莎石油，乔伊只放德士古石油，弗兰尼只放数字设备，没有一个人在他的报价屏上显示所有我需要的报价。

“马丁，我在楼上的办公室里有报价机，”弗兰尼说，“只要你想用，随时欢迎，你怎么用都行。”弗兰尼也是一个大操盘手，在盘中总是待在楼下的交易场中忙着轧头寸。他雇了几个助手在楼上，帮他管理部分的资金，也做些较小的交易。当弗兰尼认定我是会赢钱的场内操盘手后，他觉得把我留在楼上会是一个好主意。他觉得当他在楼下做交易时，他的助手也许可以从我这儿得到一些好主意或者资讯。

我感到很满意。每天午餐时间，当大部分人外出吃快餐的时候，我就拎了三明治到楼上办公室里，研究线图并让自己在下午开盘前调整好情绪。在办公室里有能提供所有资讯的报价机和一个专线电话，当我想下单的时候，可以直接打电话给经纪人。

弗兰尼的助手们看到我持续获利,也开始对我友善了起来。我心知肚明,弗兰尼叫他们在背后监视我,但是既然可以免费用他的办公室,而且那些小伙子人也不坏,我就待下来了。既然我下我的单,他们也管不了我,那又有什么好计较的?在他们的监视之下,反而鼓舞了我的士气。

在美莎股票期权后,我开始操作南非金商股票(ASA)。当时通货膨胀率完全失控,世界各地的金价都急速上扬,这对善于抓住时机的我是再好不过了。

有一天,我下单给我的经纪人麦克,叫他买进50张5月的ASA看涨期权,弗兰尼的助手们在旁边偷听。我从不过问他们在干什么,也不确定他们有没有跟着我下单。当麦克回报成交后,我决定走到楼下的交易场内看看盘面情况如何。

当我对场内的交易员打招呼时,我特别留意了一下成交记录,我不喜欢我所看到的。"不对,"我对自己说,"我得改变头寸。"我把我的多头头寸平仓并反手做空,然后走回楼上的办公室。当我走进去时,弗兰尼的助手杰瑞正盯着报价屏,他看起来非常忧心忡忡,"天啊!马丁,市场看起来好像不大对劲呢!"

我看着报价机:"我知道,所以我放空啦!"

"放空!你什么时候放空的?你刚刚不是还做多吗?"

"是啊,但是我刚刚到楼下去的时候觉得不对劲,就把头寸反转过来了。"

杰瑞的脸顿时涨成了猪肝色,"你这个混账!"他咆哮着,从椅子上跳了起来,拿起办公桌旁的球棒朝我走来,"我要宰了你!"他那浓浓的爱尔兰腔显得十分尖锐。

"杰瑞,冷静点!"

"你怎么可以反转你的头寸呢?"他仍然愤怒地走向我,疯狂地挥舞着那根球棒。

"我只是做了该做的事。"我迅速躲在椅子后面,"我得照顾我的家族,而我不认为我的家族中有爱尔兰人,你明白吗?"

这反而使他平静下来,当他把球棒放回原位后,我告诉他:"听着,杰瑞,我之所以能赚到钱就因为我是一个常改变打法的攻击手。就像在打棒球时一样,如果球从右边来,我就往左边打。如果我发觉市场换边走,我会马上改变操作策略。"

如果你是一个着重进出场时机的操盘手,不论做多或做空都要一样在行。当市场的形势转变时,你不能死抱着头寸,然后奢望市场会回到原点。如果你对这点还没有办法很自然地掌握,那你所能做的只有不断地练习、练习、再练习了。

这个建议对新手和业余投资者并不适用,只对充满抱负的专职操盘手有效。

大部分平庸的投资人只要学会买进股票就够了,他们不必放空,也不需要对此了解太多,放空是业内高手玩的。

注　释:

① 依地语(yiddish),犹太人使用的国际语。

② 此处指上一段提到的电影《窈窕淑女》里的故事,亨利·希金斯是一名固执傲慢的语言学教授,一天他遇到了言语粗俗的卖花女伊莉莎·多莉特,告诉她一个人的语音标志着这个人的社会地位,如果她改进发音就可能会有一份体面的工作。后来他终于把伊莉莎·多莉特改变成了一个谈吐高雅、仪态端庄的窈窕淑女。

③ 美国短期国债(Treasury Bill,T-Bill),美国政府发行(每星期发行一次)的短期债券,到期天数从几天到26周不等,因为到期天数小于一年,在分类上其实应该属于货币市场工具,不是真正的债券。中文也有叫作美国国库券。

④ 马修·布莱迪(Matthew Brady),美国摄影家,以写实主义的方式拍摄南北战争,他以客观、不带个人情绪的风格所纪实的军队、战场和被战火摧毁的城市,是早期纪实摄影的典范,拍摄的历史性照片,让民众得以随着战事的开展目击南北冲突,从而体验战争的毁灭性。

百万亏损之后

知耻而后勇

还记得那是 1982 年的国会中期选举日，老婆和我坐在办公桌前等着开盘。我们刚刚投完票，却为自己投的票怀着深深的罪恶感。在我的内心深处，一直是一个自由派民主党的支持者，在我成长的环境中，罗斯福总统的肖像就挂在我家墙上。但是自从我开始赚大钱后，就有点忘本，这回我把票投给了共和党。

身为纽约市的市民，我每年都得拿收入的 57%作为税金缴给政府。对我来说，政府总是贪得无厌、从不满足地把我的钱从口袋里拿走，但他们又拿这些钱干了什么好事呢？马路上坑坑洼洼、地铁两旁随处可见脏乱的涂鸦、到处有人被抢，而市政府的员工则不停地罢工。

如果他们真的把钱用在该花钱的地方，我其实并不在意缴税这回事。但当我看到他们把税金浪费，或花在不当的地方时，我决定为自己的荷包投一票，而不是为信仰投票。天啊，我越来越像个共和党人了！不过当你开始赚钱，而且赚得像我一样多的时候，你也一样会这么做的。感谢标准普尔 500 指数期货，我可真靠它赚了不少。

志得意满

自从我开始从事标准普尔500指数期货交易后，除了6月我回到母校，参加毕业15年的同学会去当冤大头的那段期间，几乎每个月都获利。大学同学会是显示一个人是否事业有成最有效的测量计。

等你毕业了10年后，就能感觉出谁在将来会成为一个大人物。学医的人选择专科并且已经开始实习；学法律的则已经选定专业科目和未来的合伙人；那些做学问的人已经拿到博士学位和助理教授的职位，并开始考虑要不要准备做终身教授；从商的人已经完成了在生产和营销部门轮调的阶段，到了升部门主管的年纪了；而那些从事金融业的人则已经完成建立客户和人脉的工作，开始采取更进一步的行动了。

等到你毕业15年的时候，有些同学已经成了气候。他们不是发现新的医疗技术、赢了一个大官司、出版了著名的学术论文、升上了副总裁，就是圆满完成了一笔大交易。

等你毕业20年的时候，就几乎能完全确定谁是那个真正功成名就的人了。

等到毕业25年时，一切都已尘埃落定，你不是坐在总裁办公室里边啜饮着雪莉酒，边签着捐钱给校友会的巨额支票，就是躲在同学会的角落里，喝着啤酒，找人拉拉关系，期待着突如其来的好运。

我显然是我们这波人中的明星。我对于自己在过去5年来的成就感到特别高兴。在我毕业10周年的同学会中，没有人认为我会有任何成就。那时我还在哈顿公司工作，一点钱也没有，住在自己的只有一间屋子的公寓里，连向奥黛丽求婚的勇气都没有。可是在我毕业的第15年，我已经自主创业，并且成了百万富翁，住在一套豪华的东区公寓里，并且拥有一套海滨别墅，更别提有个美满的婚姻了。

在1963年秋天的同学会中，教务处长尤金·威尔逊告诉我们班的毕业生："在场的大部分人，高中时就名列前茅，但看看这个屋子里的人，最基本的数学统计告诉我们，在你们当中会有一半的人在同辈中表现平庸。"从那一刻起，我就下定决心要当班上前10%的成功者。

而在15周年的同学会中，我终于做到了，而且我希望每个同学都知道这件事。我挽着老婆在校园中，大摇大摆地炫耀我的鳄鱼皮鞋和名贵劳力士手表，让每个人知道我混得好极了。然后，当我一回到家里，就马上在6月份输掉3.5万美元。

但是在7月到8月之间，我在海滨别墅又找回了赚钱的感觉，并且赚了33.3万美元。在9月份，我因为发现了国债现货和标准普尔500指数价格间的联动关系而赚了16万美元，接着在10月当中又赚了140万美元。这真是不可思议，我所认识的人之中没有一个能够办到这样的事。1982年的10月，我已经成了Amex中最出名的快枪手了。

盘整期来临

那个时候，老婆和我在交易所附近的一栋大楼拥有一间办公室，那是我的清算经纪商贝尔斯登公司提供给我们的。我是该拥有一个属于自己的办公场所，而贝尔斯登所提供的地方是给一些操盘手使用的，希望借此增加一些业绩量。虽然办公室里的东西都是新的，我还是得跟另外几个人合用。

老婆和我的位子在办公室的一个角落，那显然不是什么令人满意的安排。在我们后面，有一堆抽着雪茄的小操盘手挤在一个牛栏似的空间里，他们和其他操盘手一样喜欢大呼小叫。"听着，混球，你他妈的给我报价！""我才他妈的不管你，我要卖出！""真他妈的爽，我刚赚了一大票！"这真是一群粗俗到了极点的家伙。我对烟味非常敏感，这对老婆来说也不是一件好受的事，但是我们受不了行情的诱惑，更何况我们靠这个可赚了一大堆的钱，没有办法只能忍了。

我和老婆的桌子摆成L形，好并肩工作。我们是密不可分的伙伴，我对市场有深刻的了解，而老婆则了解我。当我对着报价机喃喃自语，研究均线，和佐尔纳通电话，或向黛比询问市场行情时，老婆总是静静做着自己的事，倾听我、观察我的一举一动，分享我的感受。她像先知一般，能从我这些细微的动作和肢体语言中，看出我想要说什么或做什么。

我常坐在报价屏前沉思，查看均线，或说一些话，像"市场看起来不错，标准普尔500指数已经到了反转点了，这是我的买进区"，而老婆就会说："老公，如果你这么觉得，就放手去下单吧！"或当4:10，我们在德励报价机前盯着长期实物国债行情时，老婆就会在我耳边低声说："你想下单，就快点吧！"而我通常会照做。当标准普尔500指数在第二天早上高开1.50的同时，我们也赚了大把钞票。有老婆坐在我旁边坐镇，我对盘面的感觉比一个人要好，这是我所具有的最大优势了。

我们预期国会中期选举日[①]不会是一个非常忙碌的交易日，市场通常在总统选举日休市，但国会中期选举日则照常交易。不过由于休市，加上选举结果的不确定性，这时的华尔街弥漫着一股观望的气氛。

此外，投资者并不真的确定共和党胜利是不是一项市场利多。这次的选举算是对里根政府的一项大规模民意测验，更重要的是，能借此了解民意——关于政府对经济状况的控制是否得力的反馈。

当时白宫和参议院都是共和党的天下，而这次选举的议题之一，就是里根能否够成功地把供给学派的理论和实践推销给选民，民主党针对自 1929 年经济大萧条以来最高的 10.1%的失业率提出质疑，并且宣称一旦共和党获胜，将大砍社会福利预算。

另一方面，根据《华尔街日报》的报道，共和党呼吁选民"维持现状"，而民主党则反讥为"维持惨状"。民意调查大都显示，共和党在参议院选举中占有优势，而民主党则在众议院保持领先。我则认为结果应该相差不远，也并不期待市场会有什么意料之外的结果。

但是令我惊讶的事发生了。股市一开盘就跳高，而且道琼斯工业指数在收盘时也稳稳地收高 16.38 点。成交量从前一天的 7353 万股上升为 10477 万股，这样的成交量算是非常大了，更何况这天是投票日。选举的情况和预期的一样，选民决定维持现状，让共和党继续控制参议院而民主党控制众议院。显然，不管哪一党获胜，多头已成定局。

我在那天早上就已经做多，然后在收盘前转而放空，因为当市场突然飙升时，我总是在收盘前渐渐做空，等着获利卖盘出现。当时道琼斯工业指数从那年 8 月以来，已经上涨了 30%，而且刚刚才破了 1973 年以来的千点关卡。当天标准普尔 500 指数开盘在 137.70，走高到 140.90，最后拉回收在 138.85，以 140.90 点做收。

我所有的指标都显示市场处于超买状态，而事实也的确如此，当天股市先涨后跌的走势，让我的操作得心应手。而当天报价机上的盘后交易中，长期国债现货的价格并没有显示什么明确的结果，所以我并不打算留下任何隔夜头寸。

"老公，我想要买一件新外套。"老婆在我们准备收拾回家的时候说。我并不感到意外，她刚和我的岳母大人通过电话。天下的妈妈都是一样的，我的岳母也总是为女儿设想周到。"我明天想休息一天，和我老妈一起去逛街。她知道有家皮草店正在跳楼价甩卖，我想去淘一件貂皮大衣。"

老婆现在穿起貂皮大衣来了，这可真像共和党的派头啊！不过无所谓，如果老婆想要一件貂皮大衣，就让她买吧，这是她应得的。此外，我们才刚刚知道她又怀孕了，让这件貂皮大衣帮她和肚子里的孩子抵挡纽约的寒冬，岂不更好。

"当然好啊！"我说，"看来市场也已经把选举结果的效应完全吸收了，我想明天也不会有什么了不起的行情。你明天就休息一天，和妈一起去买件时髦、暖和的大衣吧！"

我史上最糟的一天

第二天早上，我独自开着我的灰色埃尔多拉多房车[②]去上班，车内的大真皮座椅非常舒服，我的心情也棒极了。选举那边还很闹腾，共和党和民主党都各自宣称赢得了选战，当然和我关系不大，我得花点时间来分析市场今天到底会发生什么事。对我而言，我不觉得结果有什么不同，我不觉得今天市场会出现明显的多头或空头走势。

股市开盘涨跌互见，但债券大涨，而标准普尔 500 期指开在 139.20，比周二收盘上涨了 0.35 点。投资人一定认为在选举结果揭晓后，美联储将会调低利率。市场上一直猜测美联储将在 10 月 25 日宣布降息。可是当选举结果揭晓后并没有降息，股市因而重挫了 36.33 点，这是有史以来第二大跌幅。

我一直留意着媒体新闻，由于《经济学人》杂志预测贴现率会调低，所以我就买进了 15 手标准普尔 500 期指，不过我一直感到不安，因为我所有的指标都显示市场正处于短线超买的状态，而且谁知道美联储会做出什么样的决定。我往椅背一靠想和老婆说话，才发觉她并不在我身后。我真希望她会打个电话进来，但看来机会不大。奥黛丽只要和她老妈逛街，总会把我抛在脑后。

11 点了，我开始真的感到有点紧张，市场不停地往上冲。我清楚地听到身后那些粗俗的乡巴佬又开始制造噪声。"大头鬼！一定有人给北方电讯绑上了火箭。""IBM 在动喽！这列蓝色火车也该动了！""你看看电机股，看看证券股，连那么烂的股票都在涨耶，动得快到报价屏都跟不上了！""快报价给我，你这个笨蛋！""去你的，帮我市价买进 5000 股 AT&T！"……

我看了一下报价机，看到市场迅速上扬，有点紧张了，我该怎么做？"就像昨天一样，"我自言自语，"我想平仓，指标告诉我市场已经超买，待会儿就会开始回软。老婆，我该怎么做？"当然，不会有人回答我，没有人能告诉我，我是不是真的想这么做。

我拿起电话，然后开始下单、放空标准普尔 500 期指。"黛比，是啊，每只股票都在涨，不过我觉得这撑不了多久，现在价位在哪里？139.20？卖掉我昨天早上买的那 15 手，再帮我卖出另外 50 手。"市场还是一直往上涨。中午过后我又在

140.05放空了另外25手，到了下午1:10，又在140.40卖出25手。到了下午2点,市场开始稍微回软。“黛比,价位现在在哪里？140. 95？太好了,我就知道市场已经超买了,再卖出50手。”到了下午3点,情况完全失控,市场来了个回马枪,并且向上飙升。

在我的报价屏上,长期国债现货也正在飙涨,而标准普尔500期指则已经锁在143.85的涨停价。根据交易所规定,标准普尔500期指一天只能向上或向下波动5点,一旦触及涨跌停价,当天就不能继续交易。

我坐在位子上诅咒老婆和我的岳母大人，买件破貂皮大衣怎么会需要花这么长的时间？

我越是感到焦虑,就越想说服自己我的看法是正确的。我看着报价屏,国债价格仍在上涨,那又怎么样？市场不可能就这样涨到底吧？市场明明就是超买了呀！到了3:47,离收盘还有28分钟的时候,我打电话给黛比。“现在价钱在哪里？我问你现在价钱在哪里？该死！”

“马丁,市场现在仍然锁在143.85的涨停价。”

“再卖出50手！”

“在涨停价？”

“你听到我说的了！不要再跟我废话！照我说的去做就对了！”我已经失去控制了。如果老婆在我身边的话,一定会给我个耳光,阻止我做出在涨停价加码放空这样无比愚蠢的事。在这样的情况下还加码放空真是完全的、毋庸置疑的,而且是不可思议的自我毁灭。为什么她没打电话来？难道我都快被市场多头干掉了她都不在乎？为什么她没有在我身边告诉我:“老公,你知道自己在做什么吗？马上停止放空,然后把所有的空单补回！现在就做！”

更糟的是我的另一项指标清晰显示,市场走势完全与我的头寸相左,尽管这个指标的可信度几乎无懈可击,我竟然全然无视它的存在。当纽约客看到芝加哥的哥们儿靠着标准普尔500指数期货大捞一票后，跟着也成立了自己的生财工具——纽约期货交易所。虽然它推出了几乎完全抄袭标准普尔500指数概念的纽约证交所指数(NYSE)期货,但是交易量,从来都没有办法赶上芝加哥交易所标准普尔500期指的业绩。

NYSE期货的价位变动大约和标准普尔500期指成四比七的比例,所以如果NYSE上涨了4点,标准普尔500期指就大约会上涨7点,反之亦然。通常我对于纽约期货交易所的动静并不注意，因为它和标准普尔500期指相比较简直微不足道。不过现在标准普尔500期指已经涨停了,要不是有涨停板的限制,价格恐怕不知道会飙到哪里去？如果老婆现在也在场的话，她一定会冷静地下单到还没涨停的NYSE交易场内，把我的头寸砍掉。但是她现在正和她老妈逛街买貂皮大衣！

到了3:58，根据我的报价机，NYSE期货上涨了4.05，而且因为它的成交量比较小，又没什么人注意，因此并没有涨跌停限制。虽然如此，我却加码卖出了50手的标准普尔500指数期货。我要让交易场那些人瞧瞧，知道谁是交易圈的大哥大！虽然标准普尔500指数期货实际上可能已经涨了7点，到了145以上，但我还是在涨停价148.85加码卖出这50手。转眼之间，我每手损失了1000美元，总计5万美元，真是蠢货！

我变得失去控制，并完全失去理性。对我而言，所有不利的证据都清楚地摆在我面前的报价屏上，而我却拒绝相信。“NYSE期货的市场流通性太低了，”我咆哮着，“去他的，它的价格不可能是对的！”毫无疑问，NYSE的价格当然是正确的，我自己其实也知道这点，但是老婆并没有在身边提醒我这个事实。她和她老妈上街去买大衣，我真是快气疯了！

当市场终于收盘的时候，我已经持有250手标准普尔500指数期货的空头头寸，我真不敢相信这个事实！当我收拾公文包准备回家时，简直已经头昏脑胀。我穿上大衣往门口走去，一个坐在我后面名叫雷·古拉的乡巴佬，还在他的座位上清算头寸，“嗨！马丁，”古拉说，“你觉得今天的市场怎么样？在三天内就上涨了8%，光是今天就飙了43.41点。这可真是历史最大涨幅，你一定削暴了吧！”

“是啊！今天可真是个大日子。”古拉是个好人，也是洋基队的忠实球迷。他比其他那几个乡巴佬年纪都大些，也客气些，而且总是对我老婆非常尊敬。

“我们今天看你在座位上跳来跳去一整天，嘿，你还好吗？你看起来脸色不大好看呢！”

“啊，我很好，我只是忙了一整天，有点累罢了。”

“嘿，赚钱怎么会觉得累呢？要是有一天我能赚这么多，再累都没问题！”

可惜我是站在和市场对立的一边！开车回家的路特别漫长。我从来没有输过那么多钱，也从来没有想过自己会输这么多钱。如果以每日市价评估的方法来看我的交易账户余额，今天就输了60万美元。

可是由于标准普尔500指数期货在收盘前半小时就已经锁住涨停，而NYSE则一路继续上扬，所以明天早上一开盘我的损失还会持续扩大。我怎么会干出这么愚蠢的事？我还一直觉得自己是市场上的明星，一个即将大发特发的王牌操盘手，天啊！

回想毕业10周年时的处境，就好像今天一样糟。我濒临破产，开着一部破车，住在租来的只有一间屋子的公寓里，当着收入少得可怜又没啥地位的证券分析师，而且投票给民主党，就算政府把我纳的税滥用或浪费也没啥了不起。干我们这一行，和排队领失业救济金的长龙好像只有一线之隔。

“老婆，你怎么没有打电话给我？”回到家里时，我大声咆哮，“我放空了250手期货。我们可能会输掉100万美元！”

“放轻松点，你今天度过了很糟的一天，明天我们再去面对问题、解决问题。反正做都已经做了，你今天晚上也没办法做什么更有益的事。”

“很糟的一天？什么？你少跟我说这些！老婆，我在一个小时内就损失了将近100万，你为什么没有打电话给我？”

“我和我妈整天都忙着挑选皮衣，等你看到我买的皮衣有多好时，一定会马上爱上它。”

妙极了！老婆在我被市场绞肉的时候正忙着挑皮衣！这正是老婆最令我感到惊奇的地方：她对我所做的交易从来不会有情绪性的反应。对她而言，金钱好像并不真的存在，赚钱和赔钱只是我做了一堆交易后所产生的结果。而她往往能假设当我做完所有交易后，赚的会比输的多，就算其中有一笔交易输了100万美元。

本来就应该这么棒

老婆对我恶劣的情绪显然没有帮助。我得找个懂得做交易的人谈谈，而这个能够告诉我，如何从这一团混乱里全身而退的人就是——佐尔纳。“佐尔纳，你怎么看？我放空了250手标准普尔500期指，我真觉得快崩溃了，我该怎么办？”

“马丁，你并没有针对问题来思考。你不能还没把车摘了空挡，就要从倒车挡直接挂一档。你必须改变头寸的方向，你一定得马上止损。平掉所有的空仓，回到没有头寸的中立状态。只要你把烂头寸先清掉，就能把情况看清楚。”

“佐尔纳，但是市场就要反转了呀？我所有的指标都显示市场已经超买了。我不能现在砍掉头寸，市场一定快要反转回来了。”

“得了吧！控制一下自己！你不可能比市场更精的。你的指标错了。价格走势显示，市场认为选举已经结束，而美联储将会调低贴现率。利率一调低，所有的基金经理人就会开始把资金从货币市场转回股市。当然市场可能会向下掉一点，可是你可不能指望着这点，你得平掉所有的头寸。相信我，接受这次的亏损。你要记住，留得青山在，不怕没柴烧！”

“谢谢。我知道你是个了不起的操盘手，也知道你是对的。但是100万美元的损失……这可是一大笔钱！”

“马丁，你只能接受这个事实了。”

我整夜翻来覆去，不能成眠。为什么在一切都要上通道时，总是发生这种事？就在几天前，我觉得自己像先知约瑟夫，现在我觉得自己像约伯一样受到逼迫。

而老婆是怎么搞的？她一点也不知道明天一早我们就要损失100万美元吗？她怎么能睡得那么四平八稳？真是没心没肺。

第二天早上，我对于进办公室后要平掉所有赔钱的头寸这件事，简直疲惫不堪。真希望标准普尔500期指能够低开，这样我就能够再观望一下。搞不好我的指标都错了，更搞不好市场马上就要证明自己是对的，它已经严重超买了。但不管怎样，知道老婆会陪在我身边的感觉真好。

标准普尔500期指开盘跳空在145.00，比前一天的收盘价上涨了1.15点。“狗屎！不过没我想的那么糟。”我说，“当昨天NYSE期指收高4.10点的时候，我推算标准普尔500期指开盘至少会跳高到145.50，所以市场好像比我想的要弱。也许我该在这里再加码一倍。”昨天的我或许真的会这么做，但现在起我要听听老婆的意见。“赶快减码吧，老公，快减码！我们已经讨论过这件事了，你得做你必须做的事，现在就做吧！”

当老婆站在我旁边不停地告诉我“降低头寸，降低头寸”的同时，我开始在市场轧平我的空头头寸。我每多买进一手合约，表示自己可能损失的就更少。在开盘后的45分钟内，我把烂头寸完全清干净了。我一直想着损失了100万，但事实上当我轧平所有头寸时，我的总损失才80万美元而已。而佐尔纳是对的，就在我把头寸轧平的同时，自己开始觉得舒服多了，开始松了一口气，脸上的气色也好了起来。

接下来的四周里，我和市场全力奋战，把损失的钱几乎都赚了回来。到了11月底，我的当月损失只剩下5.7万美元。而在12月份，我赚了92.8万美元，总计在那年靠期货交易赚了超过300万美元。我的确犯了大错，当老婆不在的时候，我失去了自我控制，发疯似的卖出期货，直到市场涨停了还不罢手。

这并不重要，重要的是老婆和佐尔纳让我了解到自己的错误，并且在一切还没太迟之前加以修正弥补。我仍然保有对市场的敏感度，仍然深深了解标准普尔500期指价格波动的习性。我所具备赚大钱的能力，仍然是无限的。可是如果当时我没有轧平那些赔钱的头寸，恐怕得花好长一段时间才能恢复元气。

在12月份，就在年底假期来临前，老婆带着她的黑貂皮大衣回家，那件大衣真是美极了。她把大衣从盒子里拿出来穿上,像个模特儿般走来走去,“瞧!老公,好得没话说吧!”

我走过去用手背摩擦着大衣上的毛皮。毫无疑问的,这件黑貂皮大衣正好可以帮我的宝贝们保暖。“棒极了,”我说,“不过它本来就应该这么棒,它可花了咱们 80 万美元的代价呢!”

投资心法 7　身陷连亏,暂时退场

每个操盘手都得面对连败,而只有真正的赢家知道如何处理它。在短期内发生一连串恼人的亏损这种现象总是一再地出现,且深深困扰着伟大的操盘手。它使你丧失判断力,逐渐耗尽自信心。有时候,它能让你掉到一个永远无法逃脱的低潮中。你很确定一定有什么事不对劲,使自己丧失了对市场的敏感,再也无法在市场中求取胜利。一旦你身陷其中,会觉得一切的不顺利好像永无止境。在大部分这类情况中,你的判断力和市场节奏感都会消失无踪,这时你唯一该做的就是暂时停止交易,先冷静下来再说。

结束一连串亏损的最好方法就是马上止损,并且把自尊心完全从这场金钱游戏中排除。我多年前在拉斯维加斯的骰子赌桌上,就已经学到了这一课。赌场里有一句迂腐但明智的格言说:“不要输钱后再把更多钱送出去!”这真是至理名言。

你必须审慎地管理所拥有的有限资源,并且绝不让自己产生太大的亏损。许多人在输钱的时候加倍赌注,希望下一把骰子能将所有的亏损弥补回来,采用这种策略的下场通常都很凄惨。停止一连串亏损最好的方法就是停止交易!马上止损,立刻停止流血般的亏损!休息一下,让你的理智控制住情绪性反应。任何时候等你准备再出发时,市场都还是在那里的。

但是请相信我,这么简单的建议可真是知易行难啊!在 1996 年的 8 月,我正陷入交易生涯中最糟的一连串亏损中,而真正快把我搞疯的是,虽然我很认真检讨那些造成亏损的交易,但是因为太害怕亏损,以至于无法以赢家的心态来思考。这种对亏损的恐惧使我的反应速度大幅降低,当我看到任何事发生时,会应对得越来越迟缓,而这使我面临更大的交易风险。

我所必须做的就是暂时退场、重新充电,但当时我做不到。有个家伙约我去打高尔夫球,我知道自己得休息一下,所以就告诉他我可以和他打个十八洞,但当我准备出门时,竟不自觉地想做些什么。我就是无法眼睁睁地看着市场一路上扬而未能捞上一把。于是我在出门前买进了 10 手标准普尔 500 期指合约,然后因为这个烂头寸又输了2500美元。这不但毁了我愉快的一天,还再度打击了自信心。

你永远不该在还没把车摘了空挡,就要从倒车挡直接挂一挡。你得先轧平所有的头寸,才能使恶劣的交易情况有所改善。你必须懂得止损!当你对亏损的恐惧逐步上升时,情绪会开始使理智短路,而你对自己的所作所为将不再有信心。停止情绪性反应!冷静下来!并且靠你的理智重建动能。记住,时间永远是你的盟友。利用时间来放松心情、澄清思绪,重新找回你的能量。

一旦已经执行止损,就坦然接受你所承受的亏损,经过一阵准备阶段,等你对交易习惯和操作方法再度感到认同后,就能准备好重出江湖了。重新出山的最好方式就是先少量操作,并且把重心放在获利的稳定性上。千万不要在重新出山时,想马上大捞一票。

当我回到市场上时,会找一个很满意的交易机会,然后少量操作,并且设定严谨的止损。如此一来,如果我又犯错,就马上砍掉出场。我随时都在提醒自己"赚小钱、赚小钱、赚小钱""获利、获利、获利"。这些都是心理层面的问题,我觉得自己在这方面生了病,而应该借着这些方法使自己得以复原。我极需恢复自信心,因为自信心是成功操盘手不可或缺的要素。

我在另一天建立了3手合约头寸,这对我来说就是小得微不足道的头寸,但是我最后却靠着这3手合约赚了1.5万美元。我靠着这笔钱在次日又把总盈余增加为4万美元,突然间,我再度找回了从事交易的热度,这感觉真棒!

如果因为某些理由使这种做法没啥作用的话,先停止交易更长一段时间,然后以更小的头寸再度进场。在你能找回好的状态,并且把一连串亏损所造成的阴影抛在脑后之前,最重要的就是将资本保护好。连串的亏损是这场金钱游戏中最不幸的一部分,但如果你是一个纪律严明的操盘手,懂得在操作不顺时先让自己退场观望的话,亏损就会结束,而账面上就又会出现令人欣喜的盈利了。

注 释:

① 根据美国宪法,美国总统选举每四年举行一次,国会选举(congressional election)每两年举行一次。其中一次国会选举与四年一度的大选即总统选举(Presidential Election)同时举行,另一次则在两届总统选举之间举行。在两次总统选举之间举行的国会选举,通常被称为中期选举(midterm election)。按美国法规,中期选举也将改选多名州长。

② 凯迪拉克的Eldorado轿车,从整个20世纪50年代到70年代,风靡北美。它不仅是美国奢华的代名词,而且是成功的象征,更是美国梦的体现,是美国文化中的经典之作。尽管这

个名字在今天的凯迪拉克车系中已经消失了，但它早已成为了美国人心中的一个情结。80年代以前，无论是美国政要，还是流行歌手，都以拥有 Eldorado 轿车为荣，它的著名车主包括肯尼迪、猫王等。

勇夺投资总冠军

这一路走来

在《说谎者的扑克牌》(*Liar's Porker*)一书中，迈克尔·刘易斯提到操盘手总是喜欢想象自己是"赌场里最牛的赢家"，但直到 1983 年为止，人们还是无法看出到底谁才算得上是真正的赢家。

回溯到 20 世纪 80 年代早期，操盘手是一群活在狭小、隐秘，还带点宗教神秘色彩生活圈中的人，对一般人而言，他们并不存在。我们操盘手在市场中杀进杀出，在短短数小时内用别人一辈子都不会拿来做交易的钱，在市场中搏斗，但这一切并不为人所知。偶尔有一些特殊的案例，像亨特兄弟和比利·索依斯特这些在市场输了大钱的人才会被媒体报道出来。大致说来，我们的所作所为，都是在别人无法知晓的状况下进行的。除非我们破产或大发特发，否则无法得到一般大众的注意。

为我而办的比赛

可是在 1983 年，我却在一份金融期刊里看到了这样一则广告，具体内容如下：

全美的股票、期货和期权交易冠军

到底谁是全美最顶尖的经纪人、投资顾问以及操盘手?

和全美最棒的好手一起争夺这一殊荣吧!

比赛简章:经纪人、投资顾问或投资大众均可参加。参赛者将于2月1日被指派一个交易账户,如果操作业绩优良,可提出个人交易的损益评估表以供评鉴。领先者名单于每月公布,并自2月1日起,以交易账户市值增加的百分比作为评审的标准。在交易账户的金额方面,股票、股票暨期权,以及商品期货三个项目的参赛者账户起始额为5000美元,期权项目参赛者则为1000美元。

想参加比赛吗?请电联金融操盘手协会:(213)827-2503

我立马就明白了,这是一场为我而办的比赛。这真要感谢我那值得信任的德励报价机,它让我确信,没有任何人像我一样能成功地操作标准普尔500指数期货,而这个比赛将给我一个向世人证明这一点的机会。我喜欢竞争,也需要竞争来为我的生活制造活力。我已经准备好向全世界宣示自己就是那个最牛的赢家。

我打电话给主办单位,对方说:“您好,这里是金融操盘手协会,我是诺恩·扎德。”我从来没听过扎德这号人物,也压根儿没听说过金融操盘手协会这个组织,我确信整个华尔街也都没听过,但我才不在乎呢!“扎德,”我说,“不管你是谁,我要报名,我是全国最棒的操盘手,而且也准备好痛宰每一个参赛者。”

后来我才知道,除了头秃得和台球一样之外,扎德活脱脱就是交易界的唐·金[①]。就像唐·金一样,扎德也是一个拥有良好背景又天生擅于自我推销的人。扎德曾经被《赌博时报》(*Gambling Times*)誉为“赌坛四大天王”之一,他曾经是跑马场的职业赌客,也是职业扑克牌及运动项目赌徒。

他在1974年所出版的名为《战胜扑克赌技》(*Winning Porker Systems*)一书,曾被许多扑克牌的玩家视为经典名著。扎德曾经引起拉斯维加斯媒体的广泛报道,不过由于加州大学洛杉矶分校(UCLA)空出了一个热门的职位给他,所以他决定待在学术界当一名打着领带的数学家。

1989年7月10日在《巴伦周刊》刊发的一篇由约翰·李修所写的文章中指出:“举办股票投资竞赛的构想是在80年代早期由扎德提出的,他是加州大学洛杉矶分校的客座教授。扎德有感于财务学术界人士的实际贡献非常微不足道,于是决定用这个方法让那些迂腐的老学究们,了解他们所珍爱的效率市场理论是完全错误的。他开始教授一门交易实务课程,利用一个实际存在的期货交易账户让他的学生操作。当这个交易账户的保证金余额增长了140%,并且选修这门课的学生人数也由原来的10人增加为85人后,扎德从此打开了一扇崭新的大门。”就像一个拳击赛的推销者一样，扎德把他所举办的全美交易及投资大赛分为四大组：股票、期权、股票暨期权，以及真正属于重量级的期货。我参加了期货和股票暨期权这两个项目的竞赛。

就算在参加比赛之前，对我来说，交易也像是一场职业拳击赛。我把自己的一天从早上9点债券市场开盘，到下午4:15标准普尔500指数期货收盘为止，分为15回合，这种想法是模仿Merc的做法。Merc把每个交易日分为以半小时为单位的时段，并且在每个时段结束时，公布该时段中交易所的统计数据。由于成交量常会在整点或半点的统计数据将要发布前提高，所以每一个在Merc从事期货交易的人，不论持有头寸时间的长短，都习惯以每半个小时为单位来思考当天市场的动态。

我的交易手法就好像一个专打拳击比赛的拳手一样，掌握时机是我的致胜关键。我会在开盘时以市价敲进、发动攻势，然后跳回原位。杀进，杀出，在这里赚一些，在那里又赚一些。我绝不在市场疯狂似的波动时进场，因为我从来都不想做危害我的家庭财产安全的事。我借着在每一笔交易中获取胜利，以累积出优于市场表现的操作业绩，如果我能的话，绝不轻易把自己陷在一个容易被扫出场的境地。我采用的是一种安全而又一点也不特别的操作方式，通过这个方式，我既不会有太多大金额的盈利，也不会有太多大金额的损失。

在一年中大约200个交易日里，我是累积着合理的小亏损和金额相当的盈利，可能在这儿赔个5000美元，在那儿赚个6000美元，一轮接着一轮，每天20、30、40次地交易着。而在其他的50个交易日中则靠明确而一致的决断力，从国债赚个7.5万美元，从股票又削个12.5万美元，在标准普尔500期指又砍个15万美元。经过时间的累积使我成为一个大赢家，保持每年赚500万美元的实力。

其实扎德设计的这个竞赛规则和我的交易方式颇有冲突。这个比赛是开放给所有人的，而且规则中限定交易账户中的起始金额：在期货、股票、股票暨期权等三个项目中是5000美元，而在期权项目中是1000美元。

如果我操作的是50万美元的资金，可以不停地短打，试着靠每天赚一些稳定金额的小钱来累积总成绩。但是以这么低的起始资金，在短短的4个月里，再加上参赛者不限资格，任何一个菜鸟都可以把他的5000美元孤注一掷，期待自己能逮到一次好运。

菜鸟可以把我不敢的损失置之度外放手一搏。当我试着靠交易谋生，并设法让财务安全之际，某个来自新泽西州，自认为是伟大投资者的牙医，可能从病人那里听到像企业并购一类的小道消息，然后把这5000美元投入，赚取三倍的利益。如果他听到的小道消息纯属虚构让他因而大赔，这也没啥了不起，反正大不了输掉5000美元。可是如果换作是我赔了钱，可能就表示别想在业界混了。

当然，我也可以为参赛而操作一个小金额的账户，试着用孤注一掷的方式得胜，但那会逼使我改变操作手法，这是我所不愿意的。在遇见我老婆且拟定计划之前，这种小打小闹的操作方式是我惯用的，曾经使我连续九年屡战屡败、亏损累累。现在我已经发展出一套适合我自己个性的操作方法，不论是5000美元或50万美元的资金，我都决定要用自己的方法。

参加比赛的报名费从股票组的150美元到其他三组的195美元不等，第一次比赛只有74名参赛者，所以很显然的，扎德并没有因为举办这个比赛所收取的报名费而捞到什么好处。他必然有另一个角度的想法。当我问他如何防止作弊时，扎德告诉我除了每个月要将操作的损益评估表交回主办单位外，每个参赛者在进行交易时都必须打电话到主办单位，并在电话录音中留下交易记录。

啊！想必这就是他真正想要的东西了。扎德真正想做的或许就是找出国内最棒的操盘手，然后跟着他建立头寸，但我哪里在乎这一点？或许除了在Merc交易场的那些小伙子外，任何人都没有办法从我这里偷师任何东西。扎德或许想试着从我这里偷师些什么，但是当他发现我在标准普尔500期指进出的速度有多快，交易的次数有多频繁之后，他就豁免了我必须每天打电话报告进出场记录的要求，只需每个月交回我的损益评估表就可以了。

波澜不惊夺冠

在第一轮的比赛结果里，我在期货组排名第三，在股票暨期权组排名第二，这使我更加斗志激昂。在75名参赛者中得到第三名也不算坏了，可是对我而言，这显然不够好。

我觉得好像又回到大学时代，院长威尔逊说“在我们当中有一半的人会在班上垫底”，而在班上，我一直没有办法超过那些比自己更有准备的明星高中毕业生。可是直到入了交易这一行，我可是比任何人都准备充分，而我也决定要证明这一点，我将要成为无可争议的世界重量级交易冠军。

我马上参加了第二轮的比赛。这次比赛的时间是从1983年的8月1日到12月1日，共有133名参赛者，我以69.2%的回报率在期货组中排名第六（第一名是一个菜鸟，他的回报率是338.4%）。但是我赢得了年度获利金额最高奖，而根据最后结算，我所赚的钱，比其他所有参赛者的总和都要多。扎德不放过这个宣传的机会，在《巴伦周刊》、《期货月刊》(*Futures Magazine*)、《投资人日报》(*Investor's Daily*)、《股票与商品杂志》(*Stock and Commodities*)以及《华尔街通讯》(*Wall Street Letter*)等媒体里刊登一则广告宣布比赛的赢家,并且游说参赛者参加下一轮的比赛。我喜欢看到自己的名字出现在媒体上,但仍然不满足,我一定要成为货真价实的"冠军操盘手"。

弗兰克·乔荣登1983年最佳操盘手的宝座。乔是一个42岁、在纽约证券交易所场内工作的接单员。他在期货组的竞赛中以181.3%的回报率得到第二名，而在股票暨期权组则以70.6%的回报率得到冠军。我不知道他投资了多少或赚了多少,我只知道他将因此而有权利大吹大擂。我一定要干掉他！我打电话给扎德,告诉他我要报名参加下一次比赛,"你告诉乔,我要给他一点颜色瞧瞧。"

自信心是从事交易时最重要的因素。如果你不能确信自己能取得胜利,就不该跨进这个圈子。但是自信心很快就会转变成强烈的自尊心。自尊心就像一个疲惫的战士,需要被按摩、抚慰,并且得到温馨的照顾。而扎德这个集骗子、赛马赌徒、扑克赌徒以及数学家几种身份于一身的家伙对此显然非常清楚。取得胜利本身就是对自信心受损的最佳止痛剂，但是只有广大的知名度才能最有效地抚慰自尊心。

这项全美冠军操盘手大赛已然成为华尔街的热门话题。在1984年2月1日开始的比赛里,参赛者多达185人。《纽约时报》在2月18日当天的商业版头版也大幅报导这项比赛。这篇文章的标题是:"为了趣味和获利而投资",并且把乔和我的相片刊登出来,标明我们分别是1983年的冠军操盘手以及最赚钱的操盘手,并附上我们的联络电话。乔脸上带着诡异的微笑,而我的照片看起来就像是个扮着苦瓜脸的犹太人,但扎德才是这篇报道里真正的明星。那篇文章介绍他是一个"来自加州的数学家"和"前大学教授",并报道他创办了这项交易竞赛,靠报名费赚钱。

我才不在乎呢!在那篇文章中也有一整段提到我。"马丁·舒华兹,一个38岁的前证券分析师,1983年全美操盘手冠军赛赚得最多的人，目前在美国证券交易所拥有一个交易会员席位，冠军赛赚了140万美元，期货交易账户增长了175.3%。他向本报表示'成为一个赢家的先决条件是,先学会如何输钱'！"

有一句意大利西西里的俗谚说:"君子报仇,十年不晚。"我迫不及待地想把《纽约时报》上的这篇报道复印个数百份,然后把它们很醒目地贴在大金字塔公司的各处,我要确定他们会看到这篇报道。希望他们知道,如果不在背后捅我一刀、把我赶走,我有机会为他们赚到那么多钱。可是我其实并不需要这么做,因为在2月19日我接到了内幕大哥的电话，内幕大哥和大金字塔公司的人通过电话，他们知道我的一切。“马丁，我跟你讲一个笑话。那个大祭司和先知两个人正在商量，怎么样可以让你帮他们操作一些资金呢！”

“告诉他们，如果哪一天他们把红海分开的话，打个电话给我。”好一个扎德，谢谢他办了这个比赛！这真是长久以来对我的自尊心最棒的抚慰。

这项比赛变得愈来愈受欢迎，以至于扎德开始每个月在著名的财务金融期刊上刊登广告，报道比赛现况。这个做法吸引了更多人的兴趣并创下知名度，特别是我和乔开始为冠军头衔而激烈竞争的事为人所知后。我们全力以赴竞争了几乎有3个月的时间，成绩非常接近，没分出胜负。在每个月广告刊出后，乔和我就会更加全力以赴。直到5月中旬，乔打电话给我。在这之前我们从来都没有交谈过。“马丁，”他说，“我受够了，我向你投降，我一定得去度个假才行。”

想想，这回我可赢了！我跟老婆说：“我们去庆祝吧！如果乔现在要去度假的话，我们也可以休息一阵子、度个假了。”但当我们度假回来的时候，才发觉乔用卑劣的手法给我放暗箭，从背后偷袭我。他在这期间内一直继续交易，而在只剩下一天比赛就截止的情况下，他领先了我0.1个百分点，0.1%？这看来令人不敢相信，但已经够让他拿来大肆宣传了。

衰啊，我又再度被人从背后捅了一刀！我打电话给扎德：“我正式宣战！”而扎德则高兴得不得了。他马上打电话给《华尔街日报》，说我和乔之间的决斗已经演变成私人恩怨了。

在最后一个比赛日中，我全力反击。直到4:15收盘为止，我不停地放空标准普尔500指数期货。当收盘钟声响起，我以3.4%的差距击败了乔。

经过4个月的交易，我将原先账户里48.2万美元的起始资金，增值为122.86万美元，总回报率254.9%。乔则将他原来5000美元的资金增值了251.5%。1984年6月7日，《华尔街日报》在它的一篇报道中以下面这句话作结语：“扎德先生计划在8月1日开始下一轮竞赛，乔，这位42岁的职业操盘手说他可能不会再参赛了，他表示‘我的内心已经像一个86岁的人一样苍老了’。但是舒华兹先生将再度试图卫冕，他说：‘我将会击败所有人！’”

我的确办到了！我在下轮的比赛中以期货项目443.7%的回报率击败了262名参赛者。乔并没有参加那次的比赛，并且在不久后因为心脏病而过世。从事交易是一件充满压力的工作，尤其当你知道每个人都盯着你的一举一动时更是如此。看来乔所说“内心已经像86岁那般苍老”的话所言不虚。不管在任何时候，每个操盘手都有着相同的感受。

复出再度卫冕

随着日子一天一天过去，我发觉扎德不只是利用举办比赛的机会跟在别人后面建立头寸，在举办这个全美交易竞赛后，他很快便在全美国人面前成为研究成功操盘手的专家。拥有这个名声至少可以为他带来三大好处：第一，他可以通过替投资人寻找资金操盘手而收取高额费用。第二，他成立了自己的基金，并且招揽参赛的年轻操盘手帮他操作募得的资金。第三，他发行了一份名为《顶尖操盘手汇报》（*Summary of Top Winners*）的市场行情分析刊物。但我一点也不在意他干了什么。

因为通过这项比赛所建立的名声，我在 1989 年也成立了自己的基金。当我开始操作投资大众的资金后，就放弃继续角逐冠军，因为操作 OPM（Other People's Money，别人的资金）对我来说已足以提供我所需要的激励了。然后在 1992 年，我经历了一场重建人生价值观和找寻人生方向的过程。我打电话给扎德，告诉他我将像所有伟大的拳手一样重新回到擂台上，准备赢回我的冠军头衔。

我从半退休状态重出江湖的决定，不论对交易竞赛的主办单位或是我个人而言，都是一件好事。李修在《巴伦周刊》上宣布我重回战场的消息，在这篇报道的结尾写道："在花了一个星期的时间和马丁闲谈并观察他的交易状况后，无可置疑地，这个曾经被大家推崇为标准普尔 500 期指交易场内的鲍比·费希尔[②]的人，依然是一代宗师。只要把这位伟大操盘手锁在一个房间里，给他几部电话、几个报价屏和少量的现金，然后在一天之内（通常不需要那么久），他仍将击败对手、登上顶峰。"

他是对的。1992 年我重出江湖，并在 50 万美元资金以上的期货交易组中，再度夺回我的重量级王冠——全美投资总冠军。扎德仍然不改他完美的宣传者作风，总是不停地在各个项目上再衍生出更多的小项目，因为更多的赢家意味着更激烈的竞争、更多的参赛者，和更多的收入。夺得这次的冠军头衔后，我要急流勇退，决定正式退休，以求在人气最旺的时候留下名声。

最后，扎德突然毫无预警、悄悄地把这项比赛给停办了。根据 1996 年 12 月 26 日一篇刊登在《华尔街日报》的"华尔街传闻"（*Heard on the Street*）版面的文章中透露出的消息，"证券交易委员会（SEC）对于该项比赛主办单位的一连串调查，和竞赛的停办时间相当接近。一般相信，SEC 的调查是造成竞赛停办的主因。"很显然，扎德之所以引起 SEC 的兴趣是因为他"未能对投资人的财务状况深入了解，就引荐给资金经理人”。此外，他对外宣称交易竞赛的结果都“可资查证”，这点也替他惹了麻烦。

在交易竞赛进行期间，扎德自己也是交易圈里的主要玩家。但由于他同时扮演了多重角色——比赛的主办者、投资顾问、资金经理人、行情报道刊物的发行人，以及投资者——留下太多值得让人仔细调查或批评的地方了。扎德，这个被《华尔街日报》形容为“一个在斯坦福大学和加州大学洛杉矶分校担任客座学者的应用数学家”，承认他在查证竞赛结果时可能存在一些问题，“但扎德先生坚称他个人的多元化事业并不影响比赛的客观性”。

我才不在乎呢！许多财务金融专业刊物发表介绍我的文章，我的名字广为社会大众所知，而对我的自尊心最具安慰作用的，是我在竞赛中的表现让自己在家人、朋友，以及投资界里都奠定了深厚的声望。扎德将我从黑暗、孤独的办公室里猛然推向舞台中心，成为众人注目的焦点。

1989 年 7 月，我刚结束在阿斯本的假期，正在纽约拉瓜迪亚机场大厅等着拿行李。我拿起一本《巴伦周刊》不经意地翻阅时，看到一篇由李修所写的专文，介绍扎德的交易竞赛，在页面的正中央有一张我坐在办公室里的大幅相片。我把那张相片拿给我的两个孩子（一个 4 岁，一个 6 岁）看，他们正好大到会开始奇怪我为什么不像别人的爸爸一样穿着西装、打着领带，做着“正经的工作”。而我问他们：“那是谁？”他们说：“爸爸你！爸爸你！”

当他们渐渐长大，别的孩子开始问起他们的爸爸是做什么的时候，他们可以回答：“我爸爸是冠军操盘手！”这才是我最关心的事。

投资心法 8　设立止损，切实执行

最棒的交易工具之一就是止损。止损表示你能将情绪性反应和自尊心分开，并且承认自己的错误。大部分的人在做这件事的时候都相当困难，而通常他们不会把输钱的头寸卖掉，反而双手合十祈祷，期望市场会反转回来，照他们认为“应该出现”的走势发展。这种态度通常会造成自我毁灭，因为就象乔·格朗维尔曾经说过的：“市场根本不知道你做多还是做空，它对此毫不在乎。”你是那个唯一会对自己的头寸渗入情绪性反应的人。市场的走势只不过单纯地反映供给与需求的变动而已。如果你为市场的走向而欢呼，就必须有某个人在市场走势不利于你的时候欢声雷动。

接受亏损是一件非常困难的事，因为止损不啻承认自己犯了错误。但是在金融市场里，犯错是不可避免、必然会发生的事。在进行每一笔交易的同时，你一定要预先设立“信心拐点”[3]，只要这个价位一到，就止损出场，而你必须要修炼自己在这个点到达时，切实执行止损。

有一天，我和朋友出门打高尔夫球，在打球的时候他不停为自己在海湾网络这只股票赔了大钱而唉声叹气，一直表示他不知道哪里做错了。他在那只股票的价格还在30美元的时候就听到风声，但在他忙着找这只股票的各种研究报告时，股价已经涨到40多美元。他在股价拉回到43美元时进场承接，在股价狂跌至35美元的时候，他犯下了操作大忌，加倍加码买进。然后就坐在那儿无助地看着他心爱的股票跌到10美元。“更让我气昏的是，”他说，“这只股票在跌势中曾经强劲反弹过几次，而我却没有砍掉头寸，只是坐在那儿看着我的钱缩水。”

“你原来的计划是什么？”我问他。

“我的计划？我要抱着这只股票直到它回到50美元为止啊。不然要怎么样？”

这就是菜鸟级问题所在了。他们只有一半的计划——简单的那一半。他们知道自己预计要赚多少钱，但是对于预计要输多少可是一点概念都没有。他们就像上错了马路的小鹿，眼睁睁看着迅速接近的车灯发愣、不知所措，只是呆呆地站在原处等着被车辗过去。他们对处于亏损头寸的唯一计划就是：“老天爷！求求你！让我能够逃过这一劫，我再也不会犯同样的错了……”但这完全是狗屁！因为如果大难不死，他的头寸又回到原价，他马上就会把老天爷忘到九霄云外，开始觉得自己真是英明、交易奇才，然后再度犯下同样的错误。这表示他们一定又会再度套牢，而且被套得更惨。

大部分人没有办法了解的一点就是，当你正在输钱的时候，也正开始丧失客观性。就好像在拉斯维加斯的骰子赌桌上，当你正在输钱时，一个穿着亮片装的胖女人摇着骰子准备出手，而你下定决心不让她赢你的钱一样。你忘了她才不管你是输是赢，只是在玩她自己的骰子赌戏罢了。

不管什么时候，当你开始感到嫉妒、情绪化、贪婪或是愤怒时，你的判断力就会大打折扣。市场就像那个摇着骰子的胖女人，它才不在乎你在干什么！这就是为什么当你到达止损点时应该放下自尊、轧平头寸的主要原因。如果你和大多数人一样，在这方面有无法克服的困难，就该学学希腊神话里的奥德修斯[4]：把你自己绑在船的桅杆上，利用自动执行的止损指令来帮助你把情绪阻隔在这场游戏之外。

止损可以两种方式执行：在你的经纪商那里放一个设定价位的止损指令单，或在你自己心中设定一个价位，不管发生什么事，只要价位一到就执行止损。

不论你使用哪种方法，止损是一种自我保护的投资，因为只要你对行情的看法是错误的，止损将使你免于因保留亏损头寸而遭受更严重的损失，让你不至于掉进一个可能越挖越深的亏损无底洞，更可以保留东山再起的实力。

止损会自动把你的脑袋从负面思考拉回中性的思路中。虽然在止损后，你的钱不会回到原点，但是心智将回到能够重新组织和产生新点子的状态，不再因为亏损头寸而使脑筋停滞不前。

一笔交易越是亏损，你就可能越带有偏见。**迅速地从一个赔钱的交易中脱身，可以使头脑清醒，并重建客观性。**在片刻的喘息后，如果你能够客观而理性地证明原先的想法依然可行，可以重新建立同样的头寸，但要随时提醒自己，市场上多的是机会，不一定非要吊在一棵树上。通过止损，你的交易资金得以保护周全，你也因此争取到下一个高获利、低风险交易机会的参与权。

注　释：

① 唐·金(Don King)，美国著名的职业拳赛推广人，在现代职业拳赛运作过程当中最重要的角色之一。

② 鲍比·费希尔(Bobby Fisher)，世界国际象棋冠军。

③ 信心拐点(Uncle Point)，意思是净值水平降低，引发投资者或管理者信心丧失的那个点。

④ 奥德修斯(Odysseus)，奥德修斯把自己绑在桅杆上，以防被海妖迷失心智而跳海。

期货市场

想说爱你不容易

“所以，舒华兹先生，如果我们批准了您的申请，您计划采用什么方式来付每月的物业维护费？”说这话的人是派克大街合作公寓[①]的业主合作委员会的主席。

每月的物业维护费？他到底在说什么？我们正打算砸下300万美元的现金来购买一个位于7层、有12个房间的公寓，而现在这家伙竟然想知道我们是否负担得起每月的物业维护费？

“您从事商品期货交易的工作，”这家伙继续发表高论，“那不就像赌博一样？我们只是想确定，这里所有的业主财务状况是否够稳定。谁知道何时会发生什么突发状况呢？我们真不愿到时候得要求您搬出去啊！”

我看着老婆，她脸上带着同样忧心忡忡的表情，就好像她看着我要去玩高空弹跳时那样。我深深地吸了一口气，然后说：“从我的申请表里，你可以看出我过去5年来，每年都维持7位数的收入，而我们目前的净值是900万美元，我一点都不觉得在未来会出什么问题。”

“不过，什么事都可能发生啊！市场是非常难以捉摸的。”天啊！我真讨厌这种悲观论者，他们都是标准的输家。“这样子啊，”我说，“如果会发生什么事的话，我想你只好要求我们搬走。你知道，你得做该做的事嘛！”

那是1984年的11月，我们坐在那个主席家的客厅里，在座的还有业主委员会另两位资深委员。这三个思想迂腐的老家伙是新业主的资格审查委员，如果没有他们的批准，谁也别想搬进这幢大楼。他们在深度镜片后面眯着眼看，像老船长挑选水手一样地打量着。如果我们被接受的话，老婆和我就会是这幢大厦里最年轻的业主。

我知道我们的资金充足，而我以为这个面谈只是在加入业主俱乐部前，要来拍拍某人的马屁。我确定他们只是想让我们知道谁是这里的老板，而且不是任何人都有资格成为派克大街公寓的业主。我希望事情就这么单纯，我们是真的很想搬来这里住的。

“是的，”主席说，“如果你们没有办法按时缴纳每月的物业维护费用，恐怕我们就得请你们搬走。”其他两位委员也点头表示赞同，“既然大家都把话说清楚了，就让我们欢迎两位成为本公寓的新业主吧！”

购置新公寓

老婆那时已经怀孕三个月，那是我们的第二个孩子，这也是为什么我们决定搬家。可是对我们来说，把 300 万美元的现金，相当于所有资金的三分之一用在买这套公寓上，恐怕是另一个糟糕的财务决策。这些钱是我们用来交易的资金，将它们放在这种用途上显然是一种浪费，但这并非我们第一次干这种事了。

在过去的两年中我常常对自己说：哎呀！我怎么会把三分之一的资金用来买那栋海滨别墅？如果我把这些钱拿去投资共同基金，现在就增值到 100 万美元以上了，而这显然可以提供我的家庭更好的财务保障。

这是一个许多操盘手常掉进的陷阱。大部分风云人物型的操盘手在真正到达事业顶峰前，很少有机会尝到辛苦工作后的甜美果实。而且在大多数的例子中，他们从来都没有机会享受交易的成果。对他们而言，赚钱本身就是最大的回报了，因为在他们的心目中，金钱就代表了力量，而这种力量是满足自尊心的唯一方法。

我对金钱、权力可一点兴趣都没有，我只想在一路向上攀升之时，同时享受我努力的成果，所以一点也不介意花大钱。我想，这有什么大不了的？我在标准普尔 500 期货交易中找到了我的印钞机，而且我印钞的速度越来越快。如果老婆和我想要住海滨别墅，我们就买一套；如果我们想住位于 7 楼的高级住宅，我们也放手去买。当有一天你拿着自己亲手赚来的钱大把大把消费时，就会知道那感觉有多棒。老实说，我一点也不介意让别人知道我的确赚了很多钱。

在 1985 年 4 月 4 日那个周四的早晨，我们安排了时间解决搬家这件事情。我们计划在当天下午开始，但是和往常一样一些小问题再度发生。我这回安排在周四搬家是因为第二天是复活节，市场都停止交易。我想自己可以利用这个机会把办公室收拾好，以便于在下周一就可以用来做交易。但是等周四收盘的时候，公寓的原业主通知我，他们的搬家工人没来，希望我能延一天再搬进去。

我是那种在和别人签了合约后言出必行的人，不过显然世界上的其他人并非如此。我们雇的搬家工人带着家具呆坐在公寓大楼外，而我又能怎样？我简直气坏了。如果他们一天没搬走，我们就一天没办法搬进新家，而我也没办法在下周一开盘前把办公室收拾好。我还得联系电话公司和报价系统公司的工人，重新安排架线装机的时间。照这个进度看，我下周末能开始在新办公室工作就该偷笑了。

不过幸运的是在那段期间，我并不打算做太多的交易。我的经验告诉我，不要在老婆产前一个月到产后两个月之内做太多的交易。当老婆的荷尔蒙发生重大变化的时候，你得把自己保持在最佳状况。如果你是一个好丈夫，不会在那种节骨眼上，还在晚上回家后研究图表和技术指标。在她产前一个月，你得陪着她去上无痛分娩课程，学习在生产时要面对的种种状况。在她产后的两个月内，孩子变成你生活的重心，日常的生活规律都因此不正常。你没有时间吃晚餐，没有办法睡得好，什么事都没办法做。一个晚上要起床两至四次，你也搞不清楚有没有把尿布穿反了。你总是感到疲倦，同时也无法集中精力来思考。我们的女儿是在 1983 年 6 月 7 日出生的，而我在 5 至 7 月这三个月份中总共输了 15 万美元。

现在，不但第二个孩子即将出生，我们还正为了搬家的事忙得天昏地暗，这让一切更显得乱成一团、乌烟瘴气。但我们终于还是在周五的下午搬了进去。虽然老婆那时已经怀孕 8 个月，但整个周末她还是忙忙叨叨地装纸箱、挪动家具、发号施令，试着在小家伙诞生前把家整理好。我边在房子里四处闲晃，边听着老婆起劲儿地计划把哪扇墙打掉，把厨房原来的设计推倒重来，把窗子全部更新换代……我开始感觉到修整这个房子得花大把银子。

我的难题越来越大了，老婆说得越多，那些业主管理委员的警告就越在耳边响起。我得赚更多钱来支付每个月的物业维护费，免得真的被那些糟老头子给赶出去。不过我对这点并不担心，只要一切安顿妥当，让我可以重新开始交易，我确信可以从标准普尔 500 指数期货这棵摇钱树上赚到我的新厨房、新浴室、新窗户和那每个月都得付的物业维护费。

期货交易的陷阱

自从我三年前开始操作标准普尔500期指后,已经有了相当程度的进展。虽然在这个市场中赚大钱并不是件容易的事,但我毕竟还是办到了。在芝加哥下单和在纽约下单大相径庭,有一个老掉牙的笑话说:"某天有人找我打架,结果却发现原来他是要我去芝加哥做期货。"芝加哥基本上仍然是草莽气息很重的地方,Merc的交易规则也不像拳击比赛规则那样明确,交易场内的那些家伙并非善类,作风强硬和人脉良好,比为人诚恳和名校学历更重要。

此外Merc也不是局外人玩得了的。如果你不是圈内人,常常就得付出代价。在纽约,如果你是金主,就自己进行交易;而如果你是经纪商,就替客户下单,然后赚取佣金,这是纽约的游戏规则。但是芝加哥可就完全不是这么回事了。

由于芝加哥的交易所允许一种名为"双重交易"的行为,所以一个经纪商可以同时扮演金主和经纪人的角色。就因为他们可以同时拥有自己的账户,并接受客户的下单委托,其中就造成了严重的利益冲突,并且使得一种名为"老鼠仓"的交易手法大行其道。

所谓的老鼠仓就是经纪商偷偷把自己的交易指令,比委托客户的指令更优先执行,通常他们会找一个自己人站在身旁作为内应,在确定客户的委托指令排在自己的指令后时,从旁接应图利。

最简单的例子就是当经纪商从客户那里接到一个买进10手标准普尔500期指的委托后,那个内应马上就会在同样价位喊价买10手,只要买到了,马上可以用同价位卖给接到委托的经纪商,最糟的状况下,那个内应也可以损益两平。

可是如果在他买到后价位往上涨,则他马上就有一笔无风险的获利,而客户则会收到场内经纪商最常给的"未成交"(Nothing Done,ND)交易回报,此时那个内应该已经和同谋在分钱了。

所以你常常会在下了单后,明明看到价位被触及好几次,但是那份盖着大大的"未成交"的交易回报还是会到你手上。长此以往,大把的钞票就进了那些家伙的口袋,直到你换掉经纪商为止。

如果你的经纪商有点良心的话,可能会回报部分成交,这起码表示他还帮你尽点力。你或许以为场内经纪人一定会使出全力帮你执行交易指令,因为他们应该是靠执行交易来赚取佣金才对,但其实他们以老鼠仓赚到的钱,可比帮你执行交易所拿到的佣金多太多了。在纽约,老鼠仓是很罕见的行为,但在芝加哥,这种行为简直成为了艺术。

在 Merc 刚推出标准普尔 500 期指的头三年里，价格波动并不像现在那样迅速，而我总喜欢使用一种我称之为“手风琴”式的操作策略。当我认为市场价格已经接近我的买点时，我会放一个 50 手的买单，分成 10 笔，以每笔间隔的方式，试图在市场探底时在不同价位逐步建立头寸，而非把所有的单量都放在同一价位上。

如果在多头头寸建立后，市场果如我所料的上涨，我就会设定一个合理的目标价位，并且也以分批分价的方式获利了结，试着让市场的最高价恰好只高过最后一笔卖单一点点而已。我甚至可能在获利价附近用同样的方式渐近放空期指，然后在低档再以同样方式获利了结，并一再重复使用相同的方法进行交易。如果指标正确的话，我都会使用同样的分批分价方式从事交易，分批分价式的操作手法是可行的赚钱妙方，而且如果我的核心头寸方向正确的话，它的操作风险是非常低的。

我曾经和一个名叫托尼的经纪人合作，他有个叫作桑尼的小舅子，他就是托尼身边的内应。在我们合作不久后，我就开始怀疑当我使用分批分价交易时，桑尼总会在我之前抢先建立头寸。我盯着报价屏看到我设定的买价成交了好几次，但是托尼却一直没有打电话回来做成交回报，除非我设的价位穿价成交。

这种情况不断发生，我开始奇怪为什么我下的单总是最后才成交。我并不是天真的傻瓜，我在 Amex 交易场内做过好几年交易，但在 Amex 做交易和芝加哥比起来，就好比玩宾果游戏一样单纯。在 Merc 场内，并没有像七仔那样的作价者创造市场价格，所以在 Merc 你根本没办法确定交易指令是否按照秩序在执行。

Merc 场内进行的交易就好像一场自由搏击，而当我打电话向经纪人抱怨，却总是得到相同的的答复：“抱歉，马丁，某个家伙恰巧插队到你前面，可是，你有什么好抱怨的？你一直在赚钱啊！”是啊，我不但赚钱，赚的还是大钱，可我还是会为了这些情况而气愤不已。

场内经纪人的老鼠仓行为只是你想在 Merc 赚钱所必须面临的障碍之一。在 Merc，所有的交易都通过公开喊价的方式完成。场内操盘手都会喊出他们的买卖价，并利用手势来进行交易。这种交易方式造成许多纠纷，特别是在市场变动非常剧烈的时候。“蓝尼，我们不是已经成交了吗？”“没有啊，我刚刚是和你身后的那位老兄成交耶！”“狗屁！站在我背后的是你小舅子。”交易所的会员就因为如上的纠纷而冲突不断，各种丑陋和不规矩的行为时有耳闻，但这是你在那里做生意一定得付的成本，如果不小心防范，那些家伙可真会找机会狠狠咬你一口。

在 Merc 还设有交易场内委员会。这个委员会的成员通常是由那些交易所内的大人物担任,并通过委员会来制裁不法的行为。可是很不幸,这就好像让球员兼裁判一样荒谬,当委员会成员做下有利自己的裁决越多,他们的地位就越高。场内委员会具有使时间失效的权力,他们可以回溯交易发生的时机,并有权判定交易无效,而他们还真没有浪费这个权力。

有一天,我认为市场即将见顶,于是打电话给经纪商叫他帮我放空,“在 0.50 帮我卖出 10 手。”我看着报价屏显示着 0.55 成交、0.55 成交,表示市场已经至少在 0.55 成交了两次,但是我却一直没有得到成交回报。然后,就如同我的指标告诉我的, 市场价格开始下滑,0.40、0.30、0.20、0.10……我那 10 手空单是怎么搞的,为什么没有成交?不能在最好的价钱成交是一回事,可是一手也没成交就太离谱了!更何况市场价格已经跑掉了。

足足有 10 分钟,对我来说就像一辈子那么久,没有人能告诉我到底委托指令成交了没有。我对着电话那端的经纪人疯狂地大吼大叫,因为市场已经跑了那么远,而我竟然还没办法知道我的头寸到底怎么样。最后,我的场内经纪人告诉我那两个在 0.55 价位的成交已经被“取消”,而且我放在 0.50 价位的委托单也没有成交。

我打电话给 Merc 的法律部门,告诉他们我已经厌倦被他们恶搞,并且要求这件事列入记录。他们说会调查,不过,可想而知的,我并不是他们那个圈子里的人,所以一切都石沉大海。

在交易所中有一部机器记录着每笔交易成交的价位和时间。当他们把一笔先前的交易取消时,他们就忽略报表中的记录,好像从来没有发生过一样。对他们而言,这不过是个小小的过失,让它永远消失就好了。

在我从事交易的这三年中,了解到 Merc 是个自成一体的独立世界,而我也开始接受一个事实,那就是除了赚钱养活自己的家庭外,我还真的提供不少经济援助给其他的芝加哥家庭呢!除非我搬到芝加哥,并且亲自到 Merc 交易场内做交易,否则对我所面临的状况可是一点办法也没有,还是得在交易时承担相当的交易差价。

交易差价就是你在芝加哥做生意得付出的代价。就如 Merc 的名誉主席梅拉姆德描述他到 Merc 的第一天时说的:“我知道市场照道理应该怎样依照供给与需求而运作,但是他们另有一套运作方式——完全以本身利益为准绳。”

遭遇清算公司危机

为了要在 Merc 从事交易，我还得找一家清算公司。一直以来，想要找一家理想的清算公司就不是一件容易的事。在期货市场里，所有的交易都是以市价评估的方式处理，也就是说在每天收盘后，清算公司将当天所有的交易都传送到交易所的中央清算所进行清算，并且将所有的账户都以现金基础加以清算。如果你产生亏损，账户就会被扣账；如果你今天有盈利，则账户中就有进账。

与股票交易不同的是，你是否还持有头寸并不会造成任何的差异，因为每天每个账户都是以现金基础清算，到了次日，所有的账户损益状况都将归零，依该营业日当天的损益再做市场评估，然后清算，这种现金清算的功能也是标准普尔500 指数期货能够推出的主因。试想，如果没有现金清算制度，我们怎么可能在期货到期时，拿一个标准普尔 500 指数的股票组合进行实物交割，那可是一个包含了 500 只股票的投资组合呢！

黛比在 SL&K 这家清算公司真的做得很好，也帮了我很多忙，但是 SL&K 的佣金收费实在太高了。在我从事期货交易的第一年里，我已经成为标准普尔 500期指交易场内的大玩家。我总共成交了 2.5 万手的来回交易[②]，这是当年标准普尔 500 期指年成交量的 0.5%，一个十分惊人的数字。我就是靠着在市场里不停地进出操作而获利，SL&K 收我每个来回 25 美元的佣金，一年下来总额超过 60万美元，相当于我从事标准普尔 500 期指交易获利的 20%。第一年过后，我向他们要求更优惠的费率，但是 SL&K 不答应，所以我只好换个费率比它低的清算公司。

事实上，在场内交易商的成交差价和经纪商的高额佣金之下，我仍然能够净赚 300 万美元，这正证明了我的交易方法多么的好。标准普尔 500 期指是我最擅长的游戏，芝加哥也成了我不得不交易的地方。我在 1983 年拿下一席指数期权交易会员（IOM）资格。对一般的操盘手，Merc 在每一笔成交后都收取 1 美元的费用，而一个交易席位的收费是 5.3 万美元，这对我这种交易量庞大的操盘手而言真是划得来，因为以每笔交易收费 1 美元计算，我一年就能把会费赚回来。不过就算具有交易会员的资格，我还是得找一家清算公司来清算我的交易。

有一些小型的清算公司经常打电话给我，想跟我做点生意。基本上，你只要在交易所买下一个交易会员资格，弄几部电话，再筹足一些营运资本就可以开一家清算公司，因此许多 Merc 里的小操盘手都干脆自己开一家清算公司。

通过这个方法,他们就可以省下自己交易时的手续费,同时还可以从别人的交易中赚上一票。我却喜欢把我的钱放在一家大型、资本雄厚,并且设在纽约的清算公司里,而且这家公司越少涉足期货市场越好。对那些不懂期货的大型清算公司而言,期货只不过是西部农民才搞的玩意儿。而我正是一名农民,一名正打算在芝加哥期货市场开始播种的农民。

1984 年 3 月,我接到黛比打来的电话。黛比已经回到她的老家芝加哥,并且在当地一家由芝加哥小规模债券操盘手马库奇兄弟所成立的清算公司工作。这家公司的名字叫做拉萨尔,之所以取名叫拉萨尔,大概和芝加哥最重要的金融区地标拉萨尔街有关,而这条街就是以 17 世纪法国籍的拓荒者拉萨尔来命名的,他靠着夺取土著人的动物毛皮而建立了芝加哥的交易典范。

拉萨尔公司同时拥有 CBOT 和 Merc 交易会员资格。黛比和马库奇兄弟认识也有相当长的一段时间,她告诉我这家公司里的人都是好人,绝对不会占便宜。因此我就和总裁杰克·马库奇谈了一下,他告诉我如果把单子下到拉萨尔的话,他们就指定黛比为我的专职场内接单员,而且每一趟来回交易只收 7.5 美元。这可是我在芝加哥所知道最好的价钱了,更何况我和黛比这些年来合作愉快,也清楚她的人品和能力,更无法抗拒这么有吸引力的费率。

虽然芝加哥那些家伙在华盛顿颇有影响力,但是期货交易的主管机关商品期货交易管理委员会(CFTC)很清楚芝加哥那种草莽气息。在该委员会批准期货交易可以采用现金清算而不一定要实物交割后,他们很担心投资人会被清算公司给坑杀了。大部分小规模的清算公司都以有限的资金设立,肩负着保证期货市场财务稳定的重大责任。CFTC 要求每个投资者存入履约保证金来保证账户资金充足。而这种履约保障金则分成两大部分,其中一种是用来清算实际交易的现金账户。这种账户不受法令规范,这表示虽然账户中的现金属于客户,但是清算公司却有权动用。

清算公司对于这笔资金最好的投资方式就是从事“回购协议”(Repurchase Agreement, Repo)。所谓回购协议就是一个投资者通过买进证券,并事先约定在未来到期时,借钱的一方将以较高价格买回该证券的方式进行投资。许多银行和存贷款机构都利用回购协议来配合美联储的存款准备金和相关规定。这些回购协议的期限都非常短,通常是隔夜的交易行为,但它们倒是为清算公司提供了另一个赚钱的渠道。

第二种类型是“履约保障金”(Regulated Account),就属于主管机关所管辖的范围。这种账户是以在结算所里存入证券的方式存在,一旦现金账户的资金不足以清算当天收盘后的账户损益，或客户保证金不足时，结算所就有权动用这个账户。在这个法令管制下，账户内通常都以短期实物国债为主，所以稳定性相对较高。此账户可算是期货市场的救生艇，如果市场发生严重的财务危机，账户中的短期国债就提供了各种款项的支付保证，而且根据 CFTC 的规定，芝加哥的家伙可没有办法动用这些账户里的任何一毛钱。只有在客户没有按时支付追缴保证金时，清算公司才能动用这个账户。

除了较低的税赋和较高的财务杠杆外，履约保障金是期货交易所更吸引我的另一个重要因素。由于我是个一直保持获利的赢家，所以从来都不必在现金账户中放一毛钱，而根据我和拉萨尔公司达成的协议，我可以和他们协商存在法令管制账户中的最低金额。

以我的情况为例，我只要存 120 万美元的实物国债在账户中，而更棒的是我还可以从这些短期国债上赚取利息。如果我操作的是股票，就得付钱支付价款，因而产生了资金成本负担。但是在期货市场里，只要我保持获利，就一点也不用担心资金成本的问题。这对我来说可算是一个双赢的结果，我一方面从充作保证金的短期国债中赚得利息，同时又在期货交易中保持获利。

在我搬到派克大街公寓后的一年中，都是和拉萨尔公司合作，对于彼此之间的关系我也相当满意。像黛比这么好的场内接单员实在没什么好挑剔，她尽责、有效率、作风泼辣，并且一直站在我这一边。如同她向我保证的一样，马库奇兄弟果然对我很照顾。杰克是公司的主事者，同时也是个稳定的经营者。他在我开始和拉萨尔公司合作后，特地到纽约拜访我，并且请我和老婆到餐馆享用了一顿意大利美食。圣诞节时，他送了我们一箱酒，那可不像其他华尔街里的家伙送我们的那种跟果汁差不了多少的劣质酒，而是顶级的意大利葡萄酒，你甚至还可以从中品尝出酿酒农民血汗的好酒。

当杰克忙着加强和客户之间的关系时，乔尼便在交易所场内尽全力帮客户执行交易。乔尼是个 1.96 米高、127 公斤重的大块头。每当黛比在执行交易时发生问题，就会马上通知乔尼到场内把事情摆平。这个大个子在执行交易方面非常在行，他好像有 280 种方法来说服对手承认在交易时犯了错。有杰克、乔尼和黛比这三个人为我的账户工作，我真是享受到了一流的服务品质。

1985 年 4 月 11 日周四，我们搬进新公寓已经一个星期了，我该重新开始工作。在打了一大堆的电话和安排下，我的报价机终于安装完毕，电话也通了，所以我在家里拿起专线电话，直接打到交易场内找黛比。“黛比，近来可好？是啊，我们搬进来了，但是这个地方可让我花了不少钱呢！老婆列了一份采购清单，上面的专案好像快有一里长啊！所以我得回来赚点钱了。”

“马丁，”黛比说，“我们今天不能交易。”

“什么？”

“你最好和杰克谈谈，公司出了点问题，这一定和毕维尔·布列斯勒有关。”

“毕维尔·布列斯勒？你在说什么？”

“毕维尔·布列斯勒公司，那是一个在新泽西州专做政府证券的公司，它刚刚宣布倒闭。你没看今天《华尔街日报》的头版吗？杰克和他们有些生意上的往来。”

“搞什么鬼？黛比，那我的钱呢？我要我的钱！”

“马丁，冷静一下。你打个电话给杰克，和他谈谈，他说每个客户的钱应该都没问题。”

“好吧，见鬼了。我对芝加哥的那些家伙一点也不信任。我要我的钱！”我气得摔电话，然后拿起另一线电话，拨到拉萨尔去，总机小姐听起来似乎相当忙乱而且紧张，好像随时等着被打电话去的人大吼一番似的，这点她倒是对了。

“我是马丁·舒华兹，杰克死哪儿去了？

“很抱歉，马库奇先生不在。”

“那把乔尼找来！”

“很抱歉，他也不在这里，如果你不介意的话可以留言，我会请他们尽快回电。”

“留言？我当然要留言。告诉那两个混蛋，我不知道也不管他们到底在搞什么鬼，我要我的钱，叫他们马上把钱汇给我！”

我把电话摔回原位，气得双手颤抖。这到底是怎么一回事？我抓起书桌上的最后一张纸条。我在拉萨尔公司的现金账户里一毛钱都没有。我在搬家前已经轧平所有的头寸，并且把钱转到货币市场基金，以便在这个周末赚一点利息。这对我来说真是幸运，现在留在拉萨尔公司里的，只不过是我存在保证金账户那些面值 120 万美元的短期国债。感谢 CFTC 的规定，除非我没有履行追缴保证金的要求，否则清算公司根本没有办法碰我那些短期国债。如果拉萨尔遇到了财务危机，那他们只有可能动用到客户现金账户中的资金。所以，看来我应该是安全过关了，但是在芝加哥，除非你已经把钱稳稳地装回自己的口袋里，否则永远无法确定自己是否全身而退。

我跳上电梯到楼下柜台拿我的《华尔街日报》。黛比告诉我有关毕维尔·布列斯勒公司的事都刊在上面，恰巧那位业主委员会的主席也正在拿他的报纸。“早安，舒华兹先生。”他说，“一切都好吗？”

“是啊，当然，一切都好。”真该死！我怀疑他是不是听到了什么风声，“怎么会有什么事不好？”

“呃，搬家总是一件很麻烦的事儿，更何况你太太又快要生产。我只是想……”

“一切都很好，好得不能再好了。谢谢您的关心！”我抓起我的《华尔街日报》迅速冲回电梯，这个老裁缝师是我最不想见到的人，我确信他一直在等着把我们赶出这幢大厦。

根据《华尔街日报》上的说法，毕维尔·布列斯勒公司是一家以政府和市政长期国债市场为主的合格经纪商，他们的总部设在新泽西。它和姐妹公司——资产管理公司与全国各地的许多小型存放款机构从事回购协议。资产管理公司在4月8日因为无法履行和客户的附买回协定而宣布破产。毕维尔·布列斯勒公司和它所有的分支机构，也都在周三宣布进入受破产管理人监管的状态。证管会控告该公司及其负责人涉嫌诈欺，并指称他们“取得客户账户中证券的控制权，加以利用以牟取私利”。

我不知道拉萨尔和这些小丑之间的往来有多密切，但是马库奇兄弟本身就有债券生意，而且必然会通过拉萨尔公司的名义从事回购协议。但在回购协议之中，拉萨尔会把现金交给对方，然后取回短期国债作为保障。如果我受到波及的话，最可能的就是他们在从事反向的回购协议时，把我账上的短期国债交给对方换取现金，但却把现金损失掉了。不过照理说他们应该无法这么做，因为我的短期国债是放在法令管制账户中。但话又说回来，这里是芝加哥，什么事儿都有可能发生。

我心里思考着各种可能——一切最糟的状况。我不断试着和杰克联络，终于和他连上了线，“杰克，这到底是怎么一回事？我要你马上把我的短期国债给我汇回来！”

“马丁，冷静一下。一切都没问题，坐下来喝一杯我送你的好酒放松一下。”

“去你的烂酒，杰克！我要我的钱！我那些短期国债都是放在法令管制下的账户里的。你这个混蛋怎么可以动用它们？这是违法的行为。你马上就把我的短期国债给我汇过来，否则我马上会把你那该死的头给拧下来！”顺便提一下，杰克的身材和乔尼一样，都是大块头。

“马丁，我们这里面临了一些技术问题，电脑出故障了。但是乔尼会尽快解决一切，相信我，一切都会没问题的。”

“放屁！我给你讲……”

咔嚓一声，杰克把电话给挂了。真该死！我感觉得出来，他们一定把我的短期国债给搞砸了，一定利用我的短期国债不知道干了什么好事，然后亏掉了。我不能损失这120万美元，至少不能在这个节骨眼上。我们才刚搬进这间傻大傻大的豪华公寓，而且老婆马上要生产了，我该如何继续进行交易？我要怎么去弄到那笔每月的物业维护费？在百般无奈之下，我又打电话给Merc的法律部门。

“是你们核准这些家伙的注册申请的，”我暴跳如雷地说，“你们必须为他们的行为负责。没错，我自己是没有注意到他们在外面胡搞，但我是交易所的会员，你们就该给我应有的协助。你们得马上摆平这件事，这是你们的问题。”他们只是草率地敷衍着，告诉我他们了解我的状况并会“重视这件事情”。

我打电话给我的律师：“柯恩斯坦！我要告这些混蛋！我要拿回我的钱！我要他们好看！我要好好惩罚他们！他们在破坏我的事业！他们在妨碍我的生活！”我的律师建议我，在没有掌握直接证据前先稍安勿躁。

我也打电话给从前在贝尔斯登公司的经纪人麦克·马格里斯。我知道贝尔斯登在芝加哥的生意不少，而且我也知道贝尔斯登的大老板之一吉米·凯恩和梅拉姆德是老哥们。“马格里斯，你一定要帮我这个忙。芝加哥的那些混蛋想坑我120万美元。请你找凯恩打几个电话，帮我问问这一切到底是怎么回事？”马格里斯答应我他会帮这个忙。

我在一片混乱下试图找出事情的来龙去脉，但直到那天很晚的时候，还是一点也不能肯定，是不是能再看到我那价值120万美元的短期国债。我一夜没合眼，心焦，第二天一大早开始打更多的电话。

“黛比，事情怎么样了？你有任何新消息吗？”

“杰克和乔尼什么都没说，但其他人那里有很多传闻。看起来拉萨尔公司好像是宣告倒闭了，他们所有的账户都已经转到其他清算公司去了，今天的《华尔街日报》上报道得很详细。”

“可是我的钱呢？”

“唉呀！马丁，我也不知道呢！”

我到楼下大厅去拿我的《华尔街日报》，那个老业主委员会主席又正好站在旁边。他正和另一个业主委员聊天，两个人边看着金融投资版边摇头。该死！他们一定正读到有关毕维尔·布列斯勒公司这件事。他们知道我的经济状况出了问题，而且准备要把我们一家全都赶出去。我于是躲在一座屏风后面等他们离开。

等他们走了之后，我赶紧拿了日报跑回楼上。那篇有关拉萨尔公司的报道读起来好像是芝加哥商会的新闻稿。“拉萨尔公司，一家小型的政府证券交易商。该公司和毕维尔·布列斯勒公司从事回购协议时产生了100万至200万美元的亏损，在拉萨尔公司的请求下,该公司所有客户的账户,都已经转到其他芝加哥地区的清算公司去了……交易所表示在拉萨尔公司将客户账户转往其他清算公司的过程中,所有客户资金都没有任何问题……商品期货管理委员会的发言人表示,所有的迹象显示,该公司客户的资金都完整无缺,并未遭到不法挪用。"

我打电话给 Merc 的法律部门。"《华尔街日报》上说所有拉萨尔公司客户的账户都转到其他清算公司,而且客户的资金都完好无损,未遭到不法挪用。那我的账户现在是在哪一家清算公司?我的 120 万美元在哪里?"他们说不知道,交易所和 CFTC 都在"深入了解中"。

"少跟我扯淡!"我对着电话大声叫,"我的钱是放在法令管制的账户里,应该谁都没办法动用。你们要知道,你们不是唯一在华盛顿特区有影响力的人。如果你们在今天下班以前没把我的钱还给我,我就打电话到 CFTC,告诉他们你们这些家伙在这里干的好事!"

我打电话给律师,打电话给马格里斯,打电话给黛比,打电话给佐尔纳,甚至打电话给 Amex 的弗兰尼,问他们是否还知道有谁可以联络帮助。终于,在 5 点之前,有人打电话给我,他是索尔·史东公司的业务代表,他们也是芝加哥的一家清算公司。这家伙听起来是个爽朗的人。他说他们接管了我的账户,而我那价值 120 万美元的短期国债也转到他们公司,他们也愿意请黛比继续担任我的场内接单员。"马丁,我们很高兴能和你做生意,你明天一大早就可以开始交易了。"

我简直不敢相信这是真的。两天来我第一次觉得全身紧绷的情绪松懈下来。在经过那么多波折后,我终究还是毫发无伤。我拿起了专线和黛比联络。"是啊,黛比,他们把我的钱找回来了。看来我们又可以重新开工了。你现在为索尔·史东工作啦!"

"什么?"

"我的账户被转到索尔·史东公司去了,我告诉他们如果不是你来合作,我就不跟他们做生意,所以你就和我的资金一起转到他们那里了,你同意吗?"

"好啊,我想没问题,马丁,但这到底是怎么一回事?"

"我也不知道,我想你也不会想知道。大概有某个人为了某种原因做了这一切。这 120 万美元对他们来说算得了什么?他们早晚会从另一个家伙身上赚回来的。他们这么做只是要让这些游戏能够继续下去罢了。"

我一直都不知道到底是谁帮了这个忙,但无论如何我总算把钱拿回来了。我不知道这是否意味着其他拉萨尔的客户无法拿回他们的资金,不过在我的想象中,一定是 Merc 里的大人物找到那些清算公司,然后把一切搞定。他们无法承受交易所名声被毁损的后果,所以就和那些清算公司找出这样的解决方法,让我的钱回到账户里。

那天晚上我睡得很沉。当第二天早上我下楼去拿日报时,那位老先生站在走廊中,"早安,早安!"我用非常愉快的语气向他问候。

"早安,舒华兹先生。"当我经过时他说,"所有的东西都搬好了吗?"

"是啊,是啊,一切都很好。我又重新开工啦!"

至于杰克和乔尼,后来还是回到这个行业中来了。他们的清算公司是倒闭了,但是他们还在 CBOT 从事债券期货的交易。在职业生涯中留下小小的污点,说起来也是在这个行业摸爬滚打的人的家常便饭吧!

投资心法 9　忠实自己,坚持自己

我有一个朋友叫马克·库克,是一名住在俄亥俄州的农民,同时也是一个很好的操盘手,他甚至开发出一些有趣的交易策略,并且通过传真服务把这些策略卖出去。有一天我拿起电话,拨了库克的号码说:"我是马丁·舒华兹,你最近好吗?"我很喜欢和其他优秀的操盘手聊天,因为我急于和他们交流资讯。我一点也不介意在得到资讯的同时,分享我所知道的给别人,而这时库克也会把他的传真稿给我,我们也根据这些策略进行交易。

1997 年 1 月 23 日,我收到了一封库克的传真稿,那篇稿的标题是:"成为成功操盘手的必备条件"。一般人总是喜欢问我想要成为伟大的操盘手要做些什么,所以找非常有兴趣看一看库克对这件事有什么想法。

根据库克的说法,想要成为成功的操盘手,必须:

一、具有全心投入交易的自我承诺,并且全职从事交易

你必须将操盘视为职业,因为如果不这么做的话,其他把操盘当作职业的人,就会在很短的时间内把钱从你身边拿走。库克整天都盯着市场行情,从开盘直到收盘为止,并且保有一份有时甚至长达 40 个要点的交易日记,不间断地记载着每天行情的变动状况。如果他不这么做,获利就会显著衰退。"在操盘手这行里没有任何捷径,如果你松懈懒散,市场马上就会发现。"

二、要将你自己的个性融入操盘习惯中

如果你是一个对事情很容易情绪性反应的人,那就承认自己是情绪化的人,并且将你的交易习惯架构于这点之上,让你的情绪成为交易的推动力,而非阻力。如果你生性贪婪或胆子很小,都将影响你从事交易时的决策力。如果你无法察觉出左右情绪的原因，决策将会发生错误。

库克是一个有胆小恐惧倾向的人，每当他最感到恐慌而裹足不前时，由于他对自己情绪的认知，总能克服心理障碍而大胆做多。“无论何时，每当我快抵挡不住恐惧时，我受过的训练会告诉我做多。而我深信训练和纪律一定会胜出。如果做不到这点，任何人都注定失败。”

三、计划是交易行为中客观的部分

事先模拟好最糟结果，并针对它进行充分的演练。在你执行每一笔交易前都保持最客观的心态。一旦你已经执行交易、建立头寸后，情绪将掌控一切，你必须在这之前就将计划准备好。知道什么样的条件可以证明自己已经犯错，并在那些条件成立后马上承认错误。“轧平头寸、撤退，保留实力准备另一天的战斗。这些做法看起来怯懦，但却能有效防止你在市场上阵亡。”我完全同意。

另一个我常想问的问题是，到底操盘是不是一种天生的行为，还是一种可以经由学习而得的技能？我的答案是——两者皆有。从天性来看，我对数字向来敏感、个性喜好竞争，而且好赌。大学的教育让我学会如何努力工作，哥伦比亚大学商学院给我完整的商学知识，而海军陆战队则训练我在枪林弹雨下如何应对。

一个伟大的操盘手就和一个伟大的运动员一样，必须具有先天的条件，但也必须训练自己如何以最有效的方式运用它们。

注　释：

① 合作公寓，只有居住权，没有产权，房子可以买卖，一般自住一两年后也可以出租，买卖都需要业主合作委员会批准，做大型室内装修要业主合作委员会批准，管理费用也贵。

② 来回交易（round turns），一趟进出称为一个 round turn。

玩票艺术品收藏

刺激的拍卖交易

1985 年 8 月 5 日，老婆生下了我们的儿子，他是一个漂亮的、3 公斤重的小绅士。接着在同年 11 月，老婆被医师诊断患了乳腺癌。这个打击就如同我们在 1981 年失去第一个孩子一般沉重，使我更确信人生在世，应该要及时行乐的想法。在接下来的春、夏季里，老婆决定把我们的公寓全部重新装修。她打掉墙壁、放进了一个新的厨房、重新装修浴室、把所有窗户换新，并全部重新粉刷。为了这次的整修而花掉了大把的钞票，但我并不在意，我仍然是冠军操盘手，仍然能够赚得比花得快。事实上，我正准备要花更多的钱。

一旦你往上爬到某个高度，就绝对不会缺乏一些昂贵的嗜好。特德·特纳给自己买了一艘十英尺长的比赛用游艇，乔治·斯泰因布里纳为自己买下洋基队，韦恩·牛顿为自己买了正统的阿拉伯种马，而英国的查尔斯王子则替自己找了个情妇。但是我对游艇、职业棒球队、种马都没兴趣，加上有老婆在身边，而市场就是我的情妇。如果我要投入一大笔钱在某样嗜好上的话，我希望把钱花在艺术品收藏上。

钟情印象派画作

在我孩提时代，母亲会带着我到纽约市，然后我们会花一整天的时间参观现代艺术博物馆、大都会博物馆、古根海姆博物馆以及惠特尼博物馆。虽然我可能更喜欢跑去艾迪·科恩家的地下室玩牌，但是这些经验却在我心中种下喜好艺术的种子。我老爸会买一些仿名画家如莫奈、马奈等人的画作回家，并把它们挂在房子里。因此我习惯在家里看到墙上挂着名家画作，就算不是真迹也无所谓。现在我赚了那么多钱，我想是该买点真迹来收藏了。

一等到公寓装修完毕，老婆和我马上去找弗雷斯科与帕雷特画廊的老板艾尔·弗雷斯科和克利夫·帕雷特。弗雷斯科是我在哥伦比亚商学院的同班同学，他和帕雷特是表兄弟，他们从长辈的手中接管这家画廊。他们的祖母和美国早期的印象派画家约翰·瓦特曼有亲戚关系，后来嫁入杜邦家族。所以弗雷斯科和帕雷特能有足够的天赋和钞票来经营这家位于高级商圈的画廊，也就没什么好稀奇的了。

当我在20世纪80年代早期开始从市场中赚了不少钱之后，老婆和我便开始在周六的下午到各个画廊去转转，弗雷斯科与帕雷特画廊变成我们常常逛的地方。在当时虽然我们很喜欢那里的艺术品，但是我的财力还不够，现在可就不是这么回事了。

1986年10月，我们以10万美元的价钱向弗雷斯科与帕雷特画廊购买了厄尼斯特·劳森的《冬日暖阳》(*Winter Refiections*)，以劳森的作品而言，这幅画作算是相当昂贵的了。另外我们又以4万美元的价格买下罗伯特·沃诺的《花园里的农夫》(*Jardin de Paysanne*)。在另一个下午，我花了50万美元买下了两幅画。为了感谢我这笔50万美元的生意，弗雷斯科送了我一本《美国的印象派作品》，这本书的作者是纽约市立大学研究所的艺术史教授威廉·哲兹。

我特别喜欢印象派画家的作品，只因为从小对印象派作品的好感已深植我心。在1984年，老婆和我进行了第一次欧洲之旅，在巴黎时，我们雇了一位司机，要他带我们去参观莫奈的家和纪梵尼的花园。那时是5月初，我和老婆就像那些19世纪到20世纪初的画家一样，尽情饱览法国的田园风光。可是当我们回到纽约，开始试着找一些值得收藏的作品时，才明白我们想收藏法国顶级印象派大师的画作是多么的愚蠢。我怎么可能付得起那么高的价钱去买像马奈、雷诺瓦、窦加或莫奈这些一流画家的作品？如果一定要买法国画家的作品，我只能找次一级的。

而那些已经深得法国名家画风精髓的美国本土印象派画家，像西奥多·罗宾森、弗雷德里克·佛利锡克、温斯洛·霍姆、玛莉·卡塞特以及罗伯特·沃诺等人的作品就在我的预算能力之内了。在参观了更多的画廊,已经仔细研究过哲兹的书后,我下了一个结论,那就是所有画家们,就和其他人一样,都经历过好与不好的时期。至少在我眼中,玛莉·卡塞特鼎盛时期的作品,和窦加在他未达巅峰时的画作相比,只有过之而无不及。加上法国画家的作品更具有满足虚荣心的吸引力,所以一幅一流美国画家作品的售价只有法国二线画家作品售价的三分之一。

美国的印象派画家就好像我早些年在 Amex 操作的期权,或是 20 世纪 80 年代早期的标准普尔 500 期指合约一样,正好符合我的作风和个性。它们的价格合理,具有增值的潜力,仍然处于新兴市场之中,而且我了解它们。如果我准备进军艺术品市场的话,美国印象派画家的作品会是我最想入手的标的。

拍卖会前的准备

当我开始花更多的时间在弗雷斯科与帕雷特画廊后,我开始发觉弗雷斯科和帕雷特具有和我非常相似的市场哲学,他们只会以最好的价钱买进最好画家的最佳作品作为存货。由于总是有一大堆想要买最高级艺术品的富有客人来画廊参观,因此这个策略使他们的库存品享有很好的变现性。当我从事交易时,一定会以大型蓝筹股作为我主要的交易标的,因为这些大型绩优股提供最佳的流通性和变现性。

如果我买了 5 万股的 IBM、施乐或者是杜邦股票,却在一个小时后改变了对市场的看法的话,我可以在市场上很轻易地把手中的持股抛出,因为这些股票的交易总是够热络。这就是弗雷斯科与帕雷特画廊做生意的策略,他们手中总是保有和蓝筹股一样具有良好流通性的存货,以便于随时可以出清。我唯一的问题是,画廊总是以零售的方式出清库存,而我与生俱来的犹太人天性告诉我,该去大盘商那里买我要的东西。

通过中介购买艺术品的最大好处是,可以在事前就清楚知道你要买到什么样的货色。中介总会把一切都打点好,使你确定买到的是极品中的极品,但是通过中介的最大坏处就是得付他一大笔钱来帮你处理这一切细节。中介就是靠收取这些佣金过日子的,而除非你是艺术品收藏方面的新手,不知道自己到底想要什么样的东西,或者是你的确在找一样很特殊的作品,否则谁会愿意付这么高的佣金?我知道自己在找什么样的作品——美国的印象派名家画作,而且我并没打算要收藏什么特别了不起的玩艺儿,只想以最好的价格,买到最好的画家的最佳作品，这表示我也得到那些艺术品中介会去的同一个地方——拍卖会场，去找我想要买的画作。

在第 59 街与派克大街交叉口的佳士得，和在第 72 街与约克街交叉口的索斯比是美国本土艺术品最主要的两个拍卖公司。老婆和我拿了一些它们过去的拍卖目录开始研究。我们比较了这两家公司拍卖目录中所列的艺术家与画作的品质及价格，在我们看来，过去几年中索斯比公司在美国印象派画家作品方面保有比较好的收藏。索斯比每年会举办两次美国印象派画家作品拍卖会，一次在 12 月初，另一次在 5 月下旬。我们决定要参加索斯比在 1986 年 12 月 4 日举办的拍卖会。

就像一名优秀的陆战队员，我希望在上战场前做好一切的准备。艺术品拍卖会对我来说是一个全新的战场，我对于要面对那些在大堆艺术品拍卖方面身经百战的对手感到非常没把握，因此在拍卖会举行的三周前，跑去找弗雷斯科和帕雷特。

我说："我和太太想要开始建立在美国印象派画家作品方面的收藏，但是我们不能一直向零售商买，然后付那么高的零售价。我们想参加索斯比举行的拍卖会，不过在这之前，我们需要你们的建议。

以下是我所想到的：如果你们可以告诉我们一些入门须知，我们可以买下一些你们比较感兴趣的作品，如果将来某天你们有客人对这些作品特别感兴趣，至少你们知道到哪里可以找到。你知道，我是一个操盘手，所以只要价钱合适，我们完全可以做这些买卖。这么做，你可以把现金先放在别的地方，而不需要先购买这些存货，你们觉得怎么样？"

这样的说法显然很合弗雷斯科和帕雷特的胃口。他们告诉我愿意把所有我们感兴趣画作的资讯全盘告知，而且我们在拍卖会中可以和他们坐在一起，甚至可以协助我们喊价。当我要离开画廊时，弗雷斯科从抽屉里拿出一本有关这次索斯比拍卖会的全新拍卖目录。"拿去吧，"他说，并且把那本拍卖目录拿给我，"好好研究一下！"

我觉得这就好像教授把期末考考卷发到我手中一样，太棒了，马上回家坐在老婆身旁说："在这次的拍卖会上，我们将和弗雷斯科与帕雷特坐在一起，他们希望我们先把这本拍卖目录看一遍，并且选出所有喜欢的作品，然后他们会帮我们决定该针对哪一个作品出价。"

在接下来的两个星期中，老婆和我很仔细地研究了那本拍卖目录与里面列的所有美国印象派画家，试着找出一些最好画家所画的最佳作品，尤其是那些底价很合理的作品。找一幅好画和找一只好股票非常相似。

在1986年的索斯比拍卖会的拍卖目录中,列有349项艺术品。其中包括多项雕刻作品,以及大约50幅美国印象派画家的作品。就和挑股票一样,我们马上就排除掉大部分的作品。在选择股票时,我们可能不喜欢某家公司的盈利性、不满意它的产品、不满意它的市场份额,又或许我们不欣赏它的管理层。而当我们在选择一幅画时,我们可能不满意它的价格、不满意它的色彩组合、不喜欢它的出处,也可能不喜欢那幅画的创作者。

经过了一个星期的研究和筛选,我们把目标缩小到5幅画。它们是:

★第176号,查尔德·哈桑姆的《通往大海的路》(*Road to the Sea*,布面油画,1895年,底标15万~20万美元);

★第190号,西奥多·罗宾森的《夏日的山坡》(*Summer Hillside*,*Giverny*,布面油画,大约1889年,底标45万~55万美元);

★第196号,威廉·麦瑞的《塞考克的风景》(*Sinnecock Landscape*,布面油画,大约1895年,底标15万~20万美元);

★第204号,莫瑞斯·巴奇的《花园》(*The Garden*,纸上水彩,日期不详,底标14万~18万美元);

★第207号,斐德利克·佛利锡克的《河面上》(*On the River*,布面油画,大约1909~1910年,底标25万~35万美元)。

既然作品都已经挑好,就该是我去找弗雷斯科和帕雷特谈谈的时候了。

拍卖会举行的日期是在12月4日周四。我在11月28日周五收盘后到弗雷斯科与帕雷特画廊待了一下。正如我所预期的,弗雷斯科和帕雷特对于我们所挑中的那几幅画简直了如指掌。“你们的眼光真不错,”弗雷斯科说,“不过你们不能光凭拍卖目录上面的介绍就做决定,一定要亲眼鉴定过才行。”

所有的拍卖品都将在11月30日到12月3日公开展示。《花园》是所有我们感兴趣的作品中,唯一没有放在索斯比展示的,它当时正在东82街的柯克画廊中展示。老婆和我在周六时到柯克画廊看了那幅画。它简直闪闪发光,远比在索斯比拍卖目录中所看到的要好太多了。我们不只希望在拍卖会中出价,甚至开始想象一个星期后这幅画挂在我们家墙上的美好景象。

在索斯比举行的画展是开放给一般大众参观的,只有周一晚上,这些画会对特定的人士开放,这表示在周一晚上索斯比会举办一场专为潜在大买主所准备的私人鸡尾酒会。这场展示会是我想要参加的,因为这是能够和纽约文艺界那些名人们认识的最好机会。但是由于老婆和我之前并没有参加过索斯比的任何活动，因此并未受到邀请。我们和弗雷斯科以及帕雷特约好在周三，也就是展览的最后一天下午去看另外4幅画，可是在我们要出门前的最后一刻，我们的保姆突然请病假，所以老婆只好留在家里。

当我走进索斯比在约克大道的总馆时，一点也不知道接下来会发生什么事，但我想这一定不像走进阿奎达跑马场或赌城凯撒宫一样。我以为每个参观画展的人都会如同参观博物馆那样，放轻脚步、轻声细语，但事实却完全不是这么回事。

走进索斯比展览馆的大厅，就好像走进了1948年的共和党年会般吵闹。一堆看起来像是常春藤名校学生的盎格鲁撒克逊白人虚情假意地互相打招呼，在展览厅中四处走动，想让每个人都知道他们好像真的懂些什么。"毫无疑问，这一定是瑞菲尔德最好的一件作品。""这是裴克斯顿双眼视觉法的最好范例。""没错，注意看他的焦点有多特别，而且他从远景转移到近景的手法简直让这幅画活了起来。""看看这幅《少女与狗》当中所展现出来的活力和强度。""罗宾森把平淡无奇的东西给处理得多么棒啊！看看他对空间的浓缩处理手法，这柔和的光线是怎么画出来的？他的笔法真是不可思议。"真是鬼话连篇！但这些至少都是好听的屁话，比我每天在华尔街所听到的要好多了。

弗雷斯科和帕雷特不停地挥手和人打招呼，毕竟这是他们的市场，而且他们认识这个市场里的每个人。他们也不停地把我介绍给不同的人，但我可不是来这里搞社交活动的，我到这里是要研究画作和观察周遭的人，就好像在阿奎达跑马场研究马匹，或是在Amex观察那些作价员行为的道理一样。

我仔细看着每一幅我们选出来的画，并详细地倾听别的参观者如何评论，然后把他们说的加以归纳，试着从中找出任何可以依循的脉络。

当我回家后，老婆和我坐下来一起翻着我们的笔记，做最后的回顾。我们已经为第二天的拍卖会做了周全的准备，确定第二天的策略、检查我们的价格调整点，并且设定进场和出场的价位。我希望我那陆战队式的作战原则能清楚地放在脑袋里，并希望在拍卖会开始前准备好，因为从事交易本来就必须在一切发生前，先做好心理准备和沙盘演练。

尤其当喊价已经超过我设定的最高价位时，只能再往上加1，也就是说如果我的最高出价是20万美元，而喊价却已经高到21万美元时，我会在22万的价位再喊一次。

拍卖是一种竞标者情绪充斥的游戏，所以在竞标时绝对不能失去控制，一定要设定明确的退出点，并且坚守此计划。在睡觉前，我们拿起那本已经翻烂，并做满笔记的拍卖目录，小心地把最后决定要出价的3幅画所在的页角折起来，做上记号。

索斯比所举行的拍卖会分为两个时段。上午时段从 10:15 开始，进行编号 1 到 150 号的拍卖；下午时段则从 2:00 开始，进行 151 到 349 号作品的拍卖。所有的艺术品都是以年代远近的顺序排列，所以美国的印象派作品都属于下午时段，不过我还是想利用上午时段来熟悉拍卖会场的环境。

紧张而理智的拍卖

我们在周四早上走进约克大道的索斯比公司总部，在保安的指引下来到大厅，和弗雷斯科及帕雷特会合，然后跟着他们上楼，来到拍卖会场所在的大厅。

我们进入一个和百老汇街底小影院差不多大小的房间，并且在前排找了 4 个位子。弗雷斯科安排我坐在帕雷特的左边，因为他负责喊价。弗雷斯科自己坐在我的左边，而老婆则坐在弗雷斯科的左边。在我们的正前方有一张上面放了很多电话的桌子，旁边坐着 6 位年轻男女。“那些人是接受电话喊价的人。全世界的收藏家都可以通过电话参加竞标。”弗雷斯科告诉我。

在那些年轻男女的左前方是一个电脑控制的电子汇率显示屏，上面罗列着主要货币的汇率，以便出价者能很方便地换算成本国货币，其中包括：美元、英镑、法国法朗、瑞士法朗、日元以及德国马克。我们的前方则有一个架高的展示箱，里面有光亮的脚灯由下往上照射，而在它的四周都以毛毡包覆着。“那就是他们展示画作的地方。”弗雷斯科说，“这个展示台分成三部分，当一个拍卖品正在竞标的时候，他们就在布幕后面把前一个拍卖品拿下来，并且把下一个拍卖品准备好。”在展示台的右边是一张讲桌。它现在是空着的，但很显然那是拍卖员要站的地方。

大厅的两旁及后方都有以深色玻璃间隔的小包厢，我猜想那一定是为拍卖会的大买主所准备的空间。拍卖会场里的人群都在聊天，场面显得有些闹哄哄的，但当 10:15 一到，每个人都立刻就座并且安静下来。接着索斯比的首席拍卖员约翰·迈宁走上讲台。场中只有索斯比公司的工作人员站着，分布在拍卖场四周监督着一切。

迈宁以一种上流社会人士的语调将拍卖的相关规定做了简单的介绍，他检查了一下麦克风并确定每个工作人员都就位后，便开始第一件拍卖品的喊价。在一阵如连珠炮般的喊价声中，巴特沃斯那幅画着两艘在怒海中航行的单桅帆船的《击败英国战舰的五月花号》(*The Mayflower Defeating the Galatea*)被放在一个旋转的展示架上拍卖。每个与会者都把身子往前倾以便能看得更清楚。那些年轻的电话接单员则对着电话轻声讲话，汇率显示屏也开始显示着各国货币的兑换汇率，而负责监视的工作人员则开始四处穿梭，突然间整个房间里充满了紧张的气氛。

“有人出价 6000 了，有人出价 7000 吗？”那个充满磁性和高贵气息的声音大声地宣布，“7000 美元，有人出价 8000 吗？好的，谢谢您，8000，现在，有人出价 9000 吗？”不停地有人提高投标价。但是我一直没有办法看出来这些买盘是从哪里来的。这里一点也不像 Amex，没有人会摇着他的手大声喊价，出价的动作是以非常安静，且不引人注目的方式进行的。“9000 美元，第一次……第二次……成交！”砰的一声，迈宁用一个金属材质的槌子敲打在桌面上。展示架的转轴仍然在转动着，汇率显示屏也继续运作，在我把第一笔交易记录下来之前，迈宁已经开始第二个拍卖品的喊价了。

在上午的时段当中，帕雷特对几个作品出过价。根据索斯比的拍卖目录中所附的《未来买主指南》的规定，出价是经由举牌的方式进行的，不过很显然这并不适用于那些职业买家。弗雷斯科与帕雷特画廊的牌子一直没有离开过帕雷特的衣服下摆。帕雷特只要眨个眼、摸一下鼻子、拉下耳朵、点一下头、拉拉领带或是做一些其他的小动作，迈宁那锐利的眼睛都看得到。我紧张得动都不敢乱动。就在这眨眼、摸鼻、点头和击槌的动作间，20 万或 30 万美元的交易就完成了。

这样的景象让我有很深的亲切感：电话、数字、显示屏、出价、成交确认的动作以及金钱的快速流动，在我眼中简直就像一个干净而又文雅的 Amex，而迈宁看起来就好像交易场里的弗兰尼一样，只不过迈宁穿着较好的衣服，又一副彬彬有礼的样子。迈宁用他的金属槌敲定交易，而弗兰尼则靠他的蛮力完成交易。

上午时段结束时，我们出去吃了一顿简便的午餐，但我太紧张，以至于根本吃不下。大部分上午时段的拍卖品都以比拍卖目录上底价更高的价位成交。“天啊，帕雷特，你会不会觉得我定的价位太低了？”

“你永远不会知道，”帕雷特说，“有的时候你定的价位恰到好处，而有的时候你又和你要买的东西擦身而过。我想最好是先看看下午的情况，再决定是不是要改变出价的策略。”

我们在 1:50 回到座位。2 点整，迈宁准时回到展示台上的课桌旁。砰！开始第 151 号拍卖品的出价。第 151 号是约翰·拉法吉的《唯美主义者》(*The Aesthete*)，底价是 4 千到 6 千美元，结果以 1.3 万美元卖出，比预期的价格多出两倍以上。这对我来说，可不算是什么好消息，得标价都偏高。汇率显示屏继续翻动，展示架也不停转动，每件美国画家的作品都好像旋转木马，平均展示两分钟就被卖出。它们流通的速度简直比美莎股的期权还要快。

12 分钟后，第 176 号作品《通往大海的路》被推出来放在展示架上，该是我把它买下来的时候了。我们为这幅画所定的最高出价是 20 万美元，而这也是索斯比的拍卖目录中较高的预估价。“有人出价 15 万吗？”迈宁那雄厚的嗓音喊道。帕雷特拉了一下自己的耳朵。“有人出价 15 万了，有人出价 17.5 万吗？”迈宁这家伙真懂得怎样抬高价码，“有人出价 17.5 万了，有人要出价 20 万吗？”

“是那些希腊人出的价。”弗雷斯科低声说。

“有人出价 20 万！有人出价 22.5 万吗？”会场一片安静，“有人愿意出价 21 万吗？”

帕雷特看着我，等着我的许可。“去吧，去吧，给他们 21 万。”我小声说。帕雷特对前面眨了一下眼。

“有人出 21 万了，有人出价 22 万吗？有人出 22 万了！”

“这是那些荷兰佬。”弗雷斯科说。

“放手去做！”我喃喃低语，帕雷特摸了一下鼻子。

“有人出价 23 万，好的，请问有人出价 24 万吗？”

“又是那些希腊人。”弗雷斯科说。

狗屁！我不能让那些希腊人赢过我。可是当我正想告诉帕雷特出价 24 万美元时，我感觉到老婆正用她的指甲掐着我的大腿。“放弃吧，老公。”她说，“这幅画没那么好看，更何况你还有另外两个竞价对手。”真是见鬼！可是老婆是对的。我们一路看着希腊人和荷兰佬把价钱哄抬到 28 万美元。该死，这个拍卖会还真不是闹着玩的呢！这就好像赌掷骰子一样。我痛恨自己输给别人，但小输总比滥赌输光后被丢到场子外来得好。

7 分钟后，现场开始第 190 号作品的拍卖，那是罗宾森的《夏日的山坡》，以 47.5 万美元卖出。这个价钱真的蛮高的，但是还好它至少还在索斯比拍卖目录的预估范围内，而且它看起来真的是一幅好看的画。3 分钟后，编号 196 号，威廉·麦瑞的《塞考克的风景》以 30 万美元的价位卖出，整整比索斯比拍卖目录中预估的价位高出 50%。这对我来说是个坏消息。“该死！”我低声说。“别担心，”弗雷斯科说，“这是个英国汉普顿来的家伙，他是个情绪化的买主，他们出的价太高了。准备好接下来的出价吧！”

我的心砰砰乱跳。201、202、203 号拍卖品都成交了。“第 204 号，莫瑞斯·巴奇的《花园》，”充满磁性的嗓音再度响起，“14 万，有人出价 14 万吗？好的，14 万，有人出价16万吗？谢谢您，16万，现在，18万呢？有人出价18万吗？”帕雷特点点头，“18万，谢谢您，现在有人出价20万吗？有人出20万了，22万呢？”

“那是一家在费城的画廊，”弗雷斯科轻声告诉我，“可能是为他们自己或某个客户在出价，我不是很确定。”

“我才不管他们是为了谁出价。这幅画我要定了。帮我出价吧，帕雷特。”迈宁看着帕雷特，帕雷特对他点头。

“22万，有人愿意出24万吗？”会场一片安静。“这是一幅很好的佳作，有人要出价23万吗？”迈宁向会场后方看着。“23万，谢谢您，现在有人出24万吗？”他又回头看着帕雷特。

“还是那些费城来的家伙，”弗雷斯科说，“没有其他的竞标者了。”

帕雷特看着我，我看着老婆。她点了点头。“放手出价吧！”我说。帕雷特拉了拉自己的领带。

“24万，有人出价25万吗？”我把拍卖品拍卖目录放在膝上，把头埋在双手之中盯着这幅画，它正在我的面前闪闪发光。拜托！请让我买到这幅画。“24万元，第一次……第二次……成交！”砰的一声，拍卖台上的槌声让我兴奋地站了起来。

这是我这一生中最疯狂的一次抢购行动！我弯过弗雷斯科身前，紧紧拥抱着老婆，然后赶忙握弗雷斯科的手，再转身去握帕雷特的手。我们座位后面的人都向我和老婆恭贺着。这感觉真不赖，只花了24万美元（当然还得另外加上给索斯比的2.4万美元佣金）我们就加入了文化人的行列了！

砰！糟糕，我忘了我们还在拍卖会场当中。编号206号的作品刚刚成交，而斐德利克·佛利锡克的《河面上》已经被拿到展示架上。老婆小声说：“这真是灿烂亮丽的一幅画。”她并没有参加前一天晚上的展示会，所以在这之前，她并没有机会看到这幅画的真面目。“买下它！买下它！”她命令着。

嗯！我是一个优秀的陆战队员，而现在我接到了一个向前推进的命令。“现在有人出价24万元，有人愿意出价26万元吗？”帕雷特开始拉拉扯扯地做手势。“26万……28万，有人要出价29万吗？”“买下它！买下它！”我说。帕雷特急急忙忙地做动作，扯动身体各个部位，好像得了癫痫症似的。“一次……二次……成交！”拍卖槌砰的一声敲下。终于，我们拥有了这幅《河面上》。我可以感觉到人们在后面拍着我的背，恭贺我们买下了第二件优秀的作品。

这真是令人难以相信，29万美元（外加2.9万美元佣金）以及24万美元（外加2.4万美元佣金），在我这一生中，还从来没有在这么短的时间里花这么多钱呢！

后　话

6个月后，弗雷斯科和帕雷特来拜访我。“马丁，”他们说，“我们有一个你可能会感兴趣的建议。我们有一个大客户，是一个收藏家。他说愿意以70万美元买下你那幅沃诺的画，我们认为以沃诺的画而言，这是一个很好的价钱。”

“我也这么觉得。”我说。我们是在9个月前花了40万美元买进这幅画的，在持有9个月后能享有75%的回报率，这对老婆和我来说是很不错的事，所以我们就把《花园里的农夫》卖给那位收藏家，现在那幅画正挂在位于法国的美国艺术博物馆中。

在这些年当中，只要价钱合适，我们也通过弗雷斯科与帕雷特画廊卖出其他的画作。从某种层面上来看，好的艺术品本身也可以算是一种投资标的物，一种可以像金融工具一样被买卖的商品。索斯比和佳士得这两家公司很清楚这点，而其他数以千计和弗雷斯科与帕雷特画廊一样的艺品商也是如此，他们就是真正造就这个市场的参与者。

但从另一个层面来看，艺术品不只是一种投资标的，它们具有更高尚的意义。和买卖债券、期货或其他证券不同的是，在我买进一幅画之前，我就已经知道拥有这幅画的前手是谁，而在我打算把一幅画卖掉前，我也希望知道谁是买主，这是一种情感、道德上的差异。

我买的画就好像家里的客人一样。一早醒来我就可以看到厄尼斯特·劳森的画，我和斐德利克·佛利锡克的画一起共进晚餐，我读书的时候则有温斯洛·霍姆和查尔德·哈桑姆的画作为伴，而在我的座位旁则是莫瑞斯·巴奇、威廉·格列肯斯和玛莉·卡塞特的作品。

正如同我的母亲在很多年前就知道的一样，这些画教给我许多在艾迪·科恩家地下室，或交易场中没办法学到的事，诸如礼貌、谦逊和人性。这些画让我了解到，赚钱并不是这个世界上最重要的事，这些画造就我成为一个更好的人。

在我们搬进派克大街的几年后，我被选为大楼管理委员会总干事，随后又马上当选管理委员会主任。有一天，我在办公室里接到一个在大楼里住了20多年的业主打来的电话。“舒华兹先生，”他说，“我可以去拜访你吗？”

我们在我家的客厅坐了下来。“舒华兹先生，”他眼睛看着地板，然后说，“我最近发生了一些不顺利的事，我相信只要给我一些时间，事情就可以解决，但是以目前的状况，我恐怕没有办法按时支付这个月的物业维护费了。”

起初我不知道该说些什么。我实在很难相信能住在这栋大楼里的人，没有办法按月支付他们的管理费。就法律上的观点，我可以对外宣布他无法付款，并逼他卖掉资产来支付积欠的管理费，这是那些管理委员在7年前会采取的行动。但是我是一个从纽黑文来的街头小子，和那些人大不相同。当他们拥有权力时，随时可以修理我，可是当我拥有同样的权力时，我会用人性化的做法相待。因为我曾经被别人逼迫，我知道被逼迫的感受。

"听着，"我说，"您已经在这幢大楼住了有25……还是30年？慢慢来，先把你的事情处理好，不用担心你欠的管理费。我相信你有能力解决问题，然后再把管理费付给我们，我们在合理的时间内不会向你追讨这笔钱的。"

他看起来大大松了一口气。当他站起来准备告辞的时候突然停住片刻，仔细端详我的客厅墙上挂的画，这幅画的价值比我们所住的公寓还要高。"你的画作收藏真是首屈一指。"他说。

"谢谢夸奖！"我说，"我的家人喜欢这些画，而保有这些画也是一件好事，你知道，尤其当有什么意外发生的时候更是如此。"

投资心法10　有备而来，切勿盲目

当你从事交易时，随身携带武器是很重要的一件事。你不能两手空空就在华尔街闯荡，尤其当你对地形也不熟悉的时候，你就只能等着送命了。这就是为什么我每天要花那么多时间来研究自己的操作方法，并且每次进场前要和我在Amex交易场内的朋友海耶斯·诺尔保持联系的主要原因。可是很不幸，我在一次赴芝加哥的旅途中忘记了这条守则。

记得那是1987年的春天，老婆和我开始涉足艺术品收藏领域的6个月之后，我们正准备参加一场艺术界的宴会。当弗雷斯科和帕雷特告诉我们，如果我们提供相当的捐款，就可以受邀参加位于芝加哥的风城博物馆开幕式时，我马上就把支票簿和笔掏了出来。这座博物馆的发起人和他太太是著名的美国印象派画作收藏家，而这座博物馆的开幕式可就是艺坛的年度盛事。我送出了支票，擦亮了我的鳄鱼皮鞋，准备好要去参加这场盛会了。

我们在开幕式举行的前一晚住进德瑞克饭店，由于第二天早上无事可做，我决定到Merc去，顺道拜访一下我的场内接单员黛比。在过去5年中，我已经成为标准普尔500期指最大的个人操盘手之一，可是我却从未到标准普尔500指数期货的交易场参观。更何况，去看看那里的家伙在干些什么应该会是一件很有趣的事。我叫了部出租车到瓦克大道，然后在Merc门前下车，抬起头来仔细端详这幢双子座、外层包覆着花岗岩的40层大楼，心中暗想，“我是这个地方的主宰者！”

我昂首阔步地走到会员服务台前。“我是马丁·舒华兹，是交易所的会员，这儿可以领取我的会员胸卡吗？谢谢。”我以为服务台后面那位小姐，在听到我报出舒华兹的大名后，会有什么特殊的反应，但相反，她白了我一眼，然后说：“舒华兹？这个词怎么拼？”嗯！她能知道些什么？她又不是市场的玩家之一。等我走到交易场里，那些人可就要抬起头来把注意力放到我这边来了。

我穿着阿玛尼西服套装、百利鳄鱼皮鞋，戴着那闪亮的新胸卡走进交易场内。我的天，这个地方可真是大！这里就像一座足球场一样大，我根本不知道要怎样才能找到黛比。市场已经开盘，每个人都以疯狂的速度在交易场中进行交易。这里看起来就像高峰时段的中央车站一样人潮汹涌。我得找人帮个忙，所以就抓住第一个从我身旁走过的跑单员，“嘿！我是马丁·舒华兹！到底标准普尔500指数期货的交易场在哪里？”

“嘿！我才不管你是谁，不过标准普尔500期指的交易场在那里。”他很快地走开并向人群中挤了进去。我开始用自己的方法走过这个拥挤的交易场。我身旁是一个个十边形的高台、向中间以阶梯形式级级下降的个别期货合约交易场，这就是所谓的交易圈。每个人都在大声吼叫，挥动着手臂疯狂般地打着手势，借着所谓的公开喊价方式进行交易。掌心向内就是买进，掌心向外就是卖出，而手指则不断地比划着买价和卖价。“6块买10手！”“给我6月份的五花肉的报价？”“我要9月份生猪的报价。”看来我到了肉品期货的交易区，继续在交易场里漫无目的地走着。

“瑞士法郎的报价在哪里？”“0.85我要卖出30手德国马克！”“墨西哥比索到底搞什么鬼？”终于，我听到一些熟悉的东西。我看着报价荧幕，显示着下列数字：

	开盘	高	低	收盘	变动
6月	286.50	289.30	286.50	289.15	+2.65
9月	288.60	290.90	288.40	290.60	+2.15
12月	290.50	292.25	290.40	292.20	+1.70

我终于找到标准普尔500期指的交易区了。

要找到黛比并不是一件很困难的事，因为在Merc的交易场中，女性接单员的人数实在是屈指可数。她开始向身旁的人介绍我，而更令我高兴的是，人们开始注意到我的存在。我就好像进了大观园的刘姥姥一样，很是兴奋。

“你好啊！”“很高兴见到你，听过很多关于你的事。”“这是你第一次到交易场内参观？”“想做些交易吗？”

我能说什么？在过去的5年里，我在标准普尔500指数期货市场简直像秋风扫落叶般地超越大部分交易员的表现。我像是西部出手最快的快枪手，而现在每个在交易场里的人都等着看我露一手。“那有什么问题，看我的！”我走到黛比身边。根据交易所的规定，我并没有得到在交易场内交易的许可，所以还是得通过黛比和她所属的清算公司进行交易。

整个市场为之沸腾，而突然间我才意识到自己惹了大麻烦。我这个快枪手这回可是忘了带枪出门，我身边没有技术图、报价器、均线、随机指标或是强弱指标。这里所有的人都准备好对我掏枪，而我的处境就好像光着身子站在大街上一样无助。我对市场唯一的感觉只能来自于交易场中充斥的喊叫声和手势，但我对那些喊叫声和手势几乎是一点儿也看不懂。就我所看到和听到的来观察，市场似乎正在上涨，但走势又似乎摇摇欲坠。“0.20买进50手，”有个满脸面疱的小子从交易场的另一边向我喊着，“得了吧！舒华兹，你是来看戏的，还是来做交易的？”

去你的，混蛋！我低声喃喃自语。那该死的5手！“黛比，让我来教训那个小混混。50手！0.20卖出50手！”如果那个家伙想做多，我就偏偏要做空。

在交易场中响起了一片同调的声浪。“成交！成交！0.20卖出15手。”“0.20买进10手！”“0.20再多买进20手！”“嘿！舒华兹，再多卖一些给我们嘛！”“对啊，来嘛，纽约仔。让我们看看你有多大的本领嘛。0.20再多买进20手！”“舒华兹，你想做做看9月的合约吗？0.60买进20手！”该死！这里到底是怎么一回事？

接下来的一个小时对我来说简直度日如年。我一直执意坚持我的空头头寸，但是我已经弹尽粮绝了。市场简直一去不回。当我的亏损累积到9万美元的时候，我轧平所有的头寸然后宣布投降。当我努力推挤着走出交易场时，一个老操盘手对着我大喊，“嘿，舒华兹，你给我回来！这些年来你一直通过电话交易赚尽了我们的钱，我们要当面跟你要回来！”

在1989年，我再度到Merc拜访，但是这回我拒绝再在交易场里做交易。我已经得到了应得的教训，那就是如果你忘了把你的枪带出来，就千万别站到枪林弹雨的火线上。

市场不是一个用来娱乐任何人的地方，不要在那儿穷嘚瑟，如果你想要使人印象深刻，唯一的方法只有站稳脚步、保持原则，并且依照自己的理性来从事交易。把我捐给风城博物馆和在交易场里输的钱加起来一算，想在芝加哥嘚瑟当大人物的念头花了我10万美元。

崩盘大逃亡

惊心动魄的一周

在华尔街你最常听到人们问的问题是:“1987 年 10 月 19 日那天你在哪里?”在 1987 年 10 月 19 日周一那天,我手上持有的是多头头寸,结果也证明我的头寸是错误的。可是如果还有机会重来一遍的话,我还是会做多,而且还是会犯同样的错误。

那时正是蓬勃发展的 80 年代。就算沃尔克于 1982 年从墨西哥灰头土脸地撤退,市场还是一路持续多头走势。在 1982 年到 1987 年这 5 年当中,道琼斯工业指数从 790 点上涨到 2600 点,总共飙升了近 230%。光是在 1987 年的前 9 个月当中,道琼斯工业指数就上涨了 650 点,等于 33%的涨幅。

华尔街就好像西班牙奔牛节的情景一样,每个人都跟着牛群跑。我在那年赚了 800 万美元,在那样的多头市场中赚钱是如此容易,只有傻瓜才会认为多头市场马上就要进入尾声了。

我手上的持股相当多,而且数量持续加大。我对市场非常有信心,所以在哥伦布纪念日的那个周末我带着老婆,以及职业网球选手安德列和他的老婆盖比到天堂岛去度假。在哥伦布纪念日当天市场还是照常交易的,但是 Amex 里那些犹太和意大利裔的操盘手则不上班。只有北欧裔、英裔和爱尔兰裔的操盘手,在哥伦布纪念日还维持市场的运作。但 8 年以来,我都一如往常地交易,并不在这天休息。所以当老婆、安德列和盖比坐在海洋俱乐部的吧台上喝着鸡尾酒时，我却拿着电话继续进行交易。“再帮我买 1 万股的天纳克……什么？你说市场传闻天纳克就要被别的公司并购？那再帮我买进 2 万股。天纳克帮我买就对了！……等一下，老婆，赌场什么时候开始营业？”

黑色星期一

在这个哥伦布纪念日中市场状况相当敏感。在周四（10 月 8 日）道琼斯工业指数下跌了 35 点，并在周五（9 日）接着下跌了 34 点。在紧接的周一（12 日）下跌了 10 点，周二（13 日）上涨了 36 点，周三（14 日）重挫了 95 点。周四（15 日）下跌了 58 点，而接着就到了黑色星期五（16 日）。

后来《华尔街日报》是用以下的说法来描述周五破历史纪录的跌幅：“道琼斯工业指数以破纪录的 108.65 点跌幅重挫，成交量也放大为史无前例的 3.38 亿股。这是道琼斯工业指数连续第 3 天的重挫。但部分技术分析师表示，周五的跌幅配合盘中的巨量，可能显示未来盘势将有机会出现较佳的表现。”

这就是大部分市场专家，对周五那种戏剧性跌幅大致上的共同看法，大家都认为周五的走势是大盘的短暂回调。贝尔斯登公司的杰克·所罗门宣称“市场的大幅下跌总是以死亡性的杀盘作结束”，基德尔公司的邓尼斯·加瑞特的意见则是“市场已经到了‘投降点’”。大部分的分析师都认同，周五盘中的走势是一种典型的“空头顶峰”。至于我自己呢？我也认为市场已经见底了，虽然在我自己设立的交易法则中显示，在周五出现的跌势通常都会延伸到下个周一，但我还是在周五收盘前开始建立多头头寸。

毕竟，下跌还能有多少空间？市场还能跌到哪里去嘛！就在周五（16 日）收盘前，我打电话给黛比，“帮我用市场价买 40 手标准普尔 500 期指。”她帮我买进了，成交价在 283.50。这对我来说根本不算什么了不起的大头寸，但是直觉告诉我在这样的市场状况下这已经够了。可在接下来的周末中，发生了两件使我真的紧张起来的事情。

周五晚间，我如同往常一样快要累垮了，简直没有力气出门，所以老婆帮我煮了丰盛的晚餐。我躺在沙发上边吃晚餐，边看电视上由路易斯·鲁凯泽主持的《华尔街周报》。当鲁凯泽向当天的嘉宾、著名的基金经理人及市场预测专家马丁·茨威格询问对于周五这 180 点的重挫有什么看法时，茨威格说：“目前市场正在很危急的状况中，我认为在短期内将往下跌至少 500 点。”

茨威格和我住在同一幢大楼里,因此周日一大早我就打电话给他,他下楼到我的公寓谈了大约一个小时。当时债券价格也已经在很短的时间内出现重挫,而且他说所有的货币市场指标都呈现严重的负面性,他再一次以相当肯定的态度表示,市场将再下跌至少 500 点。当然,他说这个结果可能在未来几个月内发生,但我们却万万没有想到,这可怕的一切竟然在接下来的 24 小时内发生了。

另外一件令我感到害怕的事,则是在周末,美国财政部长贝克指责德国当局任由德国马克利率走高的谈话。贝克一直以来都想通过控制美元的汇价,来改善美国贸易赤字,也认为德国当局所采取的行动,已经违反了他在当年 2 月与德国达成的协定。贝克这次强硬的谈话,等于是向市场放出美国即将调高利率的风声,令市场相当不安。所以当我听到贝克的谈话后,就知道麻烦大了。

周一当天我一直非常小心。在茨威格发表对市场的看法以及贝克对德国开骂后,我认为当天的市场从一开盘就不会让人好过。我通常对任何头寸都会设一个"信心拐点"——我心中的止损点,但现在的问题是,我有没有足够的勇气承认自己犯的错误并止损。在心里设下止损价位是一回事,而真正执行它,在市场把多头头寸砍掉,并遭受一大笔损失就又是另外一回事了。在华尔街,切实执行止损,就好像分辨纯种狗和杂种狗有什么不同一样困难。

当开盘的钟声响起后,市场马上进入疯狂状态,道琼斯工业指数好像要死了,在开盘 15 分钟内立刻下挫了 150 点。我坐在办公室陷入恐惧中,因为我手上那 40 手标准普尔 500 指数期货、一卡车的期权和两卡车的股票转眼间都跌破了我心里的"信心拐点",我的头寸已经亏损太多了。我没有办法动手执行止损,也无法进行任何回应。陆战队的教育告诉我,在战场的火线下,不管前进或撤退,千万不能停滞不前。总之不要呆坐原地等着挨炮弹。不过他们所教的只适用于一般的战斗,而我现在好象被原子弹轰炸了一样。

我的眼睛从一个屏幕换到另一个屏幕。老天爷!所有的线图和技术指标都几乎垂直向下。道琼斯工业指数?在半个小时内下跌了 200 点。标准普尔 500 指数?一开盘就重挫了 19 点,而且还正在极速下滑中。NYFE 指数? 简直已经崩盘了。纳斯达克(NASDAQ)指数? 就像满目疮痍的战场。芝加哥交易所的期权? 全倒!我开始喃喃自语:"这在搞什么鬼? 这不是真的! 下一个支撑点在哪里? 反弹吧!宝贝,你一定得反弹?! "

终于在 10 点半左右,市场暂时停止下滑,甚至出现了小幅的反弹。我开始到处打电话打探市场状况,试着为我的头寸找到一个方向。"今天的成交量是多少?""买进和卖出家数是多少?""有多少买家?他们只是在建立新仓还是轧平头寸？""狗屁！你能相信默克竟然跌了12美元，到了172美元一股吗？再看看数字设备，下跌了20，到152美元一股。这些都是多好的价位啊！一定有很多人会进场抢进。"在下个小时里道琼斯工业指数回稳，并且从低点向上回涨了100点，我开始采取行动了。

我打电话到芝加哥，"黛比，把我那40手标准普尔500期指卖掉。市价卖掉。现在就做！"我卖在267.50，当时遭受了31.5万美元的亏损，但这是我一生中最棒的几次交易之一。我一向以擅于掌握市场的进出时机而自豪，而我万万没想到，这次会是我这一生中时机掌握得最棒的一笔交易。我在只比当天最高价低1.50点的价位卖出了那40手标准普尔500期指。从我卖出的价位开始，市场再度陷入快速跌势当中。我开始努力做空，卖出所有的头寸。

到了当天上午11点半的时候，我除了在哥伦布纪念日度假喝鸡尾酒时所买进的那几个期权外，几乎清干净了所有头寸。我不是不想清掉那些期权，而是因为它们那时已经停止交易，根本没有任何买盘了。

到了中午，道琼斯工业指数又下跌了大约150点。我想我已经赔了大约200万美元，这可是一笔大数目，但是至少我已经止损出场，不会再输更多钱了。这回我受了重伤，但我当机立断地帮自己止血。根据美国海军陆战队的训练，即使撤退也可视为一项具攻击性的行动，因为你通过撤退，保留了来日再度反攻的实力。这正是我当时的做法，我从市场中撤退，保留了他日再进场放手一搏的实力。

问题是，我从战场上撤退得够远了吗？我开始怀疑整个金融体系是否就此一蹶不振。情况会不会像1929年那次一样糟糕？在我心里一边蔓延经济萧条的想法，一边浮现出我老爸的形象：他同时做两份工作，想要让家里收支相抵，却从来没有办法做到。

从银行取出黄金

我开始思考自己可能必须采取什么行动来保护家庭。对我来说，保护家庭永远是最重要的一件事。我离开办公室直接回到家里。"老婆，"我说，"整个金融市场马上要垮了，我要去把我们的黄金取出来。"

老婆开始测试我的心理状况，"老公，你真的认为情况已经糟到这个地步了吗？"

"市场重挫了150点。我觉得情况糟得很呢！"

"那你的头寸怎么样？"

“除了一些已经暂停交易的期权合约外，我已经把所有的头寸都轧平了。”我看得出来老婆正回想起1982年那次，我们在海边度假时，我逼她去把黄金提领出来的旧事。该死！那些黄金还真是重得不得了，我真不想再做一次同样的事。

我走进卧室，看到儿子正在小床里睡觉，吮吸着手指，再想想自己目前面临的状况，如果一切真的如我想的那么糟糕，进而危害家人的话，我该怎么办？如果孩子们知道我可以在事前做好防备措施而没做时，我有什么脸面对他们？我还是决定把黄金取出来。

我跑到衣帽间，拉出一个破旧的皮箱，然后往电梯走去。我是一个操盘手！对于所有的事情，我信任自己的直觉，而现在直觉告诉我所有的事情都好像快崩溃了。如果我的想法是对的，里根就可能像胡佛总统在1929年所做的那样，宣布银行暂停营业，而我的黄金将被困在银行里，我要去把银行的保险箱都清干净。

“老公，你要去哪里？”老婆说。

“我觉得事情不对，我要去把黄金取出来。”

“老公，如果你真的觉得事情不对劲的话，那就去吧！不过要一切小心啊！”

我们的公寓坐落于第65号大街和派克大街的转角上，而东纽约储蓄银行则位于第64号大街和第三大街的交叉口，就在下一个路口。我在这么一个美丽的秋天午后冲出门，急忙地向那个街口走去，皮箱在我身旁晃来晃去。大通银行的董事长大卫·洛克菲勒在他搬到新泽西鞍河市前，也在第65号大街的南边拥有一幢加宽式的房子，就位于尼克松住过的房子旁。大约12点半左右，我走到洛克菲勒的房子旁时，看到屋外有6部大轿车两三排地停放着。“喔！”我自言自语，“这里发生了什么事？他们一定在开什么紧急会议。”

在这种状况下，我很容易就可以想象到像副总统布什、亨利·基辛格、国务卿乔治·舒尔茨、米尔顿·弗里德曼、英国首相玛格丽特·撒切尔、德国总理科尔等人都可能正齐聚在洛克菲勒的房子里，商量怎么在真正拯救全世界前，先保住老本。我加快了脚步赶到保险箱前，这些人只需要从这幢房子打一通电话到白宫，就足以让银行从此关门大吉。

我在银行卡上胡乱写下保险箱的号码，额头上已渗出汗珠。我把卡交给保安，随后两人走进金库。他用自己的钥匙打开我保险箱的锁，然后离开了。我用我的钥匙打开箱子，猛拉了一下箱子，差点把它拉到了地上。我都忘记了18公斤有多重了。我开始包好克鲁格金币的塑胶管，放进我的公文包。约有一大捆的金币，至少价值25万美元，甚至更多；随着世界金融体系崩溃，金子的价格可能出现井喷。

我清理了一下所有的东西：古玩珠宝、从奶奶那里继承来的1925年“D版”

的圣高登金币、公寓的房产证,所有东西。公文包几乎胀得装不下了,但我没有落下任何东西。如果金融体系土崩瓦解,我可不想有任何损失。我锁好箱子,拎起公文包,叫来保安。我对自己嘟哝道:“你的东西都在这儿,你最好把它们拿走。银行明天将不会开门了。”

我走到大街上。街上四处都是人,他们刚刚吃完午饭,正享受着小阳春的宜人气候。我知道他们都在盯着我看。我觉得好像回到了那个赌马的家伙,在人群面前把 400 美元大钞放到我的掌心的时刻,只是我现在手里拎的可是 30 万美元的家当,不是 4000 美元。我继续沿着街道走,想要叫一辆出租车,但这重达 18 公斤的公文包令我步履艰难。

可恶的出租车,每一辆都有人,我只得走路。我步履蹒跚地走到第 65 号街,沉重的包使我的身子侧向一边,好比《巴黎圣母院》中的钟楼怪人。走到洛克菲勒房子前时,我的衬衫已经湿透,我开始上气不接下气。这座房子里的头头们准备勒索所有的人,但他们勒索不到我。我是有准备的,我在履行我的责任,我在照顾我的家庭。

我拖着沉重的步伐走进公寓,一头栽进长沙发上。“亲爱的,你在做什么?看你的脸,红得跟关公一样。”老婆一看到我就说。

我指着公文包说,“金子,我取回了金子。把它们放到卧室里藏好。我得去摩根保证信托银行取一些现金回来。”

“亲爱的,你在干些什么?你确定必须这样做吗?”

“老婆,都会崩溃,一切都会崩溃。整个他妈的金融体系。我看到了饥荒之神。那些家伙都在洛克菲勒的房子里聚会。”我挣扎着爬起来,摇摇摆摆走进我的办公室。当时是 1:30,市场下跌了 265 点。资本主义正在我眼前土崩瓦解。我想换件衬衫,但来不及了。那些家伙随时可能打电话给白宫。

“下午好,舒华兹先生,又要出去啦。”门卫跟我打招呼,“多出去走走确实挺好,多好的天气啊。”

摩根保证信托银行在非闹市区也设有一些分行,这样,那些灰头发的贵族们不必让他们豪华轿车的司机载着他们到市区来办理业务了。我告诉出租车司机,我要到位于 58 号街的分行以及通用汽车大楼里的麦迪逊。我填好一张 2 万美元的支票,并且来到柜台,一位穿着整洁的女式西服的年轻姑娘在麻利地办理着业务,似乎很忙。我在将支票兑换现金之前需要经过她的批准,因为在这个国家,如果不填表,你无法将超过 9999.99 美元的支票兑换。超过那个数目就得经柜台批准,同时,他们也希望证实你不是一个毒贩。年轻姑娘柜台上的牌子显示她的身份："金柏莉·范佩特，副总裁助理。"

我把支票递给她说，"我在这里有一个户头，我想把这张支票兑换成现金。"

她看了看支票，"请稍等片刻，舒华兹先生。"她在键盘上敲击几下，然后从打印机里取出我的记录。

"如果全部兑换，您支票里的余额将不足，户头也不存在了。你确定你需要那么多现金吗？"

"当然是的。到现在为止，市场可能已经狂跌400点了。你们明天也许不会开门，我不确定到这个周末银行户头里的数目会不会蒸发一空。我要拿回我的钱。如果你是我，你肯定也会这么做的。"

当我回到所住的公寓大楼时，胸前皮夹里放了2万美元的现金，而我脸上则挂着诡异的笑容。"一切都好吗？舒华兹先生。"门卫对我问候着，"您刚刚离开时看起来心情不太好呢！"

"一切都好，都很好！"我说，"到了明天，住这栋大厦里的人，恐怕有一半以上都没有办法付下个月的管理费了，但我可不会这样！"我拍着胸前的皮夹，"我要让那些混蛋知道，银行马上就要关门了，而我可一点都不在乎，因为我身上有的是美钞现金。"

我把现金和黄金一起塞进家中的保险箱里，时间是下午2点半，我查看了一下市场的状况。正如我向副总裁助理金柏莉·范佩特所预期的那样，市场下跌了409点，并在持续下滑中。我抓起电话打给我哥哥："杰瑞！你只剩下半小时的时间了，现在马上去银行把现金领出来！明天这些银行可能都没办法开门营业了！"

"哥，我现在没有时间赶去银行，我很忙，手边有一大堆客户。"

"杰瑞，去那些客户的！你得听我说。银行现在正面临结构性的问题。它们就快要像三里岛核电厂的炉心一样熔解掉了！你一定得去银行，现在就去！"

"哥，你听起来好像有点歇斯底里。回想一下1982年那次，你发了疯似的叫我们去提领黄金那件事吧！我现在没空跑银行，手边有太多事要做了。"

"好吧！可是如果银行真的关门大吉，而你手边一点钱都没有的话，怎么办？"

"我会到你家，然后向你借！"咔嚓一声，他挂上了电话。

在市场下跌508点做收之后，我打电话给佐尔纳，"佐尔纳，你怎么看？"

"我不知道，但是你知道我一向怎么说的，'当市场的状况坏到你觉得恶心到极点时，或许就是该加码的时候了！'"

惊魂未定

周二早晨市场状况就好像台风过后，人们开始巡视海边并评估灾情的情况一样。到底市场的跌势是虚假，还是结构性的？谣言充斥整个华尔街，诸如纽约证交所当天可能暂停开市、Merc也可能暂停开市、所有的交易所今天都暂停开市等等，而最大的谣言则是所有投资银行的龙头老大——摩根士丹利可能要宣告倒闭了。我马上打电话给内幕大哥。

"马丁，那些保守主义者……"内幕大哥用尖锐的音调说，"他们手上持有一大堆的套利头寸，他们放空现股，然后做多标准普尔500指数期货，可是由于市场出现恐慌性卖压，所以他们就亏大啦！指数期货合约的价格出现40点的逆价差（期货价格低于现货价格），可是股票根本有价无市。他们欠了Merc高达10亿美元以上的保证金，更糟的是，他们没有能力支付应追缴的保证金。

内幕大哥所告诉我的就是，持有期货的多头头寸而赔了大钱的人，是因为期货市场出现的这40点逆价差，让他们在市价清算时出现巨额损失、宣告破产。因为在期货币场里，每个人每天都得以市价清算损益，并在第二天开始重新计算损益。这表示他们得在一夜之间筹集一笔巨额的资金，支付清算所对他们追缴的保证金。

我打电话给佐尔纳，"美联储主席格林斯潘已经开放联邦储备局的再贴现的窗口了。"他告诉我，"我刚刚才听说这件事，昨天市场上最大的输家，已经借到了足够的资金来支应他们在标准普尔500期指的保证金追缴。如果他们没有借到这笔钱的话，Merc今天就没办法开门营业了。果真如此，我们可真要一头栽进第二次经济大萧条了！"哇！我的直觉又再度帮我做了正确的决定。我很高兴自己已经把黄金取出来了。就在一个多小时之前，我们才刚刚和金融市场的崩溃边缘擦身而过！

就在Merc如往常一般开盘之前，我打电话给黛比探一探那边的状况。Merc里的状况就好像是疯人院般，黛比过去从来没有看过这样的情况。周一时交易场委员会为了处理错账和交易纠纷搞得脸都绿了，一大堆操盘手不承认他们所成交的交易。在我和黛比说话的同时，梅拉姆德正在标准普尔500指数期货的交易场向每个人宣布一切都没有问题，可是没有一个人相信他的话。许多经纪商和操盘手为了不想面对现实，根本就不来了。许多交易所的会员席位都在跳楼大拍卖，因为有不少会员指望拿这笔钱来支付保证金的追缴。

在股票市场中，作价员创造市场价格，但是如果买盘和卖盘相差太远时，他们也可以暂停交易，而这正是周一当天很多只股票所面临的窘境。指数期货是利用公开喊价的方式进行交易，在标准普尔500指数期货的交易场中并没有作价员。所有的交易指令都集中在交易圈内，市场中总有人在不同的价位买进或卖出，这就是标准普尔500期指之所以会和现货指数出现如此巨额价差的主要原因。操盘手会针对目前市场上卖出的卖盘喊出买进的价格，但是这些价格都比现货指数的最后成交价来得低。用来计算标准普尔500指数的股价都只是周一收盘时所取得的最后价格而已。

在这么一个供需完全失衡的市场中，我决定停止交易。如果现在跳进标准普尔500期指市场的话，那我真的是脑袋浸水了。在那个市场中价格波动得越厉害，场内操盘手就越有机会倾轧你。就算在平常一切都没有问题的状况下，我都免不了被他们瞎整一番，更何况在一个像今天这么乱的市场中，他们不把我撕咬成碎片才怪呢！

整个周二早晨，我都把手放在口袋里，盯着报价屏看。股票市场以极大的成交量上下震荡。黛比在11点半时打电话给我。梅拉姆德和Merc的主席杰克·桑德勒刚刚走进标准普尔500指数期货的交易场，宣布暂时停止所有的交易活动。他们担心纽约证交所可能马上会宣布停止交易，而如果这件事真的发生的话，Merc就会成为操盘手蜂拥而上、全力损压的地方。

但是中午过后，道琼斯新闻社开始报道许多绩优蓝筹公司已经开始进行买回自家股票的行动。这个利多消息马上让所有蓝筹股强劲反弹，而Merc随后也重新开始交易。

那天道琼斯工业指数收盘上扬102.27点，是有史以来的单日最大涨幅。我完全错过了这一波涨势，因为我整天都在场外观望。我在当时仍然拥有600万美元的年度盈利，而且我的神经不再紧绷，最重要的是我的黄金都放在保险箱里。这就好像在拉斯维加斯大赢之后的心情，我得休息一段时间才行。

直觉助我大逆转

周三，有更多股票跟随蓝筹股的涨势上扬，到了下午3点，股市已经上涨了175点，轻易超越了周二的单日涨幅纪录，并且收复了周一那508点跌幅的失地。市场进入疯狂的状态，我一定得回到这场游戏里。

我看着我的神奇T指标、均线、震荡指标，和趋势通道线，在市场经过了我一生仅见的巨幅波动过后，我的指标都无法使用了。在我的指标中显现不出半点规律，没有任何对称的形态，也毫无高低价的限制。现在市场的价格波动，就好像暴风雨中漂浮在大海里的救生艇一般剧烈。

我得靠自己的市场感觉来操作，而我对市场的直觉告诉我，这个戏剧性的强劲反弹不可能一直持续。“黛比，”我大喊着，“我们要重回市场去，但是这回得慢慢一步一步来。帮我用市价卖出一些指数期货，然后看看接下来市场会怎么走。”

接下来发生了什么事？市场继续往上涨，而我则持续不断地以一次一到两手的数量加码放空，交易所场内的那些家伙不断地延迟我的成交回报，一路在执行我的交易指令前的老鼠仓，在这儿偷我 0.10 点，在那儿又偷我个 0.15 点。

标准普尔 500 指数期货收盘在 258.25，而我在当天收盘时总共卖出了 12 手合约，平均放空成本价为 255 美元。这对我来说算是小事一桩。我平常每天收盘时总会做多或放空个 100 或 150 手的期货合约，但在这种市场状况下我才不这么干呢！

到了下午 5 点，我打电话给艾略特波浪理论学会的热线去听听看鲍伯·普莱切特怎么说。普莱切特住在佐治亚州的盖恩斯维尔，他出版了一份名为《艾略特波浪理论学家》(*The Elliott Wave Theorist*)的市场行情分析报道。普莱切特曾经成功地预测了 1982 年开始的大多头市场，并因此成为 80 年代市场的大师级人物。他拥有一大堆信徒，唯他马首是瞻。除了那份市场分析报道之外，他还设立了一个每周一、三、五下午 5 点更新一次内容的热线电话。在 1987 年 10 月 21 日周三那天的热线电话中，普莱切特表示悲观的看法。根据热线电话中的内容，虽然市场历经了两天的强劲反弹，可是行情仍然无可避免地要再度开始下挫。

在周四早晨开盘时，我已经和黛比通上电话。普莱切特是大师中的大师，只要他说市场会往下跌，就很可能会成为事实。不管市场是上涨还是下跌，在这么巨幅的波动行情中，我可得要时时加以掌握。

当！开盘的钟声响起。“马丁！”黛比在电话中高声叫着，“希尔森(大型投资银行)刚在市场里下了一个 1000 手的卖单，他们市价卖出！”

“价位！价位！该死的！给我一个报价！”

“240 卖出！”

“狗屁，昨天不是收在 258 的吗？这到底是在搞什么鬼啊！让我想一下，我得好好想一下。”我已经赚了多少？12 手成本在 255 的空头头寸，而现在市场上是 240 卖出。12×500×15=9 万美元。“马丁！现在是 230 卖出！225 卖出！”

“多大量？225 卖出多少手？”如果以 225 来计算的话，只要我马上轧平那 12

手头寸，就已经稳赚18万美元了。“到底卖出多少手？”

“马丁，市场上没有任何买盘，我不知道有多少手卖出！220卖出！215卖出！”我的老天！这到底是怎么一回事啊？标准普尔500指数期货的交易场成了无底洞，没有任何人买进。在我从事标准普尔500期指交易的5年来，从来没有见识过如此阵仗。“210！ 205！马丁，市场刚刚在202成交！”

“多少手？到底成交多少手？”

“我不知道，我没看清楚！200成交！又成交在198！”

“平仓！”我大喊着。场内那些家伙已经开始买进了，“轧平我那12手合约，然后马上把成交记录输入清算所的电脑里。我不要那些混蛋把我的成交记录拿去乱搞！”在市场出现如此剧烈的波动时，不管是无心或是故意，这些家伙会常常忘掉一些他们执行过的交易。“马上帮我执行！”咔嚓，我挂上了电话。

我转头看着报价屏。上面出现了202这个价位，接着是200，然后是198、197、195。过了一分钟后，197、200、204。市场已经开始转向了。但这都没有关系，我一定已经在200以下的价位轧平所有的头寸了，我又大赚了一票！

铃……“黛比！黛比！你帮我做了吗？”

“马丁！我在200帮你轧平了5手，但是他们不给我另外7手的成交回报！”

“现在市价在哪里？210吗？价格变动得太快了，如果他们还不把那7手在200成交的单子回报给你，就马上用市价帮我买进另外5手！现在就买！”那些天杀的浑蛋！他们拿我的交易指令去应付另外7手单子。让我在这7手合约上每手至少少赚了10点，这至少是3.5万美元，搞不好他们还要吃我更多点数。

铃……“马丁！我拿到成交回报了，5手成交在210，而另外2手成交在215。这是我能做到的最好的价格了，市场价格的变动实在太快了。”

我情绪激动得发抖，我不知道该感到高兴还是不爽。我在这次12手合约的交易中总共赚了29万美元，而那些在Merc交易场内的家伙则假借所谓“执行差价”的名义从我口袋里拿走了5万美元。仅仅靠着12手合约就赚了29万美元！这真是不可思议！市场到底是怎么一回事呢？

最后大家才知道希尔森那1000手的卖单是帮操盘高手乔治·索罗斯的量子基金下到交易场的。很明显，索罗斯对市场的看法和普莱切特相同，并决定把他的基金所持有的2400手标准普尔500期指，在开盘时以市价杀出。

根据《巴伦周刊》事后的报道，当那第一波为数1000手的卖单下到交易所时，“交易场内的操盘手们听出了鲸鱼陷入困境的叫声”。他们把所有的买盘撤掉，直到卖出价格掉到大约200美元时才开始发动攻击。索罗斯的头寸大部分都轧平在195到210之间，而在短短几分钟之内，市场价格又弹回到230附近，让一大堆新诞生的百万富翁在交易场内狂欢庆祝。

这是Merc历史上最著名的一笔交易，而许多相关的细节都是日后由美国地方法院的芝加哥分院流传出来的，因为索罗斯控告希尔森公司并索赔1.6亿美元(随后双方于庭外和解)。根据内幕大哥的说法，索罗斯实际上损失了8亿美元。"马丁，他老早就已经做多了，而且是在不得已的状况下被迫止损。"我只记得那一天我的操作业绩"超越"了伟大的索罗斯。

当我回到家里时身体还是不停地颤抖。"老婆，"我说，"你一定不会相信今天发生了什么事：我只靠12手合约就赚了29万美元！"

"马丁，这真是太好了。你这个头寸开了多久啊？"

"隔夜而已。"

"这对你可是一件好事啊！现在总该可以把你装黄金的那个皮箱从保险箱里拿出来了吧？我都没办法把珠宝拿出来戴了呢！"

到了23日，周五，我把那些黄金又存回了东纽约储蓄银行里。当我独自站在银行专为贵宾客户所辟的房间里，把黄金一块块放回保险箱里时，不禁想到这是我第二次把黄金提领出来的经验了。在这两次经验中，市场都回到正常的状况而我也因此赚了不少。或许佐尔纳说得对，当情况坏到我们想把头寸不计一切抛出时，反而应该把头寸加倍加码。我已经有10年没有这样的感觉了，但是眼下这一次，我的直觉告诉自己世界末日将要来临时，或许我会真的照样加倍加码，然后还是要把我的黄金取出来。

投资心法11　看淡权威，相信市场

鲍伯·普莱切特是所有市场分析师中最有天赋的一位。普莱切特相当聪明，他以全额奖学金进入耶鲁大学就读，并在1971年拿到心理学学位，然后花了几年的时间自学技术分析的相关领域，这使得他在美林证券得到一个技术分析专员的职位。他就在那时开始接触并学习洛夫·尼尔森·艾略特的研究成果。

艾略特原本是一个会计师和技术分析者，他在20世纪二三十年代提出一套波浪理论来分析市场，并且在1946年出版了他一生中唯一的呕心沥血之作《艾略特波浪理论——自然法则》(*Nature's Law——The Secret of the Universe*)。从那时开始，波浪理论的操作理念吸引了一群为数不多但忠诚度颇高的追随者，其中包括了哲学家、数学家、心理学家及投资者。

1977 年时，普莱切特从美林证券辞职，搬到佐治亚州的盖恩斯维尔市，开始发行市场行情报道刊物《艾略特波浪理论学家》。而在 1978 年，他和弗罗斯特（会计师，同时也是波浪理论的资深信徒）合写了一本名为《艾略特波浪理论》（*Elliot Wave Principle*）的书，并且在其中以神奇的准确性，成功预测出 20 世纪 80 年代的大多头行情。自此以后，这本事和他所发行的市场行情报道刊物，使普莱切特成为 80 年代市场中的大师级人物。

我也订阅了一份《艾略特波浪理论学家》，因为我总是不停地找寻一切有助于改进操作方法的资讯，而艾略特的波浪理论正好弥补了神奇 T 指标的不足。波浪理论基于数学理论之上，正好满足我对于对称、涨潮、退潮和宇宙规律等课题的好奇心和想象力。对一个像我这样的操盘手而言，它就好像宇宙的奥秘一样吸引人。

在 1983 年秋季的某一天，我给普莱切特打了一通电话。普莱切特也参加了扎德举办的全美冠军操盘手大赛，所以认得我的名字。我们开始谈到市场的状况，我很喜欢他提出的看法，而随后我们也达成了一项协议，由他提供咨询服务，而我则每月付他些许费用。我真的非常敬重普莱切特的智慧，所以每天都和他谈好几次话，就像以前和佐尔纳交换意见一样。

就在 1987 年的股市大崩盘前，普莱切特拥有相当多的追随者，而他每场演讲至少都能赚取 2 万美元，但在事实上他已经对“股市大师”这个头衔感到厌倦。他认为 1987 年的崩盘是大多头市场的结束，并且对前景转为完全悲观的看法。虽然市场在稍后回稳并开始上涨，但仍然无法改变他的看法。他认为我们正处于波浪的顶峰，而市场的形势就像大浪即将打在岩石上一样地危急，我们根本就没有办法做任何事来加以挽救。

1989 年，普莱切特荣任金融市场技术分析师协会总裁，这是一个由全美按技术分析方法从事交易的专业人士所组成的团体，而他邀请我和另一名顶尖的操盘手保罗·都铎·琼斯共同参与一项市场分析座谈会。当时由于普莱切特在那么长的时间里都站在空方，所以已经渐渐地失去了人气，在那次座谈会开始之前，我把他拉到一边。我说：“就算市场真的会崩盘，你也等一等再发表看空的想法吧！等到市场真的下跌了，再告诉他们你看空。”

不过他似乎没有听进我的话。他强烈地认为我们现在正处于浪潮的顶峰，并且应该抱持居高思危的想法，随时要有跳进救生艇里的心理准备。我仍然对普莱切特的智慧相当尊敬，但在那之后我们就不那么常联络了。我是一个操盘手，不能只坐在那儿什么都不做，呆呆地等着世界末日来临。

1995年，普莱切特送给我一本他所写的新书，书名是《在浪潮的顶端》（*At the Crest of the Tidal Wave*）。虽然在1989年我建议他对市场应该更乐观时，市场已经上涨了超过2000点，但普莱切特对市场的看法依然悲观。他那本新书对后市的看法消极且悲观，但是却相当具有吸引力。普莱切特真是一位天才，也是一位极具说服力的作者。我有一个朋友读完了这本书之后，甚至吓得一个星期都不大便。可是这又怎么样？市场还是继续上涨。

读那本书时，我不断思考，普莱切特真的是疯了。或许你很确信自己的想法没错，但市场却永远是对的。只有在你不得不做时才该把沙袋堆在河边，而不是在之前就动手。

华尔街不想看到皇帝的新装那一出。或许又老，又肥，但是人们可对这些一点也不感兴趣，他们想看到的是他坐在王位上尊贵威严的模样。只要他们一直觉得国王是这么的高贵，他的形象就会一直维持下去，因为人们会持续地认同他（买进）。那么这个大球就会继续滚动下去。

普莱切特就是那种典型认定自己对而市场错的人。他的理论很卓越，他的聪明才智足以赢得诺贝尔经济学奖，而我也希望他哪一天真的能得奖，但是市场才不在意这些呢！

普莱切特现在总算公开承认他在这么长的一段时间里的确看错了，他对于自己找寻市场顶部的能力失去了自信，但在他认同追随市场潮流才是获利的较佳做法前，他还是会坐在湖边，静静地等待着浪潮的来临。

给期货公司操盘

短暂的一站

市场刚刚收盘,我正忙碌地补画技术线图和计算技术指标。我在赶时间,因为门卫保安可能随时会通知我，商品公司派来的闪亮的豪华轿车已经在楼下等待,准备好接我到普林斯顿去。我知道自己会待到很晚才回家,所以得赶快把手边工作做完,不然明天交易可就会大受影响了。

通常,我在工作日里都不会在晚上出门。想要成为一位成功的操盘手需要休息,而且至少需要在晚上工作 3 个小时来完成充分的准备。不过今晚算是例外,今晚是商品公司每半年举办一次的操盘手晚宴，这是让所有顶尖操盘手齐聚一堂的难得机会,我可不想错过和其他顶尖操盘手互相较劲的大好良机。这是我第一次参加这场晚宴,正期待借着这个机会,去发掘伟大操盘手的成功秘诀,并且让他们知道我也是一个和他们一样棒甚至更棒的操盘手。

“铃……铃……”门铃响了起来,加长型的豪华轿车已经到了。我穿上那套新买的阿玛尼套装[①]和百利鳄鱼皮鞋,系紧米索尼领带[②],然后站在镜子前检查自己的穿着。好极了！我已经准备好去和那些顶尖高手过招了。一个半小时后,我们驶进新泽西州的普林斯顿。我是在耶鲁大学的地盘——康涅狄格州的纽黑文市长大的，这是我一生中第二次造访普林斯顿。普林斯顿让我回想起像阿默斯特(我是在那里读大学的)那样的新英格兰式小城。我实在很难想象在新泽西州也会有这么棒的地方。

当我乘坐的车缓缓驶进商品公司雄伟的总部大楼时，秋天夕阳的光芒正逐渐消失在晴朗的天空中。精心布置过的树上闪耀出红色和金色光芒，反射在商品公司超现代化大楼的玻璃帷幕上。当我走过那扇超大型的玻璃门时，觉得胃好像打结一般难受。参加这种熟人不多的晚宴令我感到相当紧张，我不喜欢和人聊一些无聊的话题，而平常都是老婆帮忙应付这些社交上的繁文缛节，但是今晚老婆并没受到邀请。商品公司这个半年一度的操盘手晚宴只限男性参加，配偶是没有受到邀请的。

操盘手群英会

主接待区提供鸡尾酒服务。我驻足在门口环视着会场，试图找出一个熟悉的面孔。第一个被我认出来的人是麦克·马库斯，他也在场中四处游走，手里转动着矿泉水瓶。马库斯是约翰·霍普金斯大学毕业，并且拥有克拉克大学心理学博士学位，是第一个被商品公司招来成为旗下操盘手的学院派人士。这件事发生在20世纪70年代，商品公司刚刚成立的时候，在接下来的18年当中，马库斯将他最初只有3万美元的头寸，成功扩大为总市值8000万美元的头寸。

不过承受如此重的压力，自然得到了相当的报酬。马库斯安静地住在南加州一幢可以俯瞰一片私人海滩的豪宅里，而他现在手上拿着一瓶矿泉水，或许有人告诉他落基山以东的水受到严重污染吧！我在几个月前才和他共进过一次晚餐，我很好奇他是不是已经度过了危险边缘，但是你永远没办法知道这些操盘手心里在想什么。我们这类人通常都在某些方面有着奇怪的想法。

商品公司的总裁鲍勃·伊士顿走上前来和我寒暄。伊士顿以前曾经在美国律师协会任职，毕业于普林斯顿大学，并拥有哥伦比亚大学企管硕士和乔治城大学法学博士学位。他本身并不是操盘手，他是那种无论在何种社交场合都能轻松愉快地应对的人，他的社交手腕就像商品公司那幢大楼外面的玻璃帷幕一般平顺圆滑。伊士顿向我介绍布鲁斯·科夫勒，他是市场上最有名的操盘手之一，然后伊士顿就溜到一旁去欢迎其他不擅交际应酬的操盘手，试着让每个人在今天的晚宴中能有宾至如归的感觉。

就像马库斯一般，科夫勒是另一位被商品公司网罗的学院派操盘手。这位前哈佛大学和宾州大学的政治学教授在20世纪70年代中期，决定把自己的事业重心从学术领域转移到金融市场方面。科夫勒相信他在经济学和政治学方面的专业知识，在从事期货市场分析时将占有相当的优势，而事实也证明他的想法是正确的。光是在1987年当中，科夫勒就帮自己和其他像商品公司一样富有的投资者赚取超过3亿美元的盈利。而他虽然在操盘手这项工作上大获成功，在他内心深处，还是具有学者风范。

当科夫勒滔滔不绝地讲述着自己是如何喜爱在收益率曲线方面的研究，以及他如何把市场的研究工作和利率期货操作相互配合时，我的心思却已经回到去年的秋天。那时刚好有一个希尔森公司的经纪人哈利·丹尼试着说服我和商品公司谈谈，商品公司付给像丹尼这样的经纪人相当多的佣金，来找寻像我这样的操盘手合作。这并非因为我需要和任何人合作，而是由于我在扎德所举办的全美冠军操盘手大赛中取得了一连串的胜利，再加上在1988年2月15日发行的《巴伦周刊》有一篇专文以“市场上最棒的”标题来介绍我，让我在华尔街享有相当的声望。

有一段时间我曾经考虑过操作别人资金的可能性。操作别人的资金对我来说是一件好事，因为虽然我操作自有资金以来一直相当成功，但自己还是觉得，并没有把所有该赚的钱都竭尽所能地赚到。我在选择进场时机方面通常都能做出正确的决定，但是对于损失自有资金的恐惧和急于实现盈利的心理，却使我无法创造最佳的操作业绩。

如果我是用别人的钱进行操作的话，我确信自己会采用更积极的手法进出，并持有获利头寸更久，这就是丹尼来的正是时候的原因。当他告诉我商品公司有意找我操作头寸，并且想和我谈谈的时候，我一口就答应了。

在快速成长的20世纪80年代过后，大型基金简直成了大怪物。共同基金快速地成长，退休金计划的相关规定和国税局将数以百万计的新投资人推向市场。80年代早期后，通货膨胀相当严重，所以大笔投资基金都在拼命寻求高额的回报率。新的金融工具也刚发明出来创造盈利，而那些拥有大笔资金的人，也一直都在向外找寻有能力操作这些新金融工具的专业操盘手，像我这样的冠军操盘手，当然就是最好的人选了。

商品公司长久以来一直都是赫尔穆特·威玛策划的。在1969年，威玛30岁，他从一个麻省理工学院毕业的电脑专家，成为纳贝斯克公司的商品经济学者。威玛是首先发现商品交易资讯，特别适合利用电脑所产生的资讯来分析的少数人之一。

在那之前，大部分的商品交易，都是经由类似早先伦敦金属交易所（贵金属）、芝加哥期货交易所（谷物）以及芝加哥商品交易所（肉品及牲口）所采用的老式人工方法来进行的。那些老操盘手大部分靠直觉，而非理论来从事交易。他们会注意一些事物，像是气候、政治以及经济状况，作为操作的指标，但他们没有办法分析影响大宗商品价格变动的神秘市场力量，而这也是为什么大宗商品市场是如此波动剧烈且难以预测的原因了。

威玛觉得自己可以利用计算机建立的模型，为他的操盘手带来更多的优势。他的计划是甄选一批有天赋的操盘手，把他们放在拥有最先进科技支援的环境下，提供一笔操作资金，借由这个方法训练出新的操盘手——能够充分利用现代科技带来的优势，而非采用老式做法的人。他的计划相当成功，到 1988 年时，商品公司已经成为全球商品市场最大的交易者了。

高调加盟

在 1988 年 4 月 26 日，我和我的律师柯恩斯坦一起开车到普林斯顿，和伊士顿、依莲·克鲁克(Elaine Crocker，负责为商品公司募集操盘手的人)以及其他几个衣着光鲜、彬彬有礼的商品公司人员共进午餐。直觉告诉我，这些人都不是市场的玩家，他们都太斯文了，根本不像操盘者。他们都是帮商品公司招揽像我这种操盘手的业务人员。

他们陪伴着柯恩斯坦和我进入一间布置豪华的贵宾室，在那儿，我们享用了一顿由商品公司内聘厨师精心制作的美味午餐。商品公司的午餐品位，和我在美国股票交易所里的显然有很大的差异。在交易所里，我的午餐通常只是我从工作服口袋里拿出来的牛肉三明治。

当柯恩斯坦和我在享用午餐的同时，伊士顿和业务员们轮番告诉我们商品公司是怎样的一个好地方，还有公司是如何善待旗下的操盘手的。我想知道的只是他们到底要付我多少钱，以及我得为他们赚多少钱。所以当我吃完第三份甜点后，我说："好吧，你们的条件是什么？"

"由于你是新加入本公司的操盘手，"伊士顿说，"我们会提供 25 万美元的保证金给你，然后你能得到操作获利的 30%。"

我大声地笑出来。"25 万美元，"我说，"废话少说！我光操作自己的资金一年就可以赚取六七百万美元了。我明白告诉你吧，我给你 25 万美元，让你们替我操作好了。"

"马丁，拜托听我说，"伊士顿拉了拉他的名牌领带，说，"马库斯、科夫勒，甚至保罗·都铎·琼斯都是从这么小的金额开始的，这也是我们公司一直以来的做法啊。”

“这对他们来说管用，”我说，然后站起来，从椅背上拿起了西装外套，“我现在要去洗手间，等我回来的时候，希望你们已经考虑清楚，再给我一个更好的方案吧。”

当我走出贵宾室时，柯恩斯坦给了我一个眼色，暗示我“你在干什么？你快要把这笔生意给搞砸了”。但我是一个操盘手，我知道自己是对的。这些家伙需要我比我需要他们更多，而且更令我确定的是，当我回来的时候他们一定会提高条件。商品公司希望我为他们操作1000万美元保证金的头寸，而我仍然可以得到这个头寸总操作获利的30%。

在我离开之前，他们希望我能和商品公司的创办人兼总裁威玛见一面，威玛和我马上见了面，他也是一个操盘手。我向他展示了自己的操作方法，我是如何手绘技术图、如何计算均线、如何计算所有的指标资料，并按照它们来感觉市场的动态。威玛很喜欢我的操作方法。“电脑是很棒的工具，”他说，“但你还是得亲自动手处理这些资料。”

我和柯恩斯坦花了几个月的时间来处理和商品公司的签约细节，然后在6月中旬，我正式开始为商品公司操盘，但我立刻就感到不对劲，拥有如此庞大的资金迫使我必须改变操作风格，以及持有头寸的时间长短。

如果我在操作自己的头寸时犯了任何错误，会马上轧平并实现亏损，但当我持有数以百计的合约头寸时，我就会倾向等待更长时间并给头寸更久观察期。不幸的是，如果我犯了错，这其中造成的损失将高达数十万美元，甚至数百万美元，而我就必须重新开始，努力把赔掉的钱赚回来。

此外，我不喜欢别人仔细检查我的操作业绩。当我亏损自己的钱时，只要承认事实，然后继续操作就可以了，可是当我赔的是商品公司的钱时，我觉得好像全世界的人都在盯着我的亏损看。

我为商品公司做了几笔小额交易，那些都是符合我操作风格的交易。但到了7月份，我几乎没有为他们的账户做任何交易。之后有一天下午，我接到一个威玛打来的电话。当时他正在丹佛机场，正在前往阿斯本中心度假的路上，我一定是走之前最后一个联络事项。“嗨，马丁，”他说，“怎么搞的？你都没有为我们做一笔交易。”

“我试过用你们的资金做交易了，但我得用一种不同的风格来操作，我得持有更长期的头寸，而我对于这一点感到不怎么舒服。我一直都是一个短线操作者。”

“你管这么多干吗？就用你操作自有资金的方法来操作我们的账户就好了，”

他说,“这才是我们请你来的原因啊!”威玛接着和我讲了一大堆有关他们对我有多大的期待,他们认为我是最棒的操盘手,以及通过共同合作我们可以赚多少钱等等。

“好吧,”我说,“我会再帮你们试一次。”

威玛说的话正是我所需要的。在接下来的两个月中,我为商品公司的账户赚取了70万美元。

我的表现使我立刻成为商品公司的明日之星,因此在他们这个每半年一度的操盘手晚宴中,我觉得自己是会场中的高手。

天外有天

科夫勒正在发表高见:“在目前的经济形势以及景气周期中,利率理论告诉我们,近期期货合约价格应该高于远期期货合约,”突然间,他停下来,对窗外说:“那是什么?”

会场内每个人都往商品公司超摩登大楼的大型玻璃窗移动。一架直升机正降落在大楼外的草坪上,机身上的灯光在傍晚的夜色中闪烁。“那是琼斯!”有人以崇敬的语气说着。保罗·都铎·琼斯已经到达会场了,我必须承认,琼斯是一个重量级人物,不只因为他是一个伟大的操盘手,同时也因为他是很会表现自己的人,一个斯文、外表好看又总是走在时代前沿的人。

琼斯从1980年开始做棉花期货,并且从中赚了数百万美元,但在这场商品公司半年一度的晚宴餐会之际,他最为人所知的事迹是他在1987年的股市崩盘中,将自己的资产增加了一倍这件事。琼斯喜欢研究一套他称之为类比的数学模型,而他的技术图形在1987年的10月份就显示出,市场将会出现和1929年一样的崩盘走势。

结果,他从10月19日起一路放空,而当市场真的开始崩盘时,他更趁势加码放空来加深市场的崩跌。我从来都不相信琼斯的那一套模型,尤其是我们根本就没有出现像1929年那样的经济大萧条,而且经济状况也仍然不错。但是琼斯的模型的确为他赚取了大把钞票,所以人们都很崇拜他。

当琼斯走到接待区时,那个场面就好像著名影星罗伯特·雷德福走进会场那么轰动。每个人都想凑到他的身边。他八面玲珑的样子和伊士顿颇为相似,而精明干练的模样则和威玛不相上下。当然,他可不是专程来吃顿晚餐的,他是要乘直升机回位于切萨皮克湾那幢占地3000亩的豪宅,经过这里顺道进来致意罢了。琼斯没有向这会场里的任何一个人表示嗤之以鼻,他的财力足以买下这整座大厦。

到了7:30,当琼斯的直升机起程飞向夜空之后,伊士顿请我们进入商品公司的餐室。我不想坐在一些言语乏味的人旁边,因此就抓着路易斯·培根不放。培根和丹尼在希尔森是同一间办公室的同事,但他在当时并不是什么知名人士。

如果那时我够聪明的话,就该马上雇用培根,让他帮我分担部分资金的操作工作,可是培根和琼斯一样,都是来自美国南方的男孩,而我对这些南方人可是一点都不了解。虽然琼斯非常成功,但我还是直觉地认为他们说话慢,想得也很慢。我万万没想到在接下来的5年中,培根的获利竟然凌驾于我9倍以上。如果我当时就雇用他的话,他现在已经帮我赚取几百万了。

语惊四座

伊士顿举起了杯子。"威玛和我诚挚地欢迎诸位莅临晚宴,"他宣布着,"感谢诸位杰出的工作表现,使我们拥有了又一个丰收的年度。"伊士顿接着说我们是一个多么优秀的团队,如何在市场中扮演中流砥柱的角色,以及我们如何利用电脑交易系统成功地预测市场走势,并成为佼佼者。"你们是世界上最棒、操作规模最大的团队。"他在最后的结论中说,"根据我的统计,国内商品交易市场,有一半以上的资金是由这个屋子里的人所操作。"这真是令人印象深刻,我怀疑有没有其他的产业,可以像今天的晚宴这样把50%的参与者齐聚一堂。

伊士顿说完后,我们就享受了一顿美餐,其中包括:塞满了鱼子酱的鸡蛋、大蒜奶油焗生蚝、鹿肉排……穿着燕尾服的侍者不停地为我们的杯中加满最高级的法国葡萄酒。当巧克力甜点送上来的时候,伊士顿再度起身并举起酒杯。"这是商品公司在每次餐会中的传统,"他说,"每个人都有机会发表演说,并告诉我们他对自己所专长的市场最近有什么看法。"就这样,他开始依照桌次向每个人询问他们对不同商品市场的看法,其中包括货币、谷物、糖、五花肉、牲口、黄金、白银、精铜、欧洲美元、实物国债、政府长期国债以及股指期货等等,每个操盘手依序作答。

商品公司从事135种商品交易,照这个情况看来,我们好像真的得把所有市场的状况都听一遍。

终于,轮到原油期货的操盘手发表意见了。我觉得这个话题应该会很有趣,因为石油价格在最近呈现崩跌的走势。原油价格目前大约在每桶12.50美元,这是自欧佩克(石油输出国组织,OPEC)成立后所出现的最低油价,而更有趣的是没有人想得出来油价到底为什么下跌。市场上有些投机客谣传可能是中央情报局(CIA)向沙特阿拉伯施压,造成石油过量供给以帮助美国平衡国际收支账,或是借此来拖住俄罗斯、伊朗或伊拉克的后腿。谁晓得事情是不是真的这样?

谈到原油市场,伊士顿点名某个从得州来的牛仔发表高见。在我看来,这个家伙看起来就像电影里典型的西部牛仔,他穿着高统马靴和一件装饰着小金属片的丝质衬衫,扣子扣得很低,使胸前敞开。一条斤两十足的金项链挂在脖子上,他那满是横肉的脸涨得血红,并且不停地冒汗。"我并不是很清楚,"他吞吞吐吐地说,"在过去6个月以来,西得州原油的价格已经每桶跌了6美元。我想告诉各位的是,那些油井还是一直不停地大量抽取原油,但是我想在6个月内情况应该能够得到改善。"

"谢谢你,"伊士顿说,"现在让我们听一听,目前欧洲市场发生了什么事。"他叫起了一个外表整洁、个子矮小的法国人。这个家伙精瘦,穿着手工订制的蓝色西装、衬衫,配上名牌领带。"在未来的5年中,"皮埃尔·列佛利持轻声地哼着,"欧洲的石油供应将会远高于需求。"

当皮埃尔说完之后,威玛突然出乎意料地叫我。"我们很幸运,马丁·舒华兹先生也参加了今天的晚宴,"他说,"马丁是新加入商品公司的操盘手,是我们操作业绩最好的操盘手之一。马丁,你对于刚刚所听到的有什么看法?"

我轻轻地喘了一口气。我并不经常从事原油期货的交易,但我想,这对我来说是为会场制造一些高潮的好机会,我是这个地方的新人,而现在该是放手展现本领的时候了。"威玛,"我说,"非常感谢你邀请我参加这个宴会,但我的看法可能和前面几位不同,我一点也不清楚在未来5年内,欧洲地区的原油供给是不是真的高于需求,也不知道未来的6个月内,西得州原油的价格会跑到什么价位,基本上,我对这些事根本不在乎。我是一个每天以市价评估损益的操盘手,只想知道明天市场的价格会到哪里,而且我得告诉各位,当今天我在离开办公室前补画我的技术图、检查技术指标以及计算各项比率时,原油的价格在我的均线之上。至少以我目前的观察,原油的价格正处于一个向上的格局中。"

这场餐会直到晚上11点才结束,当我回到家里的时候,累得没有办法再检查一遍技术图。第二天,我就为此付出了代价。我一直站在和市场走势不对盘的那一边,这让我感到非常疲倦。在上午过了一半时,电话铃声响起。是希尔森的丹尼打来的。"马丁,"他说,"你看到石油的价格了吗?简直是太疯狂了。"我把原油的价格叫到我的报价屏上。1988年12月的原油期货价格在13美元一桶,而且正向上攀升,跳到13.10,又跳到13.15美元。

"哼!真是令人难以置信。"我说,"我们昨天晚上在商品公司的晚宴餐会上才刚谈到原油呢!我说原油价格会涨,但只不过是随便说说而已。"

我完全忘掉了原油市场的事,继续专心于自己的操作。当天我在标准普尔500期指上面输了一笔钱。第二天,丹尼又打电话给我。"马丁,"他说,"你看到原油价格了吗?一定是沙特的石油部长史克·亚玛尼命令石油输出国组织关闭了一些油井还是发生了其他什么事,油价简直是直线上升!"我把原油期货的价格叫到报价屏上。原油的价格跳到14.30,又跳到14.35美元。

当油价在次日飙涨到每桶15美元时,我才终于明白事情到底是怎么一回事。真正把原油价格在两天内拉升20%的人不是沙特的石油部长,而是一个来自纽黑文的小子——马丁·舒华兹!这件事情我早该想到,如果全国50%的期货基金操盘手在同一时刻齐聚一堂,其中大部分是原油期货市场的老手,而他们大部分都持有空头头寸,当我在会场中提到技术图形显示原油价格正处于上升格局当中时,无异于在一个拥挤的房间中向人群大喊"失火啦"!现在这些家伙正手忙脚乱地试着补回他们的头寸。

我真想踢自己一脚。到底那位说话慢条斯理的琼斯、长袖善舞的科夫勒,或是紧抱着矿泉水不放的马库斯,在接到我传达的消息后做了什么动作?我确信他们一定不花3天就把情况想通,他们很可能早就已经大展身手,做多原油期货,加入原本就很强势的价格走势,并赚取数以百万计的利润了。这就是我们这些训练有素的猎犬的作风,而这也正是我应该采取的做法,汪!汪!

投资心法12 披沙拣金,把握资讯

《华尔街日报》是一份自1889年开始由道琼斯公司发行,并且在日后成为金融刊物佼佼者的报纸。每个市场玩家都必须每天阅读,以获取最新的金融市场资讯。

我通常都只浏览,而非真的"阅读"。当我还小时,我习惯在周日一大早起床后和哥哥杰瑞争着看《纽约时报》的体育版。我会把报纸拿来看个20分钟再给他,他则会拿一些报纸上的内容来考我,像是球赛的比分、球员的平均打击率、谁可能会是今天比赛的先发投手等,而他从来未曾难倒过我。如果你想成为一个成功的操盘手,就得学着用这种方式来阅读《华尔街日报》。那里面有这么多的资讯,你只能训练自己用浏览的方式,在短时间内加以吸收。

我通常会在每天早上查对完每个户头的余额后,赶在8:20债券开盘前翻一翻《华尔街日报》。我会直接看第一页的第二个专栏《市场要闻》,拿着笔和速记簿把每一件我认为有趣的东西记下来。

每一件我写下来的东西都会存档以备未来参考。在陆战队里，一个优秀的、有责任感的军官会随时保持大量的记录备查。

然后我会瞄一眼最右下角那一栏的《头条新闻》内容。我在高中和大学时都是学校刊物体育版的主编，所以我习惯性只浏览新闻标题，而且只阅读极少的内容，我没有那么多时间。我从《华尔街日报》的首页里，只想培养一些对今天市场脉动的感觉而已。

接下来我会直接翻到第三部分《货币与投资》，这是所有市场资料聚集的地方。我会看《与市场同步》专栏，这里提供了前一天股票市场中发生的所有点点滴滴，以及来自不同经纪商、分析师、基金经理人以及其他华尔街专业人士的评论。我会仔细查看自己所注意的70只左右的股票是否在这个专栏中被提及，如果有的话，再看看别人用什么观点来评论我选的股票。然后再翻到《华尔街传闻》，这个单元通常会介绍某个产业、公司或是个人，在其中可以发现一些有趣的内线报道。不过这些消息通常都是我在两三天前就已经从内幕大哥——我的“内幕指挥部”那里听过了。

在确认完内幕大哥在华尔街还算是消息灵通之后，我会查阅索引然后翻到“上市股票期权收盘价”来感觉一下看涨期权和看跌期权在市场的成交状况。我想由此知道前一天期权市场中的动态，提供我今天进出场的指标。当看跌期权/看涨期权比率连续两三天高达100%时，对我而言就是一个买进信号。当这项指标低于50%时，市场已经太过乐观而使我开始考虑做空。我会把这项指标记录在我的速记簿中，全部白纸黑字地记载下来。

在《货币与投资》这个单元中，另一项我很喜欢看的指标就是“纽约证交所新高/新低股票名单”，在这个表中列下了所有在前一个交易日里，创下最近12个月以来新高和新低的股票。1974年当我还在爱德华与韩利公司上班时，那里有一位技术分析师约翰·布鲁克斯教我一个非常简单但很有趣的指标，创下新高和新低的股票总是依字母顺序，排列在四个同样大小的栏位中。布鲁克斯告诉我，“马丁，不管什么时候，你拿一把尺放在新低或新高股票的栏位中，如果发现其中任何一个名单的长度超过12英寸时，就准备采用逆势操作的策略吧！”1974年创下新低的股票名单长度超过12英寸的那几天，几乎都是本世纪最佳的买点。

到了1987年的黑色星期一来临前，市场中创下新高的股票名单长度也已经超过12英寸好几次了，那可真是放空的绝佳时机。这是一个我从来没有在其他地方看到或听到过的小技巧，而且这种状况也实在很少发生，一旦真的出现时，把你的尺拿出来仔细量一量吧!

当我看完"纽约证交所新高/新低股票名单"后,就把目光转到"债券专栏"看看债券市场的评论。之后就算是把《货币与投资》这个单元看完了,我也会把这个部分放在左边的地板上。然后回头版仔细搜寻一遍,找找看有没有什么针对最近经济形势和个别企业经营状况的特别报道,看完后再把这个部分放在右边的地板上。

有时我会快速翻阅一下《市场动态》(*Marketplace*),在那里有一些我或许会感兴趣的中小型企业的相关报道。不过对一个操盘手而言,这个单元很少有什么值得研究的东西。

我通常花不到10分钟的时间来阅读《华尔街日报》,但在一大早起床后马上花10分钟来浏览,却能使我立刻对当天市场的动态产生最原始的感觉,而其中一些指标,也可以迅速地进入当天我对市况的思维中。在加入其他各种资讯后,我不用花更多时间去阅读《华尔街日报》就能建立当天的操作逻辑,任何一个认真的操盘手都不会花更少的时间来阅读《华尔街日报》。

注　释:

① 阿玛尼(Armani),意大利名牌,最具有代表意义的是1980年Armani男女"权力套装"(power suit)的问世,"权力套装"成为了国际经济繁荣时代的一个象征。

② 米索尼(Missoni),意大利的时装品牌中,Missoni已被公认为针织品的掌门人。

创立基金

我的操作我做主

埃尔德期货公司是一家期货经纪商，在我参加操盘手晚宴之前的几个月，他们就开始和我谈过，希望我为他们操作一个总额为20亿美元的基金，并且提出最低基金管理费6%外加总盈利20%的优厚条件。这等于保障每个月我有10万美元的固定收入，再加上我为他们所赚金额的20%，而且我无须负担任何风险。这笔买卖比起商品公司开给我的条件可要好得多了，因此在1988年的第四季度，我从商品公司出来了，开始为埃尔德公司操盘。

下定决心

尽管如此，我还是觉得为别人操作资金，是一件令人感到很不对劲的事。

和我在商品公司操盘时所面临的问题一样，管理金额庞大的头寸，我得改变持有头寸时间的长短，会倾向持有亏钱的头寸更久，期待有更多时间扳回来，于是我和老婆谈起了这个问题。

“老婆，我就是不想替这些人操盘，他们每两个小时就打电话问东问西的，搞得我好乱，简直就把我的操作风格都扭曲了。这或许是一笔好买卖，但我希望保持操作方面的自主性。”

没有人告许我该怎么办,老婆告诉我该照自己的方式操作,我也仍然拥有操作的自主性,但还有其他什么问题呢?

“我不喜欢那些家伙成天在背后监视我的操作状况。埃尔德公司拥有一大堆每个月汇进汇出的国外资金，当这些资金抽出去时，公司就会把其他资金转过来,但每次有这样的情况出现时,我就觉得自己被投资人拒绝了,感觉自己好像没把工作做好。”

老婆说我把这种状况用对人不对事的眼光来看,简直是疯了。听取她的看法已经成了我平常操作时的习惯,她的忠告让我能把自尊心从这场游戏中抽离出来。

“但是他们一天到晚不停打电话给我,这也太勤了,现在我得每天应付他们,都忙不过来。我不喜欢任何人对我怀疑,我希望拥有自己做主的自由,这也是为什么我会出来创业的原因。”

老婆说没有人会阻止我为自己的账户进行交易，而且我不必向任何人报告我所做过的交易(当然对国税局除外)。

“可是我就是对这些事感到很不爽,我内心感到矛盾与冲突,总是必须不停地下决定。这笔交易该算我自己的?还是埃尔德公司的?其他的基金经理人或许能分辨得清楚,但我没办法。当我为自己进行交易时,我会跑短线,但当我为基金而进场时,又得采用较为长线的做法。如果我自己在短线交易中赚钱,而基金的头寸却赔钱的话,感觉就更糟了。”

“好吧!那你为什么要操作这个基金?”老婆问我,“平常光是操作自己的账户就赚了那么多钱了,又何必一定要替别人操作这个基金?”

“可是我想多赚数以千万计的钱啊!我要当市场上最大也最棒的操盘人。而要达到这个目标,就需要别人拿钱出来。”

“嘿!”老婆说,“那干脆成立你自己的基金得了!定自己的规矩,投入自己的资金,然后当自己的老板。自己控制头寸的持有期间,每个月只需要照主管机关的要求履行一次公报。你不会有任何内心冲突,没有人会来打扰你,也不会再有那么多问题了!”

因此,在 1989 年初,我从埃尔德公司出来了,并告诉那个专精于设立对冲基金相关事宜的律师事务所修华与吉塞尔的约翰·塔维斯,我要开始计划自己的基金创业。到了 6 月时,塔维斯已完成了所有的书面手续,但对这一切我还不是非常确定。

回想起从 1979 年开始在 Amex 为自己的账户操作以来,我没有一年亏损过。我连续 55 个月保持无亏损的操作业绩,在家里设立了一个办公室,得到我梦寐以求的一切——完全的自主性,为什么我还需要操作其他人的钱?

然后我回想起在商品公司半年度的操盘手餐会中，在马库斯和科夫勒这些人面前昂首阔步的感觉,以及琼斯在会场中打个照面后,就搭私人直升机前往度假别墅的情景。我总是喜欢和那些市场上的顶尖高手比个高下，要达到这个目的,我就需要别人的资金。

当6月份我的孩子们开始放暑假后,我们到阿斯本度了一次假。我从来没有去过阿斯本,那是威玛和其他大人物们最常去充电的地方,因此我怎么可以不去呢！在距离纽约市和金融市场两千英里外的地方享受清新、干净的山间空气,使我有机会重新思考一些问题。我曾花了九年半的时间当一个证券分析师,又花了九年的时间从事操作,并且创造了自己做梦也想不到的成就,现在我必须决定自己是否要再向前迈进一大步。

每个早晨我都会走出位于山脚的度假小屋,跳上我的吉普车,把帆布顶篷放下来，呼吸着新鲜的山间空气，然后像一个牛仔似的开车到阿斯本市区买一份《华尔街日报》。我经过直升机机场时可以看见停机坪上停放着属于电影明星、大企业家的豪华私人飞机。我希望加入他们的行列,而为了达到这个目标,我需要别人的资金。

积极筹备

回到纽约后,我所做的第一件事就是去租一间我所能找到的最大、最豪华的办公室。这个办公室位于莱克星顿街750号一幢新建大厦的顶楼,能够以完美的视角俯瞰中央公园。它的租金可不便宜,但对我来说小意思！我签下了为期3年的租约，以每月1.25万美元的价格租下了这个占地3000平方英尺（约279平米)的办公室,相当于每年15万美元的租金,还是小意思！这和我将赚的大把钞票比起来简直微不足道。

我让老婆挑选办公家具,她选了一些具有后印象派主题、强调立体派画风,并且隐含后巴洛克时期风格的作品。而这些总共花了我7.5万美元，那也小意思！我们得要把办公室弄得好看些,而我总是想象自己坐在豪华的办公室里,把脚跷在办公桌上,那叫一个舒服！

我的朋友,也就是弗雷斯科与帕雷特画廊的两位老板,借给我一系列的现代艺术作品。走进我的新办公室就好像走进古根汉艺术馆一样。我另外又花了3万美元,买了最先进的电脑设备和电话系统,那也小意思！所有的东西我都得买最好的，然后我又在外面雇用了两个新员工，付每人每月 2 万美元的薪水，这可是一大笔钱，小意思！只要在我手底下做事，他们很快就会变成明日之星。到了那年夏天快结束时，我的感觉和外表也开始像个市场上的高手了，我现在需要去找一些愿意付高价给我的有钱投资人了。

事实上，我需要两组投资人，一组投资我的国内基金，另外一组投资我的离岸基金。市场上的高手都拥有两种基金，而我也很想赶快变成大玩家，两种基金代表多两倍的资金。

回想 20 世纪 60 年代，当我还在商学院里读书时，对冲基金是一种有限的合伙关系，其中基金经理人属于一般的合伙人，而那些拥有 100 万美元以上资金、所谓多元化投资的富有投资人就属于有限合伙人。按照美国的法令，基金不能接受超过 99 位，投资金额低于 50 万美元的投资合伙人，而且必须以美国股票为主要投资标的。

到了 20 世纪 80 年代末期，一切都改变了。像索罗斯、朱利安·罗伯逊以及迈克尔·斯坦哈特之类的对冲基金经理人都募集了数十亿的资金，如此庞大的金额，使得美国国内股票都不够他们挑选的，因此他们就把注意力转移到广大的国际市场，使他们得以有更大的舞台，以发挥和运用更高的财务杠杆。他们设立了美国证管会无法管理的离岸基金，并且开始在全球的外汇和利率市场从事投机交易。他们会介入美元兑日币的市场，或者是美国长期国债对德国长期国债的价差交易。

为了要和这些真正大型的投资机构竞争，我必须要设立两只基金。其中国内基金的名称是萨布丽娜合伙人基金，而离岸基金则名为萨布丽娜离岸基金。我将这两个基金的最小投资金额都设为 100 万美元，而且资金投入后一年内不得领回，这个做法可以让我不必担心有人会干涉我的操作，使我享有更多的自主性。

募资之旅

由于我是冠军操盘手，因此我收取 4%的固定基金管理费，再加上总盈利的 20%。而由于投资人其实是投资在我个人，因此有必要把我个人的操作风格和方法详细地介绍给他们。在营运计划书中，我强调我的做法和一般的资金操盘手不同，我同时操作股票、期权，以及期货，而且从过去的纪录中，我在这三个领域都能保持持续获利的业绩。

在同一时期，我可能无法和个别市场中的特定操盘手赚同样多的钱，但是以长远的表现来看，我在各方面的综合能力都胜过他们。我的冠军操盘手的头衔，专栏作家李修曾经在《巴伦周刊》中这么说过，而且在杰克·施瓦格的《金融怪杰》一书中也说过。

为国内基金募集资金，对我来说不是什么难事，我自己一个人就能搞定，就像我在大学写毕业论文一样。我拿出一叠纸卡做记录，但这回上面写的可不是凯恩斯或亚当·史密斯的经济学理论，而是我脑海中所能想到的拥有 100 万美元资金的人名，以及他们的电话号码。我一一打电话给他们，写信给他们，和他们见面喝咖啡，寄给他们营运计划书，也寄给他们所有介绍我成为冠军操盘手事迹的剪报，其中包括李修那篇文章的复印件，以及施瓦格的书。

我一再打电话、重复地写信，感谢他们的支持，寄给他们另一份营运计划书以及那些剪报。我恳求他们到我那位于莱克星顿街 750 号新建大厦的顶楼，能以完美的角度俯瞰中央公园的新办公室参观。当他们来我这儿，我就邀请他们到老婆精心布置的会客室，里面有后文艺复兴风格的家具、巴洛克时期立体派画风的古董作品，以及弗雷斯科和帕雷特提供的现代艺术品。就这样，到了 10 月时，我已经为萨布丽娜合伙人基金募集了 2200 万美元（其中我自己投入 500 万美元并担任常任合伙人）。

不过为萨布丽娜离岸基金募集资金，单靠我一个人还办不成。我曾经到过欧洲几次，但那些国际型的大投资客，我可是一个也不认识。一般而言，美国的资金经理人找寻国际投资者的方法，都是委托一些具有国际上良好关系的中介来进行，并通过他们将资金操盘手引介给那些国际投资人。

这种方式可能需要给一些中介支付巨额的佣金，但无论如何我还是决定一试。有一个来自添惠公司的家伙是第一个和我接触的人，他宣称自己有一些“了不得”的国外联系渠道。我可不打算把我盈利的 25%给他，或其他任何一个和他一样的寄生虫。因此，我在外头放话说我最多只愿意根据客户的多寡支付佣金。只要他们帮我介绍客户，我就付他们定额的佣金，这就是我的条件。

有两家经纪公司接受了我的条件。基德尔公司的保罗·桑德斯和琵芭迪公司的凯文·布兰特和我联系上了，这两家都是经营资金募集业务的公司。他们有一个名叫拉柯许·巴加瓦的印度籍同事，而且这个印度人和印度、巴基斯坦的许多富豪有很好的关系。

我一直认为印度人和巴基斯坦人是很难缠的敌人，但当我很显然地可以从中得到赚钱的机会时，那又有什么关系？布兰特和桑德斯请巴加瓦于 10 月中旬在伦敦安排几个会议。我同意这个安排，因此布兰特和桑德斯就为我排定了伦敦这一系列会议的时程。

我一直都期待着这趟旅程。我非常喜欢伦敦，记得1967年那次暑假在伦敦的日子，以及当年想象着能到伦敦经济学院拿一个经济学硕士的梦想。我曾经走进当地的赌场，期望有一天能够在赌桌上大捞一票；曾经搭乘火车到爱普森学院看那头小马；曾经搭乘双层巴士到哈罗德百货公司去，并且期待哪一天能有机会再回到那里大肆采购。

我还曾经经过里兹大饭店(Ritz，以豪华著称的瑞士大旅馆)、康诺特饭店、伯克莱饭店以及克莱丽奇饭店，梦想着哪一天能够住在这些全英最金碧辉煌的旅馆，并从一部劳斯莱斯轿车中走出来，由打着领结、穿着红色短礼服外套及闪亮黑皮鞋的门卫为我开门。克莱丽奇饭店是我这次行程最想住的饭店，所以我通过关系帮我弄到了一个房间。

在10月13日，周五的早晨，我轧平了所有的头寸，在司机来机场接我之前无聊地看着报价屏解闷，当时市场正在重挫中。那一阵子市场中的话题是联合航空的杠杆收购案，在这个杠杆收购案中联合航空的每股叫价是300美元，但是突然间融资者缩手使这笔交易顿时化为泡影。这个案子正是垃圾债券风光年代的产物，市场的反应告诉我们，该是为80年代的过度扩张付出代价的时候了。

我马上觉得这笔杠杆收购案的失败是一个重要信号，是一个操盘手10年中都难得碰上几回的赚大钱的良机。而我就坐在这里，完全准备好随时采取必要的行动。我所有的头寸都已经轧平，就好像是坐在一堆现金上面似的。我打电话给布兰特和桑德斯。“取消这次的行程，”我说，“在这种市场状况下，我哪儿都不去了，在家里能捡钱，呵呵。”

他们完全明白我的意思，一些个人的紧急状况诸如死亡、结婚或是生病，对一个操盘手来说，都不是用来取消会议的理由，但是为了赚钱而取消和客户的约会，是绝对应该被接受的。他们打电话给巴加瓦，把我的会议行程延到下个礼拜进行。巴加瓦说没有问题，为了一个对我有利的市场状况而取消和客户的会议，只会加强我的名声。我就是那个能点石成金的家伙，我也是华尔街的优胜者，一名冠军操盘手。

我看到市场重挫了一整天，到了下午略晚时，道琼斯工业指数已经下跌了190点，每个人心里想的都是“同样的状况又来了”！大家都相信市场将会出现像1987年一样的崩盘局面。好极了！我很清楚该怎么做。在1987年的股市崩盘中，投资人因为认为股市已经泡沫化，所以抢进债券市场，把长期国债的价格拉高。换言之，投资人会把资金从股票市场拉出来，转而投入固定收益资产证券。债券期货市场在下午 3 点收盘,所以在 2:58 时我开始买进债券。股票市场到 4 点才收盘,而当股市继续下挫的当口,债券价格一飞冲天。我很快地在债券期货的第二交易时段(直到下午 4:45)结束前,轧平所有的债券期货头寸。这天的成果还算不错,赚了 7 万美元,但我很确定最好的状况还没出现。我不认为市场后势会像 1987 年那样的走法,因为利率比当时要来得低,股市的市盈率也比 1987 年时低得多。我正打算要建立多头头寸。

就在市场收盘之后,我接到专栏作家李修打来的电话。不管在什么时候,他都会打电话向我询问对市场的看法。我告诉他我强力看多,而且已经持有多头头寸了。到了 16 日周一,我在《巴伦周刊》上看到以下这篇短文:

当我在上周五市场收盘后,对传奇操盘手马丁·舒华兹做访问时,他表示对于当天股市重挫 190 点的原因并无所知。"真正开始令我感到烦心的,"他说,"是每一个人都在股市赚到了钱。从过去的事实来看,当市场在一年中上涨超过 30% 的时候,形势就变得相当危险了。"但舒华兹,这位我们所知市场上少数富有而又诚实的操盘手,告诉我他在当天稍早才刚刚轧平所有的头寸。"但我真的不认为市场的状况糟到什么样的地步," 他表示,"目前的利率水准比起 1987 年时要来得低,而市盈率也比 1987 年要低得多。就期货市场的表现来看,或许股市在周一要开低 60 或 70 点都很难。我目前倾向于仔细研究我的技术图,然后找准入市点做多。"

李修简直就是我的宣传员。但当你在市场上享有极高的知名度时,你说的话最好是对的。很幸运,这一次我真的说对了。我在周一早晨起床后,第一件事就是抢进那些我已经计划好要买的股票, 像菲利普·莫里斯 (Philip Morris)、房利美(Fannie Mae)和房地美(Freddie Mac)等。这些都是在上周五的跌势中抗跌性甚强的个股,当市场反弹时,它们就会是带头一飞冲天的超强股。

根据 1987 年崩盘的经验,我预期市场会开低,但当市场稍后出现反弹并且收高 88 点后,我就开始轧平我的多头头寸。到周二下午我开始将头寸转向,放空标准普尔 500 指数期货。如果每个人都在买进时,就是卖出的最好时机,而我又对了一次。我在周三把所有头寸轧平,就在我赴欧行程延后的一星期中,我赚了 50 万美元。

李修在我赶赴机场前又打了一通电话给我,问我在这几天做了什么。我告诉他我在债券、股票和期货这三个市场中都大有斩获,但是由于我必须前往欧洲为我的离岸基金募集资金,因此不得不把所有的头寸轧平。当我舒适地坐在前往伦敦的头等舱中时,我开始专心思考,要怎么样才能说服那些国际投资人把资金投给我的基金。

在克莱丽奇饭店的早餐会议进行得顺利极了。除了巴加瓦、桑德斯、布兰特和我之外，还有一位大型不动产开发兼国际性企业家谢克参加，他的父亲曾经是某个我从来没听说过的地方的市长；然后是一位至今我都不知道他是何许人也的地毯大亨；此外还有欧玛·海亚姆，他是某个中东银行的伦敦分行经理；以及斯特灵·席克史潘斯。我一点也不知道他们是怎么被找来的，但我可是很清楚他们每一个人都是那种只要有钱赚，把灵魂卖给魔鬼都不在乎的人，这是国际性商业行为的常态。

我马上就对斯特灵很有好感。因为我觉得他和我一样，是那种白手起家、靠自己努力成功的人。此外，在他执行的几次并购案中，曾经买下过一支职业足球队。在 1967 年的暑假里，我曾经看过那支球队的比赛。那时我还只能坐在便宜的席位上，吃着洋芋片，穷得一无所有。而现在，在 22 年之后，我可是坐在克莱丽奇饭店里，和这些大亨们一起享用着丰盛的早餐。

当巴加瓦介绍完他的客户后，桑德斯正式介绍我。“如果诸位曾经读过《金融怪杰》这本书，”桑德斯手里拿着那本书向他们说，“就一定听过马丁的大名，可是如果没有看过，这里有一份《巴伦周刊》的文章，可以从中看到一些有意思的东西。”

说完他就伸手从桌子底下拿出 6 份 10 月 23 日《巴伦周刊》的复印件。那篇文章的标题是“向上挑战高峰，或是小心下档风险”。在标题下方是以粗体字印刷的 5 位伟大操盘手姓名，这些人都是《巴伦周刊》曾经访问过的对象。琼斯是第一人选，而我则是 5 个人中排名之末。在场的每个人都开始阅读这篇报道。我的照片被放在第 15 页的一个标题旁边，那个标题是《两位赚一位赔：看三位超级操盘手在 13 号周五的表现》。接下来的文章叙述我如何在那周赚了 50 万美元，而虽然我不想轧平头寸，但是由于必须飞到欧洲为我的离岸基金募集资金而被迫平仓。在文章的最后以我的一句话做结尾：“我正要前往欧洲，在出发前，市场给了我临别一吻，我想在这种匆忙的状况下，我这次的表现算足够好的了。”

“好啦！现在他就在诸位的面前了，”桑德斯说，“请让我向各位郑重介绍，马丁·舒华兹。”

这真是令人头痛的事。现在我站在这里靠着贩卖我最满意的商品——我自己，华尔街的冠军操盘手来募集资金。《巴伦周刊》才刚刚给我打上品质保证的标记。我觉得自己好像唐纳德·特朗普（美国前总统），你聆听特朗普演说时，语气听起来总是那么地具有说服力。他本身可能也的确充满了信心，他在卖的其实是他最棒的产品——自己。特朗普的言谈总让人认为，他胜过世界上任何一样东西。

这就是当我描述自己准备如何建立自己的金融王国时心中的感觉。我的基金将会成为最大和业绩最好的，而每个在场的人也都能感受到这份信心。真要感谢《巴伦周刊》那篇报道，使我成为像特朗普一样的名人。地毯商人、海亚姆和斯特灵都是那种凡事向“钱”看的人，而在他们眼中我就是那个能帮他们赚到钱的人。

当会议结束时，巴加瓦把我拉到一旁，“马丁，你今天晚上有没有计划要干什么？”他问我。我没有任何计划。桑德斯和布兰特要赶到欧陆去，我直到下周才会前往日内瓦和他们会合。我正打算到处逛逛，就像我在20世纪70年代当证券分析师时那样。“我被邀请去参加一个聚会，”巴加瓦说，“海亚姆的女儿要和谢克的儿子结婚，根据我们的习俗，新娘的父亲要在婚礼一周前办一个宴会。我和谢克谈过，他说如果你能来参加的话，他将感到非常荣幸。”

“我很想去。”我回答。这个聚会将是我进入另一个世界一窥究竟的大好机会，那个世界里有着我前所未见的财富。

“很好，”巴加瓦说，“新郎的哥哥奥马尔·海亚姆会在晚上7点打电话给你。你将会和一些很有趣的人见面，我想你会很喜欢那个场合的。”

开车到谢克在乡间的房子，就好像开车到一个传奇故事中才会出现的地方。他的房子坐落在伦敦市区外20英里的一片起伏的丘陵上。在出城的路上，我了解到奥马尔本身在他父亲的银行中担任分行经理的职务。我们在一片大停车场中，把车停在斯特灵那部豪华的房车后面。那部名贵的宾利房车是那么豪华，至少值个几十万美元，不过在谢克的停车场里停放的车子，全都是那么豪华而昂贵。谢克站在主入口处欢迎客人，他真是一个亲切的主人。他主动走向我并把我介绍给家人和朋友，“马丁，这是我的弟弟，他是世界桥牌冠军呢！”“马丁，这是一位酋长，他控制了尼日利亚境内大部分的油田……”

谢克继续带我在屋内参观。他告诉我这幢房子至少有350年的历史，是由查理一世国王建造来作为金屋藏娇的秘密处所。他带我来到一个餐室，里面有一张极大的桃木餐桌，周围放置着乔治三世时代风格的雕花银质椅子。“来吧，试坐一下这种椅子。”谢克说，我上前去拉一张椅子，但几乎没办法搬动，“它们都是实心的，每张重达36.3公斤。”

我们接着走到一间起居室，“马丁，”谢克说，他手上拉着一位非常美丽的女人，“我希望你来认识一下贝娜齐尔·布托，她是我们家族的好朋友。”她看起来一点也不像我常在电视上看到的那种女人，她裹着一块黑褐色的布篷，像苦行僧一样消瘦的脸庞脂粉未施，她那又直又黑的头发用一条黑色的头巾绑在后面，充满光泽的身上穿着闪烁着金银光芒的长袍，一条金链挂在线条分明的肩膀上，而链子上则悬着黑色的香奈儿的珠子。香奈儿的珠子、鞋子和香水都是她的最爱，这个女人身上散发着一股浓浓的暴发户气息。

“马丁刚刚上了《巴伦周刊》的头版。”谢克骄傲地说。布托点头称许。我简直不敢相信，我这个纽黑文来的乡下小子，竟然成了这一屋子大人物中的大人物。

我穿过花园走到草地上，那里已经搭起两座帐篷。其中一个供应鸡尾酒，另外一个则供应食物。那里供应的食物是来自世界各地的名产：鲟鱼子酱、鹅肝饼、烤乳猪、龙虾，数量多到远超过实际的需要，而且极尽奢华之能事。我等不及要好好尝尝这些人间美味，现场还有肚皮舞、吞剑以及喷火等表演，都是非常精彩的助兴节目，再加上无与伦比的美食，我真的从没有看过像这样的场面。

当海亚姆把我送回饭店时，已经是凌晨两点了，但是我根本无法入睡。我不需要睡眠，因为美梦已经成真了。我本来还在为离岸基金担心，但现在我已经成为市场的明星。整个晚上都不停地有人将名片递给我，他们都相信我可以让他们变得比现在更富有。

接下来的行程也进展得几乎同样顺利。日内瓦、苏黎世、巴黎，我每到任何一个地方，都是那个荣登《巴伦周刊》头版的风云人物。当我在约翰·肯尼迪机场落地时，我一刻都不停地直奔我那华丽的新办公室，然后把这次行程中拿到的名片加以分类和排序。

几周之后，银行汇款开始源源不断涌入，但都只有数额而没有汇款人名字。我没有办法从这些汇款人的背景、新整理好的名片和刚结交到的那些外国富翁朋友们之间找出关联性。这些汇款都来自百慕大、根西岛、曼岛和开曼群岛等地的银行。我们一天当中会收到50万、100万或200万美元的汇款，但是却一点也看不出到底是谁汇的。我们打电话给那些汇款银行询问，但是没有人愿意给我们任何一个名字。他们说他们只管数字，其他什么都不知道。

就这样，萨布丽娜离岸基金成为一个总额2000万美元，却没有出资人名单的基金。就我所知，我的投资人有可能是巴拿马军政强人诺列加、利比亚总统卡扎菲、乌干达总统阿明，或许也可能是某个更糟的邪恶之徒。别人告诉我不必为此担心，我并不需要知道投资人到底是谁，只要负责赚更多的钱，每个人就可以各取所需、皆大欢喜了。

操作自己的基金

看上去很美

我躺在床上，把闹钟调到晚上 7 点整，闭上眼睛昏昏沉沉地睡去。当时是 1990 年 10 月 29 日，周一下午 6:30，我刚从办公室回到家里。这真是忙得脚打后脑勺的一个月，我正打算待会和客户在全纽约最棒的露特斯意大利餐厅共进晚餐前，小睡片刻。

我已经要求我那两个基金的投资人在 11 月前让我知道，他们是否在下个年度还会继续投资资金。因此整个 10 月份，我除了要做例行工作外，还要不停地向客户解说，过去一年中我为他们赚了多大的一笔财富。如果你正在操作一个基金，可却无法承受损失任何一个客户所带来的后果。在某种程度上，他们就好像是同一条船上的人，一旦有人跳船，其他人也会马上跟进。

棘手的三大问题

当时我在股票市场的回报率是 18%，高出大盘许多，但在和客户的会谈中，我发现自己面临三个问题。

第一个就是我收取的费用。我是名列施瓦格书中的“金融怪杰”之一，同时也是市场高手，但我发现如果我要承受为别人操作资金的重大压力，就一定要收取更高的报酬，因此，我想把基金管理费调高到和琼斯、科夫勒和培根那些人一样的水准。但问题是这三个人操作的都是期货基金，而我不是。

萨布丽娜合伙人基金和萨布丽娜离岸基金，都设定只以资金的25%从事期货交易，另外75%则从事股票交易，因此这两个基金都不是期货基金，只能算是股票基金。而大部分的股市基金经理人收取“1加20”型的报酬。所谓“1加20”就是总资金1%的固定年管理费再加上盈利的20%。

只有市场上的顶尖高手，也就是那些操作纯粹期货基金的家伙，才有个条件要求“4加20”的报酬，而这也正是我想要的价码。这表示若以18%的回报率来计算的话，我会得到6.8%的报酬，也就是4%的管理费加上盈利的2.8%，即剩余回报率14%（18%-4%）的20%，这比总盈利的1/3还要多，因此，有很多投资人开始发现这个条件，对他们来说可不是什么便宜的买卖。

第二个问题是当时的市场状况。市场整年都呈现非常不规则的走势，使我在找寻明确趋势方面遇到了一些困难。当我在1989年11月开始为两个基金操盘时，市场在我的均线上冲刷洗盘，因此我采取了比较保守的策略，希望借此产生一些稳定的获利来支援我在标准普尔500指数期货交易上的困境。我买进了一些林氏广播公司和乔治亚海湾公司的股票，但只要市场出现谣言，那些个股的买卖价差都会明显拉大，而资金调度的权衡考虑，会破坏我在短线上的获利。

由于我的基金有一部分算是期货基金，依照期货法的规定，每个月必须向投资人提交报告，而这也对我产生短期性的压力。我原本认为这些套利头寸，能够在一个没有明显趋势的市场中提供较好的收益率，但我的想法错了。这些获利并没有出现，五周后，我的亏损已经达我募集的4000万美元资金的6%，高达240万美元。

我以前从来没有亏损过这么多钱，自信心也随着我的亏损而每况愈下。我开始缩减头寸、保护资金，然后尽量在一有机会时就实现获利。这些做法果然奏效，到了3月底，这两个基金的净值已经转为获利7.6%，反观同一时段，我的比较基准——纽约综合股价指数（New York Composite Index）则是下跌了4.2%。在短短三个月里能够有高于大盘指数11.8%的表现，在任何投资人眼里都应该是非比寻常的操作业绩。许多投资人也的确这么认为，因而衍生出我的第三个问题。

第三个问题是我的操作风格的问题。当我开始为基金操作时，最主要的担心之一就是我能否像操作自己的1000万美元规模的资金一样，有效率地操作这两个总额4000万美元的资金。在前两次经验中，我发现操作较大金额的资金会改变我对头寸的持有时间。

我倾向于持有头寸更长时间，这改变了我在短时间内实现获利的交易风格，但是我在1990年第一季度的表现，让我相信我有能力管理金额更大的基金。因此在4月1日，我再度开放新资金投入基金里，并且成功募集3000万美元的资金。

大部分操作7000万美元资金的操盘手都会打散资金，寻找适当的投资标的，以分散风险，然后让手底下年轻的职员帮他们执行交易指令，那些操盘手则高高在上，纵观全局，并主导全盘策略的大方向，这可不是我的风格。我一向是控制欲极强的人，此外我的手底下也没有帮忙的人。我早就把原先雇用的那两个职员给辞掉，完全由自己进行交易工作了。

我一直采取防守性策略，并且在4月份又增加了1.5%的获利，但在5月及6月中，市场的走势却和我的头寸背道而驰。我没有搭上任何一波重要多头走势的列车，压力立刻从四面八方蜂拥而至。在整个上涨趋势当中，投资人不断问："我的钱运作得如何？"

当你全心投入操作的时间，超过了清算年度的三分之一时，投资人只想听到一个答案："简直棒呆了！"但是我没办法说出这句话。在每个月初，我都会寄一封信给投资人，向他们说明基金的操作状况，而在6月份的那封信里只能这么说：

身为基金里最大的投资人，我个人觉得维持每个月获利，要比试图在市场上，靠少数几次交易大捞一票来得重要。我的投资业绩是基于持续性的获利能力，并使复利增长，得以有机会发挥它神奇的力量。

这对任何人来说都不会是什么振奋人心的话。客户继续打电话、传真、写信或用其他方式来抱怨他们的回报率，并且拿其他操盘手的业绩和我比较。那些引介国外资金的中介就更糟糕了，他们急得如热锅上的蚂蚁，几乎每天都在我正在交易的时间中打3次电话给我："马丁，我的钱操作得怎么样呀？"我简直不能相信这些家伙会干出这些事。既然他们把资金以一年的固定期限投入，这么在乎每天的损益干什么？难道他们不知道我在各式各样的市场状况下，已经连续维持了10年的两位数的获利率吗？他们不知道我是冠军操盘手吗？

在7月份中，我试着在报告6月份业绩的信里提醒投资人，他们是以长线的眼光投入资金，并附上一份长达两页，从理查德·罗素的《道氏理论通讯》(*Dow Theory Letters*)上摘录下来的文章。这篇摘录显示复利增长的效果是多么强大，并且一直以来都是聪明投资人用来累积巨额财富的最佳方法，缓慢但持续地获利才是这个游戏的真谛。我在7月份的那封信中再次以防御性的方式写道：

当我创立这个基金时，我知道总会有某段时期会超越其他操盘手的业绩，而有些时候又会表现得比别人逊色。这就是我为什么要求诸位以最短一年的期限来投资的原因,而这也是我认为应该被诸位评估的方式。

当这一年的期限结束时,诸位将可以决定是否继续把资金投资于此,甚至提高投资金额。我只希望诸位能在适当的期限时再评估我们的操作业绩,并且以相对和绝对的观点把我们的表现和其他操盘手及投资机会做比较。

在那封信中我没有告诉投资人的是,我已经准备好要采取进攻性的策略了,我马上就要来放个长线。

勉强打平

老婆决定在暑假期间重新装修我们在派克大街的公寓。当孩子们上学的时候,我们把东西都打包好,然后搬到避暑小屋。我在那里和另外一个对冲基金经理人一块打网球,有一天他对我说:"嘿,马丁,你有没有听到什么阿普强的消息啊?"

"阿普强?"我一副真的听到什么似的表情说,"你听到了什么呢?"

"听说有一家瑞士公司打算收购它,所以我已经买进阿普强了。"

我立马打电话给内幕大哥,他在华尔街到处都有眼线,如果有人对阿普强这个位于密歇根的大型药厂采取了什么行动的话,他一定会知道。

"马丁,"内幕大哥语气轻松地在电话里说,"我正想要打电话给你!我在瑞士的眼线刚刚告诉我这笔交易已经完成了,而且有很多欧洲来的买盘,看起来真的是有那么一回事,大家想借着这个并购捞一票。"内幕大哥说话有一套他自己的方式,而他已经把我想知道的告诉我了。如果我想要来个全垒打的话,阿普强就是我该介入的标的,我开始大量买进阿普强。

我对于精巧的小电器用品一向非常喜欢,终于也买了一部大哥大手机,它看起来就像是一块又大又笨重的砖头。我可以坐在球场旁边看着老婆打网球、边对着电话大喊:"再帮我买进1万股!买进1万股!"在整个7月里,阿普强一直不停地小幅上涨,我也不停地买进。我有时会在周五的下午,一边坐在海滩上看着孩子们堆砌沙堡,一边对着那个像砖头的大哥大大吼:"收盘前帮我买进3000股!买进!"我的多头头寸愈来愈大,整个资金都投到阿普强去了。到了8月初,我正在前往中国大陆的途中,但还是持续做多。我买进了超过4000万美元的阿普强,超过了基金总额的一半,总共买进了将近100万股。

8月2日，萨达姆派兵入侵科威特。市场开始下挫，而原油期货的价格则一飞冲天。股市很快重挫了10%，阿普强的股价也不可避免地加入下跌走势中。我开始卖出标准普尔500指数期货来规避部分的现股风险，但这却让我陷入另一个星期的困境中，因为阿普强的贝塔值[①]已经因市场的变动而成为标准普尔500指数的2倍，但我直到后来才察觉到这个变化。

基本上这表示大盘每变动1%，阿普强的价格就会变动2%。以目前市场下跌的状况来说，阿普强会下跌2%，因此如果我卖出总值4000万美元的标准普尔500指数期货，这一点也不够，我应该要卖出总值8000万美元的标准普尔500期指合约才对。

在8月中旬某个周一的早晨，我卖出了400手标准普尔500期指合约，而市场从开盘就跳空下跌。我在5分钟内就赚取了180万美元，但是阿普强的股价也下跌了$1^7/_8$，使得基金在当天的整体表现只是打平而已。

同时，真要谢谢萨达姆，让原油和其他大宗商品的价格疯狂飙涨，使得琼斯、科夫勒和培根那些没有买进阿普强的期货市场玩家，因为做多期货而赚翻了。由于《金融怪杰》这本书的介绍，我得到了期货市场玩家的封号，但我从来没有纯粹专做商品期货交易。我真正的专业是在标准普尔500指数期货，而它则代表了那个目前正在狂跌的股票市场。因此当那些市场高手们因为买进商品期货，趁着通货膨胀预期心理高涨之际大赚其钱的同时，我却只以卖出标准普尔500期指来锁住那100万股阿普强所面临的风险，勉强打平而已。

到了9月中旬，我和一位主要的投资人做了一次年度操作业绩回顾。除了萨布丽娜合伙人基金和萨布丽娜离岸基金之外，我另外替郝斯曼离岸基金——一家注册于荷属安的列斯群岛的基金操作500万美元。我将这笔钱分开操作是因为郝斯曼不希望将这笔资金和其他投资人的混在一起。他们希望所有交易都经由纽伯格与贝尔曼公司来进行。每个人都想和郝斯曼合作，看在500万美元的份儿上，我同意他们的交易都经由这家荷兰籍的大公司来完成。

郝斯曼公司的12位高级主管在第65号大街和派克大街西南角的丽晶饭店订下了一个小会议室，然后邀请所有的基金经理人和他们仔细检讨操作业绩。我的房子就在派克大街离那儿不远的地方，因此我只要走一小段路就可以到达会场。

我挺着胸膛，昂首阔步走进那个会议室说："我为各位操作得很棒，我在阿普强上面亏损了8%，但是以年度而论我还是保有12%的净盈利。以我目前持有的头寸，如果一切顺利的话，今年将能实现30%到40%的盈利率。目前唯一的状况只有我的头寸并没有立即达到预期的表现。”

那些郝斯曼的高级主管并不想听到这些关于阿普强的话题。他们开始拿我的操作业绩和琼斯、科夫勒、培根以及其他期货市场的明星操盘手做比较。“听着,”我对他们说,“我操作的不是期货基金,就像当初你们把资金投入时我就告诉过你们的,保护资金是我的第一要务。我只投入 25%的资金到期货市场。如果我把所有的资金都投入的话,可以把财务杠杆放大 15 倍,然后帮你们赚取 100%的回报率,也可能把你们的钱全部输光,然后去坐大牢。”

他们根本不买我的账,因为我收的基金管理费和期货基金一样高,他们继续拿我和那些期货基金的经理人比较,然后相同的一幕一直重复上演到 10 月份。在市场收盘后,我躺在办公室的沙发上,等着国外投资人到来。我们坐在由老婆精心挑选、围绕在大理石桌旁的名牌皮椅中,我告诉他们我为他们操作得有多好,而他们则告诉我琼斯、科夫勒、培根和其他人的操作业绩有多好,这一切真是令人沮丧。

努力改善业绩

7 点钟,我床头柜上的闹钟响了。我起床,在脸上拍了拍水,清理了一下阿玛尼西服套装,擦亮百利牌鳄鱼皮鞋,拉直领带,然后动身前往露特斯餐厅。

老婆陪我坐电梯下楼,然后出门去拦了一部出租车,“老公,你妈妈打了个电话来,她想知道我们什么时候回去过感恩节。”

“你在说些什么呀?我们没办法在感恩节的时候回佛罗里达去,我还有一堆公事要办呢!”

“这样啊,那在那几天假期里我们要干什么?如果不去滑雪的话,就只好回佛罗里达了。”

“滑雪?谁要去滑雪?”

“老公,我们在假期中一向都会出去度假的。”

“今年可不行。听着,老婆,我没有办法度假,也没打算去佛罗里达。我得想办法改善操作业绩,不然我的投资人全跑光了。”

在露特斯的这个晚餐是由威利·韦伯做东的,他是一个专门为欧洲的富有投资人找寻热门基金经理人的瑞士中介。韦伯介绍了一些大客户给我,代价是他想在萨布丽娜离岸基金的董事会中取得一个席位。我真的不知道董事会的成员们,除了收钱和报销费用之外还做些什么,但还是勉为其难地同意了他的要求,因为韦伯的确控制了不少国外投资人的资金动向。我和韦伯是经由我的老兄弟尼尔·魏斯曼介绍认识的，但是魏斯曼今年并没有受邀参加韦伯的晚餐聚会。

魏斯曼的基金是纯粹的股票基金，而他今年的表现显然不像前3年平均年回报率75%那么好。韦伯希望他来往的操盘手都是当红好手，而他显然认为我够红，这就是我很希望能参加这个餐会的主要原因。经过了和投资人长达一个月的艰苦沟通后，我很想找个机会到那种高手云集的场合，去和别的操盘手打打交道。

韦伯在露特斯的楼上保留了一个隐密的房间。当我走进那里时，可以看到在场有许多市场中的后起之秀。朱利安·罗伯逊正和斯坦利·德拉肯米勒谈话。罗伯逊是一个安静而又谦逊的南方人，他在1981年离开基德尔与皮巴蒂公司后，在47岁时创立了一个只有800万美元规模的基金，现在他操作的基金规模已经超过10亿美元了。德拉肯米勒是索罗斯的左右手，而奥德赛合伙人基金的李昂·列维正加入他们的谈话。

韦伯上前来欢迎我。“马丁，真高兴看到你。来这里，跟我来见见几个客户。”客户的名字对我来说可是一点意义也没有。在萨布丽娜离岸基金之中，我的客户就是一堆位于百慕大、巴哈马、瑞士、开曼群岛和其他免税天堂的银行账号。当我走到房间的另一头时，韦伯向我解释客户们正在进行一种创新式的生意，并且已经从中赚取巨额的利润。“马丁，告诉他们你的基金操作得很棒，真的很棒。”韦伯在我身旁轻轻说着。

等到真的可以坐下来的时候，我被安排坐在菲奥纳·毕格斯·德拉肯米勒的旁边。由于我是这个交际圈中的新人，所以对这些人并不是都很熟悉，但在晚餐当中，我知道菲奥纳不但是德拉肯米勒的太太，也是巴尔顿·毕格斯（摩根士丹利公司首席策略分析师）的侄女。她和斯坦利是在他们任职于德雷福斯公司时认识的，在我们的谈话中，我发现菲奥纳显然很知道如何和这些高手打交道。

这场在露特斯的晚餐聚会，比起商品公司的操盘手餐会要有意思得多，甚至比在谢克那个位于查理一世别墅里的聚会还要棒。在那两个餐会中，会场中的人相当多，而在这个餐会中，我却是少数与会的精英人士之一。

整个晚餐当中，我都不断对自己说：“这里是真正属于我的地方，这里是我真正想到的地方，这是为什么我要为别人操作资金的理由。”但是在整个晚餐之间，有另一个细小的声音在另一个耳朵里嗫嚅着：“马丁，除非你今年能够反败为胜，否则明年你会在麦当劳和魏斯曼一起吃晚餐。”

午夜过后我才回家，简直累得要命，却没办法入睡，我的思考在飞腾。如果我想继续待在市场高手的阵营里，必须做些重大改变。罗伯逊、德拉肯米勒、列维、琼斯、科夫勒、培根、索罗斯都是市场高手。我能够和他们任何一个人平起平坐，我的基金规模可以和他们的一样大，甚至超越他们。我得多赚点钱，我需要改善操作业绩。

第二天早晨，我告诉我的交易助理爱丽森·布朗："帮我每天卖出 2.5 万股阿普强，直到存货都出清为止。我要在今年年底之前把这个头寸完全出清。"只要这个高达 4000 万美元的包袱还在我身上，我铁定没有办法达成投资人期望的回报率。

如果我以每天 2.5 万股的幅度来调节掉这个头寸，我想不会把阿普强的股价打压得太严重，此外，如果那家瑞士药厂真的开始并购行动，我还是有机会享有头寸的涨幅。内幕大哥不停地告诉我："这事马上就要宣布了，马丁，不要卖掉那些股票。我知道这的确是拖得久了一点，但这些事不就是一直都会拖得比较久的吗？"

接着，我坐下来为 11 月 1 日要寄给投资人的信打草稿。如果他们希望我操作的是期货基金，我就帮他们把基金转型为期货基金，我在信中写道：

展望 1991 年的发展计划，我已经决定要为萨布丽娜基金进行几项改变。首先，同时也是最重要的，就是将基金在期货市场及股票市场的投资的分配比例，分别由 1990 年的 25%比 75%改变为 50%比 50%。

我们有几个理由做这项改变，第一是我们今年的盈利绝大多数来自于期货交易，我们以 1650 万美元的投入资金赚得了 1020 万美元的盈利，相当于 61.8%的回报率。做这个改变的第二个理由是来自许多基金投资人的要求，他们希望投资有更高的波动性，并且愿意承受伴随而来的风险，以追求更高的潜在盈利。

第二个重要的改变是由于经济环境的快速变迁，投资人只要支付 1%的费用，就可以在年中抽回投入的资金。

第三个重要的改变是一个"到价出场"的运作模式，一旦基金的操作产生年初资金总额 35%的亏损时，基金将自动停止运作。

由于我有计划地出清所持有的阿普强股票头寸，并将投入期货和股票市场的比例加以调整。我已经准备好全心投入接下来两个月的交易中了。

投资心法 13　抛开情谊，客观决策

尼尔·魏斯曼是我最好的朋友之一，我第一次和他见面可以回溯到1972年我到大金字塔公司工作的那个时候。魏斯曼是大金字塔里的一个股票经纪人，总喜欢到处搜集一大堆资讯，也一直都试着和市场里的好手打交道，由于我在公司里是负责人们产业的新进人员，所以他就自然地和我成为朋友。

能够认识魏斯曼是我在大金字塔公司的工作经验中唯一对我有帮助的事。当我在排队领失业救济金，而华尔街里没有一个人愿意给我工作时，魏斯曼为我打电话给杰瑞·法布尔。法布尔是大金字塔公司的前任分析师，当时他正担任爱德华与韩利公司的研究部主管。魏斯曼把我被人恶整的遭遇告诉法布尔，并且向他极力推荐我。感谢魏斯曼，法布尔真的雇用了我，我也因而认识了佐尔纳。多亏了魏斯曼，才使我从人生最严重的低潮中走了出来，并且再度回到了市场。

在1986年的秋天，我终于有机会报答他。魏斯曼是一个很棒的操盘手，也一直想成立自己操作的基金，但需要有人帮他一把，所以我就对他说："我把我和老婆的养老基金都交给你，你放手帮我操作这笔钱吧！"

这笔钱的总额大约有75万美元。以这笔钱做基础，魏斯曼筹集到了另外的1200万美元，这已经足够让他开始操作他的基金了。他在基金募集完毕后，很高兴地在1987年的第一个星期，动身前往一个位于加勒比海的遥远小岛上度假，并且在这一年的前5个交易中完全断绝了和市场的联系。在这几天当中，市场突然狂飙上涨，而魏斯曼却完全没有掌握到这次机会。

当我们在2月中一起参加某一个晚餐聚会时，市场已经上涨20%，魏斯曼的基金回报率却只有9%，所以我对他说："魏斯曼，你在搞什么东西啊？怎么会在新年一开盘的时候跑去度假？你完全没有把握到这次涨势。我真不敢相信我竟然把钱交给你操作。如果我现在能够把钱抽回来的话，一定马上就这么做！"这就是我对魏斯曼，这个把我从人生低潮中拉拔起来，而且刚刚才开始操作他第一个基金的好朋友所说的话。

魏斯曼或许可以对我说："去你的！马丁，我不需要你的钱，拿走你的臭钱，然后滚蛋。"但是他没有这么做，因为他知道市场里的规矩。身为一个成功的生意人，不论你是操盘手、投资人、企业家或是其他什么身份，绝不能让友谊或是家族关系介入你和金钱相关的重要决策当中。魏斯曼当时给我的回答是："马丁，如果你想的话，可以狠狠揍我一顿，因为没有人能比我给自己更大的压力。"魏斯曼回

去后努力操作，并在那年创造了75%的优秀业绩。

在接下来的3年中，他把我投入的资金增加为原来的3倍。到了1994年，他的基金已经成长为5亿美元的规模。我现在仍有一些资金放在他的基金里，但我们两个人都很清楚，如果我在别的地方能够找到更高的回报率，我会毫不考虑地和魏斯曼说拜拜。这无关任何私人恩怨，只不过是这个市场里的游戏规则罢了。

注　释：

① 贝塔：度量一只特定股票、共同基金或投资组合相对于整体市场不稳定性的定量指标。反映了个股对市场(或大盘)变化的敏感性，也就是个股与大盘的相关性或通俗的"股性"。

病床上的操盘

斗士还是奴隶

如果11月份能取得良好的业绩，我或许就可以保住大部分的投资者。在11月2日（周五）的那个星期中，我和阿尔伯特·贝克渥、布冯、海默·谢斯可夫以及皮埃尔·莫德等几位最重要，也是平常最支援我的客户见面了。

我以前操作自己的资金时，从来不在营业日晚间出门，而周一那场在露特斯餐厅举行的餐会，以及10月份以来和客户的密集会谈简直把我累坏了。我整个白天都投入标准普尔500期指的交易，并且在那周赚了10万美元，但从我所承受到的巨大压力来看，这种盈利根本算不了什么。

在周五早上，我收到一封由乔治·葛兰诺里斯从日内瓦发来的传真，里面只写着：

请惠予协助将本人于萨布丽娜离岸基金中之持分赎回，万分感谢。

其实有两个投资人在10月份就已经通知我，准备赎回他们的基金持分，但是他们都有其他的理由，这封传真代表的是第一个因为对我的投资业绩不满，而决定赎回基金持分的投资人。

心力交瘁

下午 3:30 时,我再也顶不住了。我累得倒在沙发里,连起身看市场收盘状况的力气都没有,只想好好睡一觉。但是我的一位老朋友麦克·施密斯正要来拜访我,他打算要经营自己的基金公司,因此想向我寻求一些建议。

施密斯在 5:30 到达,我告诉他自己之前如何募集资金,并且看一看我在过去一年中的操作业绩,当他准备离开时,我对他说:"利用他人的资金,是你想要赚大钱的不二法门,但其中也有一些难以避免的坏处,那就是每个人都在身后监视着你的一举一动,而永远没有一个人会对你的业绩感到满意。他们总是不断打电话来问东问西,无休止地骚扰你,'我的资金操作得怎么样啦?'不管你对他们说什么都没有用,他们总是贪得无厌。"

到了周六,我一直睡到上午 11 点才起床。老婆已经带孩子们去参观一个书展了,而我打算中午和他们会合,但是我现在一点力气都没有,觉得自己好像快要因感冒而病倒了。我知道自己必须努力对抗病魔,因为我根本没有时间生病,有太多事情要做。我得补画技术图、计算各项技术指标,并且想好周一要采取的操作策略。

当我到达书展现场时,气温上升到舒适的 23.9 度,但我却热得满身大汗。当我走进会场时,我觉得头晕,而且痛得不得了,几乎没有办法继续迈步。书展到处都是老师和合家光临的人潮,里面一点空调都没有,一大堆小孩子在我四周奔跑、嬉戏、推挤、尖叫着,我不知道是否有力气走上阶梯。这些年以来,我的体重已经增加到 94 公斤,比在陆战队时那副苗条而结实的体型重了 10.4 公斤,我现在可是清清楚楚地感受到每一公斤肉在我身上所造成的负担。

书展回来后,晚上我们到第 68 号大街的影院去看了场电影。影院的空气令人窒息,在影院大厅里有一个写着因为年修检而关掉空调,并向观众道歉的告示牌。在等电影开演的时候,我就已经汗流浃背。或许我应该在看到电影看板时,就推算出进了影院会遇到的状况,可是我已经病得没有办法做任何联想了。老婆想带我回家,但是我并不想照做。"算了吧!"我说,"票都买了,我能挺得住,我很能挺的,我是陆战队员。"

到了周日,我躺在沙发上研究技术图,为周一的操作做准备。我觉得身体状况糟糕透了。10 月过后,我该去度个假的,但是如果我想要保住投资人,就没有时间去度假。我确信自己如果能在沙发上打发一整天的话,就能够在下周上班前得到充分的休息。可惜天不从人愿。

11 月 5 日周一，我一起床就感到喉咙沙哑、全身酸痛。“我不是陆战队员了，挺不住了！”我跟老婆说，“我得去看医生。”我和家庭医生雷蒙·郝克曼约好 10 点钟门诊。他说我被病毒感染，开了一些含抗生素的处方，命令我躺在床上休息。我吃了抗生素，但却没有办法休息。我得继续为萨布丽娜基金操盘，得在这个月赚到一笔大钱。可是我根本累得没办法交易，因此倒在沙发上收看《财经消息》(*Financial News Network*)。

到了周二，我还是只能整天倒在沙发上看财经消息。我试着做了几笔交易，但是都不成功，总共赔了 3 万美元。到了下午 5 点半，后背和前胸的疼痛，已经到了令我难以忍受的状况。这是我一生中头一回怀疑自己快要死了。老婆急忙打电话给郝克曼，但是因为时间已经超过 5 点，他已经下班回家了。他的服务人员帮我安排在 6 点半让急诊医生看门诊。我挣扎着从床上爬起来，穿上衣服，然后栽进一部出租车里。

急诊医生直到 7:15 才出现，当他终于看到我时，我的体温已经高达 40.6 度，心电图读数也相当不正常，医生劝我最好住院做深入检查。

讽刺的是，正如我和狮身人面在 18 年前所预测的一样，真要感谢健康保险和医疗支付制度，让每个挂急诊的人都得待在急诊室外面等待，即使我付了数以百万计的税，而且只住在 8 条街的距离外，还是因为没有房间而无法住进纽约市立医院。我被推进急诊室时，他们根本什么都没做。除非你被枪击、被刀刺伤或是精神病发作，否则急诊室里的工作人员，根本连正眼都不会瞧你一下。

急诊医生照理应该在我们之后立刻赶到医院的，但他再一次迟到了，直到 9:15 左右还没出现。老婆打电话到他的办公室，助手说他因为有事耽搁了，但是请我们不要担心，医生正在赶来的路上。可是他仍然没有出现，到了 10 点整，我已经气得没有心思去害怕了。“让我们离开这个鬼地方。”我告诉老婆，“我恨这个狗屁城市！”我那一夜就在厨房的桌子上，抱着四个枕头勉强入睡。我的姿势看起来就像一个虔诚祷告的修道士，但这却是我在当时唯一能够用来克服肺部压力的方法。

到了周三，我的病情一点也没有好转，在读完两封传真后，觉得更糟了。其中一封传真是来自伦敦的阿尔伯特·贝克渥，另一封是来自巴黎的皮埃尔·莫德。第一封的内容很唐突：

请将本传真视为本人赎回所持有之萨布丽娜离岸基金持份之正式通知，生效日为 1991 年 1 月 1 日。

第二封的开头就客气多了：

早安。我们想卖出1029.855单位的萨布丽娜离岸基金。请以传真或电报告知我们应采取哪些手续以配合贵处之作业，谢谢。

这些可恶的老鼠们已经开始出现弃船的动作了，我真想用回复他：“早安，拿着你们的1029.855单位的基金，塞到你们的臭嘴巴里，这就是我要请你们配合的事。”但是我没有力气去回这封传真。

当天早上稍晚，我们又到郝克曼的诊所去看病。坏消息是我的感冒已经变成肺炎了，而且两个肺叶中部有积水；好消息则是郝克曼动用了一些关系，帮我弄到一间私人病房。我们在下午1点钟到达医院，但又多花了3个小时才拿到住院许可。

真要好好感谢健康保险和医疗支付制度，医院可以规定一大堆他们认为必要的检验来决定你是否可以住院，并且从中再捞一票。我因此必须做全套的心电图、血液检定以及X光照射，与此同时我的体温已经高达39.6度。我真的病得很厉害，但却只能在一个吵嚷不堪的房间里独自躺着，拉开衣服，卷起袖子，等着轮到我做检验，这真是荒谬到了极点！

终于我可以住进那间单人房了，老婆雇用了全天候的私人护士，每天支付750美元，但在那种情况下，我才不在乎呢！我得要有人细心照顾我，需要专门帮我战胜病魔的人。通常这个人会是老婆，但她没办法整天寸步不离地守着我，她得在家里陪着我的孩子们。

在病房里，一大堆的医生和护士川流不息地进进出出，每个人手上都拿着注射针筒，开始不停地在我身上抽血、抽血、再抽血。他们在我身旁放了一个架子，以便我如果病情好转，想起床时可以支撑，可惜我的病情根本没有好转。

我一直问医生到底怎么一回事，而他们只是一再漠视。他们根本就不在乎我是不是冠军操盘手，在这里我只不过是一个病人。真要感谢我的私人看护依莎，依莎从来不会让那些医生不看我一眼就走开，她在了解医生要采行什么样的医疗程序前，也不会让他们碰我一下。她不停地看着我的心电图，查看医疗仪器，仔细地向医生询问，对付那些护士，并且持续问我感觉怎么样。

医生和护士一直在我身边来来去去，打针、打针、再打针。依莎告诉我，他们之所以要抽这么多血，是因为要确定病因是细菌还是病毒。纽约市立医院传染性疾病科的主任亲自检验我的病例。依莎说这位主任之所以这么关心，是因为在过去4个月中，他已经在医院里看过4个相同的病患，这4个病例都是病毒性感染。“舒华兹先生，”依莎向我解释，“如果你的病因是细菌性感染，他们可以利用抗生素来治疗。但如果是病毒感染的话,就只能任由病毒自由地发展下去了。”

“那,他们准备怎么做?”我说。

“他们就会开始由静脉注射红霉素,那是一种用来治疗呼吸道感染的抗生素,另外也会帮你注射头孢菌霉素,那是一种用来治疗支气管和喉咙感染的抗生素,还有……”好了,好了,事情已经很清楚了;在依莎向我说明完毕前,我的手臂上已经多了几支针筒。

住院期间买进

药物的作用终于显现了,整个晚上直到第二天早晨,它们开始击退病魔。到了9日周五的下午,我已经觉得好些了。2:45,依莎还没推我到楼下去照X光之前,我打电话给芝加哥的经纪商艾维·戈德费德。因为当时的利率水准很低,所以我相当看多,而我也带着Metiplex随身型报价机,这个像呼叫器一样的小东西,可以提供24小时不间断的期货报价,所以我知道目前的市场状况如何。“戈德费德,”我尖声说着,试图以平常的音调来说话,“帮我用市价买进400手12月的合约。”我刚刚买进了400手30年美国政府长期国债期货合约。根据报价机上所显示的价格,我的进场价可能会在“9224”,这表示价格是$92^{24}/_{32}$,或者可以说合约总值为9.275万美元。

“马丁,你确定吗?”戈德费德说,“你不是应该正在休息当中吗?”

“是啊,我很确定。事实上,帮我改成买进600手吧!”

“马丁,你这个白痴!你不是已经住院了吗?你在搞什么鬼啊?嘿,你最不需要的东西就是额外的压力。”通常,我会对戈德费德大吼一顿,然后叫他照我的话做,但是现在我已经虚弱到没有力气争论了。

“好吧,那只要帮我买进400手就好了,可是我要你马上就给我买进。”

在整个周末里,身体状况不断改善,当我的体温下降至37.7度时,长期国债期货的价格也上涨到9301了。当市场在12日周一开盘时,我卖出了那400手期货合约并且赚取11.25万美元的利润。果然,卖出了那些债券期货让我脸上恢复了血色,我告诉郝克曼医生自己希望回家。又有另外两个萨布丽娜离岸基金的投资人通知我要赎回资金了,因为新的资金分配(50%投入期货市场,50%投入股票市场)对他们来说风险太高。我得开始想办法赚一些真正的大钱。

郝克曼同意让我出院,因此老婆就在13日周二的早晨到医院接我回家。那天我一直从下午工作到晚上,补画技术图形、计算技术指标,试着让一切恢复到我能控制的状态下。

凌晨紧急手术

我在大约10点上床就寝,并且马上进入梦乡,但在周三的凌晨1:30时,却因胸口剧痛从睡梦中醒来。这种疼痛是我以前从来没有经历过的,一阵强烈的刺痛从我的心脏穿刺而过。我不认为是心脏病发作,但每呼吸一次,就会引起一阵阵深入脊髓的疼痛。老婆开始为我按摩胸部,试着减轻我的痛苦,但似乎没有什么效果。我们打电话给郝克曼诊所里的服务人员。

医生总算在凌晨4点的时候回电,老婆向他详细叙述我的情况。"先让他吃两颗止痛药减轻疼痛,再吃两颗镇静剂帮助入睡,拿一张电热毯放在胸口保温,我明天一早再打电话给你们。"我终于入睡,然后在早晨7点半醒来,全身都被汗水浸透。

到了9点,郝克曼打电话来。"马丁,我不希望你四处走动。"他说,"我已经安排好在10:45时,由克利斯多杜罗医师为你做心电图,这位医师的办公室就在你住的那幢大楼里。我们那4个被病毒感染的病人,最后都验出来有心包炎的反应。"

回声心动描记法检验证实了我们最害怕的事,我得了心包炎。在我的心包中开始大量积水,在心脏四周包围着膜状囊组织,并压迫到心脏,引起剧烈的疼痛。所以我又住回医院去了。

郝克曼再一次动用了一些关系帮我弄到一间私人病房,而老婆也再度请依莎来当我的全天私人看护,而那些如潮水般进进出出的医生和护士再度穿梭在我的房间中,每个人部拿着针头在我身上抽血。上一次住院时,我很介意这些事,但是现在我吓坏了。之前有毛病的是我的肺,现在有问题的是我的心脏。

我的体温一直往上蹿升,从37.9度、38.2度到38.6度。我的身上插满了各种注射针管,其中一条插在右手臂上注射着加入红霉素的生理食盐水,另一条插在左手臂上则注射着头孢菌霉素。第三条插在身上的针管是一支导尿管,用来收集尿液,但却是我最痛恨的一条针管。

高德医师是胸腔外科的医师,向我解释目前可以选择的治疗方式。"舒华兹先生,"他说,"我们准备要试用抗生素来控制你体内的感染状况,但如果你的心脏四周还是继续积水的话,就必须动外科手术加以治疗。"这是我最不想选择的方案。

当天晚间7点，老婆来看我。在说完孩子们的事后，她提醒我，吉恩·克劳德今天打了一整天电话找我。克劳德是一个不折不扣的寄生虫，他是另一个专门介绍欧洲有钱人和热门基金经理人接触的中介。和威利（在苏黎世帮我找客户的另一个中介）不同的是，克劳德的办公地点位于纽约市的世贸中心。如此一来，他可以随时留意与他合作的基金经理人的动态，而他那个在瑞士当银行家的哥哥吉恩·皮埃尔则在欧洲帮他挖掘客户。在过去的10个月当中，克劳德是一个令我讨厌到极点的头痛人物。他总是不断打电话给我，在我做交易的时候打扰我，多嘴多舌地跟我说要怎么样才能让基金操作得更好。“马丁，你要好好操作，你的基金比起别的基金表现较差，你的业绩得更好才行！”

克劳德告诉老婆他得立刻和我谈一谈，他希望知道我住的是哪一家医院，说要来看我，但克劳德担心的可绝对不会是我，他担心的是自己的钱。当老婆不愿意告诉他我住在哪个医院时，他开始有点发火了。“如果马丁在本周结束前没有和我联络的话，我就要把我客户的钱，转到另一个愿意回我电话的人那里去。”

我告诉老婆不要理会克劳德。我因为药效发作而头昏得没法多说什么，而且胸口也痛得没有心思去担心像克劳德那样的瑞士黄鼠狼。老婆离开后我试着要睡一下，但是大约在晚间9点时，我突然觉得眼前一阵天旋地转。“依莎，救命啊！”我尖声叫着，“我快要死了！”接下来我只知道一部急救推车进了我的房间。

依莎按下了紧急求助铃。那些药对我而言都没有效果，我心包里的积水已经急速增加，直接压迫心脏。我的脸色发青，血压降到只剩下50/40的状况。在几分钟之内，一整个急救小组已经围绕在我床边。我的头旁边有一位麻醉师、一位胸腔外科医师伏在我的身体上，床脚则有一位心脏专家监看着心电图，甚至有一位医生连电击器都准备好了。

我身边的人不停地大声说话，喊叫着仪器上的读数，并且下达指令。“血压80/60，还在下降中。”“给我五CC。”“血压70/55。”“心跳160，非常急促而微弱。”“血压50/40，我们快要失去他了。”搞什么！失去我？“救我，救我，请不要让我死！”我气若游丝地说着，脑海中浮起女儿和小儿子的脸孔，“求你，求你，不要让我死。”医生开始将我的血压稳定下来，但我的双腿却因为医生将一些冰冷的液体打入体内而开始剧烈颤抖。我再度昏厥。

我在一张推往加护病房途中的担架床上醒来，身上满是连接管子的注射筒。一根导管从我脖子上切开的一个口子中接出来，在外面摇晃着。很幸运地，高德医师也是一个工作狂。他刚刚才动完一个心脏手术，一直忙到深夜，然后睡在医院里。当我看到他时，他只说了一句：“我们马上动手吧！”

高德医师通知老婆，准备马上为我动手术，但是她必须照顾孩子们无法抽身，只好打电话给她姐姐琳达，把她从睡梦中叫起来，等着她到我们家来。与此同时，我可能已经开始动手术，并且可能再也看不到她了。就在我要被推进手术室之前，一个非常美丽的护士对我说："舒华兹先生，很抱歉，但是我们必须把你的结婚戒指拿下来，你不能戴着戒指进手术室。"

我是一个很传统的人，平常总是随身戴着结婚戒指。就算有某些特殊状况不得不拿下来时，心里还是觉得我戴着它。由于我在婚后体重一路上升，手指上已经留下明显的戒痕，我试着把戒指拿下来，但是没有办法。我被注射了太多的液体，而且臂膀和手指都因为吃药而有些浮肿。那位护士用一些肥皂和水，很温柔地把戒指从我手指上拿下来。我强忍着泪水，对她说："拜托你把戒指拿给我太太，并且告诉她，我希望她能够有机会把戒指再戴回我的手上。"

凌晨4:30，他们把我推进手术室。我平躺着看着手术台上的灯光逐渐放亮，心里怀疑自己还能不能再看见阳光。他们把我从活动病床上移到一个小小的手术台上。我硕大的身躯几乎没有办法配合它的大小，他们注射了另外一个针管到我左手背下面的静脉里。

一位麻醉师开始用一种低沉、自信而平稳的语调在我耳边说："马丁，我们现在要把你的手包起来。"我的右手臂被包裹起来并固定在床单上，左臂也被包裹住然后放在我身边。"现在我们要把一个支架放在你的背部下方，这样就可以让高德医生看清楚下刀的尺寸。"当他们把那个支架放在定位时，我可以清楚感觉到它的坚硬和冰冷。"现在我们要在你的头上盖上保护巾。当麻醉开始时，你会昏迷几秒钟。现在我要你从100开始倒数。好，开始倒数吧！99、98、97……"当我数到96时我的身体有一种疯狂的感觉直冲到每一条神经。我看到白色的磁砖从面前飞过，速度愈来愈快，好像坐在一列不断加速的云霄飞车上。

一种干渴的感觉将我从睡梦中唤醒。我的嘴巴简直比沙漠还要干，脑子里唯一想的就是能马上喝一口水。我根本不管身上插满的针管，那些针管和我身上的疼痛告诉我自己还活着。一个护士靠上前来。"早安，舒华兹先生。很高兴你平安动完手术了。觉得怎么样？"

"水。"我声音沙哑地说着。

"不行，不行，还不能喝水。医生马上会来看你，然后我们会把你转送到加护病房去。"

"痛！啊……好痛啊……"

"这样就好，疼痛表示你已经好多了，等一下你被送到加护病房去时，他们会马上帮你注射一些吗啡。”

我再度感到头晕，在他们移动我的过程中，我只觉得四周叮当声响不绝于耳，就好像身处于一个电动弹珠台游乐场里，然后才发觉自己已经被送到加护病房，而那些嘈杂的声音是来自病房中用来观察每个生命垂危病人状况的医疗仪器。一个墙上的大型时钟显示 11 点半。现在，我感觉好多了，一定是吗啡发挥了药效。

手术后的操盘

我开始观察四周，检查每一部放在我身旁的机器，试着看懂机器上所显示的数字到底代表什么意义。虽然我身上安装了一根导尿管，不管目前我所能争取回来的有多少，但我还是不放弃重新建立一些对自己人生的控制权。

我的注意力转移到床边的一个大型电视屏上，上面显示了 5 个字母的画面。一个心电图持续在屏幕上跳动，下面是一个小格子，里面用绿色的数位显示着我的血压（134/82）、心跳速度（98）、血液含氧量（97）和心脏压（80/10）。这些数字让我想起了我的 Quotron 和 Metriplex 报价机。我开始做一些呼吸练习，来测试一下我是不是能控制自己的血压。我不停地吸气、吐气、憋气，眼睛盯着机器上的读数，130/78，138/86。

“老公！停止这么做！”我的心思太专注于那些仪器的屏幕，以至于没有看到老婆已经走进病房。她转头对跟着她一起进来的护士说：“你们这些人在干什么？他平常就是盯着屏幕过日子的。你们如果想要让他的血压降下来的话，就快把这些该死的机器挪开。”那个护士照办了。

当你只能躺在床上盯着时钟看时，时间似乎过得更慢了，而这正是我接下来五天里唯一能做的事。当我在做交易时，从来不觉得有足够的时间，总是希望时钟能够停下来等等我。

现在，我在心里不停催促时钟走快一点，因为我知道随着时间逝去，我的情况就会逐渐恢复正常。我的目标是先把体温降下来然后回家过感恩节，而我真的办到了。

22 日周四，感恩节当天，老婆来接我回家。我没有力气坐在餐桌旁用餐，药物治疗让我仍然不很稳定，但是至少已经出院和家人团聚，我已经很心满意足了。

整个周末中，我都在整理上周不在时堆积下来的邮件。一封苏黎世来的信中说道:“请贵公司照本人先前指示，将本人所持有之萨布丽娜离岸基金全数赎回……”在巴格瓦、基德尔与琵芭迪公司的来信中说:“本人在此请贵公司赎回本人持有之萨布丽娜离岸基金……” 开曼群岛来的信中提到:“请照本人于 11 月 13 日去电之指示,确实赎回所有持份……”来自巴哈马的邮件也写道:“谨以此信通知您本人将要求赎回本人之持份……”“我们要求‘立即’赎回所有持份,最晚期限为 1990 年 12 月 31 日……”“本人将于今年年底取回所有投资于贵处之资金,本人对贵基金操作风险之提高深感不安……”最后,有一封来自芝加哥的信说:“请将本信视为郝斯曼国际公司之正式通知,本公司已决定将于贵处之账户完全结清,并终止原先之协定……”又有另外 7 个投资人,包括郝斯曼和另外总额达 500 万美元的资金从我的基金中抽走。你想象不到其中竟然没有一封信写道:“附注:希望你早日康复。”他们真正在意的只是自己的钱罢了。

我希望他们是最后一批要赎回萨布丽娜离岸基金的投资人,可惜我又错了。11 月 26 日周一的早晨,又有一堆传真、信件和快递送到莱克星顿街 750 号,里面全都是坏消息。巴基斯坦的客户要求赎回,我在巴拿马的投资人用西班牙文告诉我:“再见!”来自世界各地的投资人都用他们的母语告诉我同一句话:“再见!”我的基金在一个月之内从 7000 万美元的规模一下子缩水成 4500 万美元，而我还得继续撑过 12 月。我真的必须好好赚一票才行。

但首先我得去看高德医师,他要在周一帮我拆线,想起又要再回到医院就让我感到痛苦。我确信一旦进了医院,他们又会把我给留下来,然后那个痛苦的过程就会重来一遍。可是我猜错了。“马丁,你的手术恢复得相当好,”高德说,“但是你还没有完全复原。你可以回家,放松一下,可是不要让自己承受太多的压力。”

我整个星期都在做交易,但在 11 月 30 日周五那天市场低开时,我开始觉得胃部好像停滞不动,身体感到疲惫不堪,心里很想轧平手上所有的头寸。我一直撑着直到市场开始上涨才把所有头寸抛出,可是在我卖出后,债券市场才开始迅速向上猛涨。

我的体力完全耗尽,几乎没有力气把握这一波涨势,可是我怎么可以在多头列车终于开动时,只是呆呆站在月台上看着车子开走?管他高德医师!我得要让那些卖出我基金的混蛋知道我仍是冠军操盘手。我打电话给戈德费德,并且建立了 600 手债券期货的多头头寸。

12 月 1 日周六,我几乎没有力气从床上爬起来。当我在计算上个月的操作业绩时,我的体温上升到 38.3 度。到了周日下午,体温已经高达 38.4 度,我知道又有麻烦了。老婆打电话给郝克曼,他要我马上去医院的急诊室报到。当我到医院时体温已经升到 39.3 度。很幸运的是高德医师——那个和我一样的工作狂在那里。我求他一定要让我好起来，我问他需要什么东西，只要开口，我就帮他弄到。他觉得我在开玩笑，已经开始胡言乱语了。

“告诉我你想要什么？”我对他大吼，或许我真的是在胡言乱语了。

“好吧！嗯，既然你这么说的话，我就要个新的立体音响好了。”他以开玩笑的口吻说。

“老婆！帮高德医生买一组立体音响。”我大叫着，“免费送给他！现在，医生，请你救救我的命吧！”

高德医师马上开始为我做心电图，问题出在我的心包囊又开始积水了。他向我们报告了一下我的状况，“我要再送你回加护病房去观察冠状动脉功能。我们不想再动一次手术，但是也不排除这个可能性。如果我们没有办法用药物来控制病情的话，就必须开刀摘除心包囊，你没有它一样可以正常过日子。”

CBOT 的债券期货在周日的晚间开盘了。在前往医院的途中，我打了一通电话给戈德费德，并留言要他立刻回电话给我。或许在没有心包囊的状况下我还是可以过日子，但是我可不确定我的身体状况能受得了再动一次大手术。

我必须轧平那个债券期货头寸，当那些贪婪的投资人打电话来，想知道他们的钱操作得怎么样时，老婆可以告诉他们一切都很好，即使我死掉了也一样。

我躺在床上，仔细听着身旁仪器嘈杂的声响，心里想的却是我的债券期货头寸到底怎么样了。有一位护士拿了一部电话走到我床边，“舒华兹先生。这是你的‘私人医生’戈德费德医师从芝加哥打来的电话。我们把你的状况向他报告过了，但是他坚持要和你说话。”戈德费德医师？

“马丁，他们不肯把我的电话接进来，没有人能打电话进加护病房，所以我告诉他们我是你的私人医生，而你想从我这里听一听意见。”

“哦，你真是一个好医师。”我轻声地说，“那你的诊断如何？”

“你已经赚了 10 点，大约是 20 万美元。你想要怎么做？卖出吗？”

“这听起来是个好主意。谢谢你啦，戈德费德医师。”

第二天早上，我真正的医生帮我注射类固醇，这个疗法真的有效。我的高烧开始神奇地减退，心跳速度也从每分钟 140 下回到每分钟 90 下，我终于在 12 月 4 日离开了医院。

大梦方醒

从11月7日开始,我总共进了医院3次,总住院时间长达26天。当然在这段时间内我为我的投资人赚取了50万美元,但代价又是什么?我的医院账单超过了10万美元,但这终究只是金钱上的花费。

真正让我感到心痛的是,虽然在过去的一年中我为投资人尽心尽力赚钱,但是在生病住院的这个期间,竟然没有一个客户寄任何一张简单的卡片给我,关心一下我的健康或是安慰一下我的家人。

我回想起这场噩梦开始前的那天晚上,我和施密斯会面中的谈话内容。如果时空换成是现在的话,我会对他想要募集基金的计划有什么评语?我会告诉他,为了操作别人的资金而付出太多心血并不是一件值得的事,我也会告诉他不管得到金钱上多大的报酬,为那些对你一点也不关心,甚至不在乎你死活的人工作是毫无价值的。

我一直都想和市场中的高手们一较高下,而在某段时间内,我也的确办到了,但结果却几乎要了我的命。金额庞大的基金对琼斯、索罗斯、德拉肯米勒、罗伯逊、培根以及科夫勒这些操盘手来说是没有问题的事,但对我来说可就不是那么回事了。我发现我是一个非常纯粹的操盘手,不喜欢任何人来干涉我在操作上的决策,也不想为那些我一点也不喜欢的人负责,我只想要享有自由自在的生活,并保有健康。

虽然如此,我还是决定继续维持基金的运作,我还是相信我可以找到一些欣赏我和我的操盘能力的投资人,并且在这样的状况下操作一个颇具规模的基金。

1990年12月14日(我最后一次住院的出院日),在寄给投资人的11月份业绩报告中,我写道:

亲爱的伙伴们:

我对于11月份的操作业绩,拖到今日才送交给您感到万分抱歉,但正如同部分投资人所知,我在上个月感染了一种神秘的病毒,起先像是肺炎,但最后却蔓延到我的心包囊中。为了挽救我的生命,我在11月16日的清晨进行了一项必要的外科手术……

我预期1991年,将是一个远比今年来得更有生产力的年度。我们的基金规模将在1991年下降为4500万到5000万美元左右,如此一来应该可以使诸位投资人的回报率更高。将资金继续留在本基金的伙伴们现在就像是我的一家人,我将在 1991 年更加用心为您服务,特别是在我在死神手里走过一遭后。

投资心法 14　化解压力,平衡心态

生活中得来的两个教训。

一、在压力摧毁你之前,先把它化解

雷·古拉是一个古板、有着一头白发又固执的期权操盘手。他坐在一个拥挤吵闹,充斥着不成气候、一心只想混口饭吃的操盘手的办公室里。我是在 20 世纪 80 年代初,刚离开 Amex 到场外自行操盘时认识他的。贝尔斯登公司给了我一间位于交易所附近的私人办公室,而古拉的办公室就在我办公室门外。

有一天我正在标准普尔 500 指数期货上建立一个很大的头寸, 压力正开始慢慢在我心中堆积起来。市场正在下跌,而我仍继续在那个本来就不小的头寸上加码摊平,在一路下滑的走势中加码买进是我几乎从来不做的事,但是我的技术指标一直告诉我市场已经超卖,应该会出现一个反弹走势。此外,老婆在那一天休假,所以并没有在我身边提醒我已经违反了自己最优先也是最重要的守则:绝不让自尊心控制你的交易行为。

当汗水从额头上滴下来时,我开始找一些方法来解除压力,我笨拙地在桌上摸索着,找到一只铅笔盒,把它放在头顶上,然后跑到古拉的办公室,跳到他的桌子上,开始轮流踩在每一张桌子上,拿着那个铅笔盒跳舞并大叫:“我买进喽! 我买进喽! 我是他妈的死多头哦! ”

当你正处于输钱的状况,而且开始脑袋空空的时候,应该尽快采取任何一种可行的方法来帮助你理清思绪。不管你是一个市场老手,还是初出茅庐的菜鸟,都不能失去客观性。

我借着跳到桌子上跳舞来舒缓压力,因为我怕停止思考、呆若木鸡。然后我到座位上坐下来, 重新思考策略。我依然得到同样的结论——做多是正确的决定。但是这一回我还是为我的头寸设立了一个止损指令。不久市场果然开始回转,到了那天收盘时我赚了 10 万美元。

第二天早晨,古拉走进我的办公室,手里拿了一颗棒球,球上有 1960 年美国联盟冠军纽约洋基队全体球员的签名。他把那颗球拿给我:“我希望你收下它,因为你是那样迷洋基队。”我看着那颗球,上面满布着我心目中偶像球员的亲笔签名。我从小时候住在纽黑文时就是这些人的球迷。我说:“我不能收你的球,而且

你为什么要把这颗球送给我？”

“因为你让我和家人赚了很多钱，这就是我的理由。”古拉回答我，“昨天当你拿着那个铅笔盒在我们的桌子上跳舞，并且大叫着你持有了很大的多头头寸时，我打电话给我在交易所场内工作的儿子和女婿，告诉他们如果你做多，我们最好也跟着做多。马丁，昨天是我们在这么长一段时间以来获利最多的一天，我们希望把这颗球送给你作为我们最诚挚的礼物。”

我仍然不愿意收古拉这个具有23年历史的纪念球，但经过他一再坚持，我还能说什么？我不想无礼，而且也真的深深被这个礼物所感动。今天，这颗球装在一个玻璃盒中放在我儿子的房间里，就摆在他的书桌上。

二、没有人能死到临头，还拼命工作

1992年，有一个名叫肯·库什、从芝加哥来的债券操盘手打电话给我，问我是否想和他一起去看一匹赛马。我当时正想让自己和市场切断往来，并且培养一些新的兴趣，而且从我到过赛马场的第一天起，就一直梦想着能拥有一匹赛马，所以我说：“好啊，我们去吧！”

库什帮我们买了一匹4岁大，名叫普利班的小母马。普利班一跑出起跑线就一路落后，它有各式各样的毛病，而且大部分的时间都跟在别的马身后喘气。库什曾经飞到各地去看它参加各项比赛，然后总是打电话给我说：“马丁，别担心，它是一匹很棒的马，只是它的训练师没把她照顾好。”或者是“马丁，那个训练师说他发现了一种新药可以让它变成赢家”。又或者是“马丁，它刚刚才跑出第三名的成绩。这真刺激。你一定要来看看它”。

我并不打算搭飞机跑去看普利班，然后把我的钱浪费掉，但是有一天库什打电话来，说：“马丁，好消息。下周三我们帮普利班报名参加一项比赛，它可不是昔日的吴下阿蒙了！训练师帮她找了一种刚刚由马里兰州赛马协会核准使用的新药，它现在训练时的成绩好得不得了，你一定要来看看它。”

我觉得如果你从来没去看自己的马参加重要比赛的话，那养马根本就失去意义了，所以我决定从纽约赶去巴尔的摩看这场比赛。“好吧！”我告诉库什，“我会专程拨一天的时间飞去看它。”

我得赶上早晨10点半的火车，但是当市场开盘时，我建立了一些有趣的头寸。所以当我发现到了该出发的时候了，我又觉得何必花一整天到马里兰去看普利班？如果它输了，我不但会相当失望，而且又浪费了一整天的时间。除此之外，我并不需要去马里兰，只需要走到最近的场外赛马赌博（OTB）去下注就好了。

所以我没有去，结果普利班竟然赢了。更糟糕的是，我在OTB下了2000美元的注，只赢回5500美元而已。在赛马场里，普利班的赌盘是12比1，意思是我每下200美元可以拿回2.52万美元。当我没有出现在赛马场时，库什简直不敢相信我竟然会不去。"马丁，"他说，"你得好好把握你的权利啊！"

后来，普利班哮喘的毛病愈来愈严重，我们最后把它卖掉时只拿回一点点钱，比起它赢得那场比赛时的价码要差得多了。我再也没有买进任何一匹赛马，但或许哪一天我又会手痒也说不定。如果我真的又买了一匹赛马，我一定会好好享受我的权利。有许多人因为失去了客观的看法而在市场中施展不开，花更长的时间工作并不能让你更聪敏地把工作做好。事实上，结果很可能适得其反。

在这么多年的经验中我学到一点，那就是当你在市场中经过一段很顺利的日子后，休息几天慰劳自己一下是很重要的。一般人都会自然而然地倾向于继续交易，直到再度遇到操作的瓶颈为止。但是经验告诉我们，在一连串的胜利中休息一下，通常都能将你的表现加以延续。

保持平衡的心态。当你的马起跑时，你一定要在场。坐在马主专属的包厢里，尽情地下注，享受一下快乐的时光，并且完全忘掉市场的存在。

我的沙漠风暴

期货债券双箭齐发

“因为我很强硬，所以你们不会喜欢我。但是你越恨我，你学得就越多。我很强硬，但我很公平，我心里没有种族偏见，我不会看不起黑人、犹大人、意大利人或是爱尔兰人。在我看来你们都是一样毫无价值。我接到命令，要把那些没有能力为我所爱的陆战队效力的杂碎赶出去。从现在起，我没有叫你们说话就没人可以说话。你们开始和结束每一句话时，都要给我加上‘长官’这两个字。你们这些笨蛋明白吗？”

“长官，是，长官。”

“狗屁，我听不到你们在哼什么。给我大声回答！”

“长官，是，长官！”

“我还是听不到！”

“长官！是！长官！”

1968年2月5日，我来到位于弗吉尼亚州匡提科镇的美国海军陆战队基地，开始我在预备军官学校的军训生活。我在哥伦比亚大学商学院就读的第二个学期，就和陆战队签下了志愿军官役。当时校园里盛传，美国国防部准备取消哥伦比亚商学院学生的缓征办法，我可不想被征召到越南去当兵。

陆战队的训练为期10周，训练期间，他们严格控制你的一举一动，目的是首先把你的思想完全摧毁,然后把你塑造成他们要的那个样子。他们让你从凌晨5点半开始就不断地忙碌,先用一个钢质的垃圾桶在水泥地上滚动,把我们从睡梦中惊醒,开始马不停蹄的一天,直到晚上10点钟,在他们关掉灯,并且说"晚安小姐们"之后我们才能休息。但我们还是得随时保持警戒,内心充满恐惧,筋疲力尽地蜷曲在行军床上。

不过我还是在那种环境中生存下来了。"恭喜你,舒华兹少尉,你现在是正式的陆战队员了。"

1990年11月7日,我开始那长达4周和病毒性心包炎的斗争,并且一直住在医院里,直到12月14日才康复出院。从那时开始,我一直都在家里的办公室工作,试着慢慢恢复。在午餐时,我的一名助理罗伯·列文会从我位于莱克星顿街750号的办公室过来,陪着我在附近的街上走走。郝克曼医师坚持要我必须每天出门走走,呼吸一下新鲜空气,即使外面的气温只有零下3.9度也得照办。我穿上莱维安开司米羊绒外衣,这是1987年我和老婆,还有画廊老板弗雷斯科到俄罗斯旅行时买的,再围上一条阿玛尼围巾,拉高外衣的领子,最外面穿上我在莫斯科买的一件貂皮大衣后,慢慢地在冬季冰冷的纽约市街头散步。

我们决定在新的一年来临时,开始照目前的路线散步,这是因为每当新年到来时,我的头脑总会精神振奋,并且充满了勇往直前的干劲。

虽然我在这场大病中捡了条命,而且在住院期间有几乎一半以上的投资人遗弃了我,但我依然是萨布丽娜基金公司的龙头老大,仍然有相当多的投资人信赖我,再加上我自己也投入了相当多的自有资金,因此尽快回到工作岗位是一种责任,也是一项自我保护的行动!我必须开始为赚大钱而努力奋战,我的耳边又响起了海军陆战队跑操歌:

我热爱为山姆大叔效命。
我热爱为山姆大叔效命。
让我们了解自己是什么东西。
让我们了解自己是什么东西。
一、二、三、四,美国海军陆战队。
一、二、三、四,美国海军陆战队。
一、二、三、四,我爱海军陆战队。
一、二、三、四,我爱海军陆战队。
我的陆战队、你的陆战队,我们的陆战队、陆战队!

我的陆战队、你的陆战队，我们的陆战队、陆战队！

1月2日那天，我几乎连在家附近走走都没有力气。我既没有精神，也没有体力。从我胸部开刀处一直到肋骨一带实在疼痛难忍，还必须服用一种名叫强的松[①]的药，它的副作用之一便是扰乱服用者的精神状态，这对操盘手而言并不是好药。根据我的医学百科全书记载，强的松会“造成耳鸣及情绪波动、个性产生改变，并使服用者产生严重的沮丧感。这种药也可能使服用者的内在不稳定情绪发生激化”。郝克曼医师试着让我渐渐减少药量，为了达到这个目的，我就必须慢慢恢复体力。

每回我和列文散完步回来时都满身大汗，累得跟狗一样，但是体力也一天天增加。随着我散步的距离逐渐加长，从4条、8条到12条街，强的松的剂量也逐渐降低，从30、25毫克，一直降到20毫克。

临战准备

自从1990年8月2日，萨达姆派兵入侵科威特起，市场就一直在剧烈波动。股价大致上来说都呈现下跌走势，而大宗商品价格，特别是原油价格则呈现飙升的走势。但是每一次伊拉克向以色列发射导弹，纽约的那些程序化交易[②]操盘手就会按下他们的买进或卖出发动钮，然后市场就会陷入一阵混乱当中。

1991年1月9日，美国国务卿贝克在日内瓦和伊拉克官员会面，试图达成某种政治妥协方案。市场预期他们将会达成协议，但是当贝克走出会场，面对众多记者所说的第一句话竟是“很遗憾……”。标准普尔500指数在贝克说完那句话之前就已经重挫了10点，市场的卖压在那一瞬间猛烈爆发出来。我开始努力建立空头头寸，在市场中拼命卖出标准普尔500指数期货，然后再以更低的价格把它们买回来，钞票又开始流进来了。

在那个周三，我问老婆：“你知道，市场对于战争真正开打的预期只能反应几次而已，我觉得现在市场的底部已经出现了。我所有的技术指标，都显示市场的超卖状况很严重，一定有什么状况会发生，我应该在它发生前买进一些股票。”现在，听取老婆的意见比以前任何时候都重要，我没有办法确定现在的感觉是基于市场的现实状况，还是因为强的松的药性正在发作。

“老公，如果你喜欢，就买吧！”

我开始敲进。阿目金、百时美施贵宝、康柏电脑、达美航空、美国联邦国民抵押贷款协会、GAP、吉列、家庭贷仓、强生、默克、微软、耐克、络威尔、菲利普·莫里斯、得州仪器、联合航空、沃尔玛百货等都是我买进的标的。我深信美国政府一定会采取必要的行动来解决海湾危机，一旦美国真的采取行动的话，市场将会做出正面的反应。由于在周一和周二，我就已经买进了160手的标准普尔500指数期货合约，因此在3天之内，就动用了1200万美元的资金，让我的基金能在涨势发动前取得良好的攻击位置。

那天，1月16日周三的傍晚，我正躺在书房的沙发中，看着美国国家电视网的汤姆·布罗考所主持的晚间新闻。我那天累极了，那时距离我最后一次出院才不过5周而已，而且那天傍晚，我才刚刚完成一趟近来最棒的散步，总共走了有一公里之远，足足有20条街的距离。我握着摇控器，看着电视屏上的布罗考。今天电视上他的特写镜头特别多，而这通常是有重要消息发生时电视台爱用的播报手法。果不其然，就在几分钟之前，根据白宫发布的新闻，布什总统宣布美军已经对伊拉克发动全面攻击，"沙漠风暴"行动正式展开。

我并不希望战争真的发生，我可不是给阎王爷看门的，更何况现在我正为了复原而努力和病魔奋战，但当1991年1月16日战争爆发后，我仿佛回到身为陆战队员的时刻，随时准备应战。现在该是我好好打一场仗的时候了。我从沙发上站起来，走回办公室，轻松地坐在椅子里，戴上电话耳机，看一下时钟，时钟显示着东海岸时区下午6:40。我还没有完全做好进行交易的准备，但是我很强，我是陆战队员。就算是有一半的投资人从我的基金撤资又如何？身为陆战队军官，我还是决定要奋力一搏。

"后备军官舒华兹，让我看看你的战斗状态。"

"长官，您的意思是？……"

"你进入了战斗状态吗？这就是战斗状态。杀！"

"杀！"

"狗屁！你这鸟样根本吓不倒任何人！让我看看真正的战斗状态！"

"杀！杀！杀！"

"你还是吓不倒我！马上给我好好练习，否则你会吃不完兜着走！"

"长官，是，长官！"

美国派出F15战斗机担任攻击任务，它可以发射像手术刀一样精准的精确制导炸弹和激光制导导弹。毫无疑问，我们将把萨达姆这个骑骆驼的人，和他那所谓的共和卫队深深埋在沙漠里。不但如此，我们将在很短的时间内获胜，所以我得加快动作。

“在9点整有一场魔术表演，查理·卓别林将告诉你们，自由世界如何靠着上帝和几名陆战队员就取得胜利。上帝会帮助陆战队，因为我们会消灭目光所及的敌人。上帝玩他的游戏，我们玩我们的。为了感谢上帝赐予我们这么强大的力量，就让无数清新的灵魂来捍卫天堂。上帝随时保佑陆战队员，所以你们可以全心信赖上帝，但你们的小命还是属于陆战队。你们这些小姐们听懂了吗？”

“长官，是，长官！”

现在美国已经加入这场战争，在过去4个月当中主导了原油和黄金市场的恐惧与不确定性，在一夕之间消失无踪。我得找一个还在交易时段中的市场，我想要放空原油和黄金合约，然后在价格下跌时马上补回来。

你或许会问我，为什么呢？当海湾战争爆发后，市场上每一个操盘手第一个想到的就是放空原油期货，但是为什么要放空那个在危机发生时，每个人都会拿来当作避险工具的黄金？

我的理由是，自从伊拉克入侵科威特以来，原油和黄金就已经呈现超买状态，一旦市场了解到，萨达姆对于海湾以及原油供应将不再造成威胁时，原油和黄金价格就会像一对熟透了的椰子一样双双坠落下来。我得马上放空原油和黄金。我在椅子里把身体前倾，拿起电话打到基德尔与琵芭迪公司的夜间接单部。

“我是马丁·舒华兹。我在你们那里有开户。户名是萨布丽娜合伙人基金。什么？你说找不到是什么意思？萨、布、丽、娜，萨布丽娜，萨布丽娜！我要放空原油和黄金！马上帮我找一个有盘的市场！快点！”

一会儿之后。

“我母亲婚前的名字？（用来辨别身份之用）史妮……狗屁！史、妮、德，史妮德，史妮德！”

又过了一阵。我看一下手表，时间是下午6:42。价格马上就会飙涨上去了，我没有时间再等了，我改打电话到CBOT去。CBOT的债券期货在6:20到9:05之间有一个额外的盘后交易时段。我和贴现公司与LIT期货公司这两家清算公司之间有交易专线，库什和戈德费德接起了电话。贴现公司的库什和LIT公司的戈德费德（现在我给他取了个外号叫“大夫”，以感谢当我在加护病房时他给我的建议）是我最主要的两个债券期货经纪商。在“沙漠风暴”行动发动的新闻传到市场后，这两个身经百战的接单人马上就跳上出租车，回到他们在CBOT的工作岗位上。好极了！现在我已经和我的两个哨兵连上无线电，该是和敌人交战的时候了！

在最近3天内，我都隐约看到债券市场一副要上涨的样子。在每日工作表里,我对每一笔交易都有亲手写的交易日志,在每一笔交易记录旁,写下我的感想作为日后的参考。我在这几周以来的笔记中不断写着"注意利率可能重挫,该建立大量的多头头寸""计划买进债券""可能是美国长期国债市场的主要底部"这类的话。我一直保持良好的头寸,而且我开的交易账户让自己可以随时买进想要的足量合约。

在日间交易时段,我已经在我认为是绝佳买点的价位区派出了前哨侦察队,在9315(即$93^{15}/_{32}$)买进了80手3月到期的30年长期国债期货。如果原油和黄金价格会因市场中的不确定性消除而下挫的话，表示其他的商品和利率也将出现下跌的走势,而表示债券的价格将要飙升。一般而言,利率下跌则债券价格上升,反之亦然。

像陆战队员一样战斗

"库什！给我一个USH的报价！" USH是1991年3月到期美国政府长期国债期货合约的代号。1手CBOT的美国政府30年期长期国债期货合约到期的面值是10万美元。

"9318(即$93^{18}/_{32}$),马丁。"

"帮我在9318买进20手！"我向他下达指令。

过了一会儿,"帮你在9318买到了,马丁。"我刚刚买进了20手合约,等于持有了面值200万美元在1991年3月交割的30年政府长期国债，买进成本在9318,总成本是1,871,250美元。但是我并不需要现在就付出这么多现金,因为我已经存入足额的保证金在清算公司那里,以支应保证金的相关规定。

我查看了一下报价屏上的价位。"USH,9320",价格已经上涨到了93 $^{20}/_{32}$,我的想法是正确的。债券价格已经朝我预期的方向移动,该是全力出击的时候了。

"喂,舒华兹先生,这里是基德尔与琵芭迪公司,很抱歉让您等了这么久。"时间是下午6:44,他们让我在电话上等了2分钟,这对操盘手来说简直像一辈子那么久。"我们刚才查过您的账户。不论是萨布丽娜合伙人基金还是萨布丽娜离岸基金,都没有设定在美国本土以外的市场交易原油和黄金的许可权。"

去他的！"那马上帮我把它们都设定好。马上！"

"很抱歉,舒华兹先生,现在唯一有黄金和原油期货盘的市场在远东地区,像中国香港、新加坡或是日本,而他们的期货合约都没有办法与美国本土交易的合约互相流通。”

大头鬼!“好嘛! 那就帮我开一个海外账户让我赶快进场吧!”

“让我看看能为您做些什么。”

“在你查看的同时,帮我看一看有什么合约是可替换的,马上帮我办好。”我又转回到和CBOT联络的专线上,确定债券价格没有跑得太远。“大夫! 大夫! 你在线上吗?”这次我和LIT连上了线。在你可以做得到的状况下,至少要保持和两个经纪商连线,并且把单子分散下出去。你不该只有一个交易的对手,不然那些经纪商就会把你的生意视为理所当然,要靠着和至少两家经纪商来往,促成它们之间的竞争,才能争取最好的交易条件和服务。

“是的,马丁。”

我看了一下报价屏。“USH,9324。”“大夫,帮我在9324买进20手3月长期长期国债期货合约!”

略等片刻后,“成交,在9324买进20手。”时间是下午6:48。

铃声响起,是基德尔与琵芭迪的夜盘交易部打来的。

“好消息,舒华兹先生。我可以让你在新加坡买卖欧洲美元期货,它们是以美元计价,而且可以在明天开盘后转到你的国内账户里。”

狗屁!告诉我一些我没听过的合约吧,你们这些笨蛋!“我本来就可以在新加坡国际货币交易所(SIMEX)做欧洲美元期货的交易。继续帮我设定账户好让我可以操作黄金和原油。”

“什么东西让草生长?”

“血,血,血。”

“什么让你们保住小命? 小姐们!”

“杀! 杀! 杀!”

“狗屁,我听不到你们在说什么。”

“杀! 杀! 杀!”

铃声响起,是库什打来的。“怎么样?”

“市场看起来蛮强的哦,马丁。债券跑得很快,已经涨到94.3了。”

“帮我在9403再买进40手!”

稍等之后,“我们买到了,马丁。在9403买进40手。”时间是晚上7:05。

我的债券期货头寸现在已经累计买进160手合约了,其中80手是白天盘在

9315 建立的，而另外 80 手则是刚刚的 20 分钟内建立的。由于每手 30 年长期国债期货到期面值是 10 万美元，所以我现在的头寸总值等于有 1600 万在 3 月份交割的长期国债，而我的获利目前则是 6.75 万美元，事情看来进行得很顺利。

我通过库什“下士”在 CBOT 交易场内所发动的左翼攻击行动显然相当猛烈，该是我派戈德费德“下士”从右翼发动另一波攻势的时候了。

“大夫！大夫！你听得到我吗？”

“听到了，马丁。”真有趣，戈德费德在他现实生活中真的有另一个职衔，他是以色列空军的后备军人。每年夏天都要抽出两个星期回以色列受训，所以在这段期间之内我都无法和他做交易。我不知道他对于“沙漠风暴”有什么样的观感，但是我没有时间和他讨论这个，我现在手上有 1600 万美元的债券头寸需要伤脑筋。

“大夫！帮我买进 100 手 3 月的欧洲美元期货合约！帮我在新加坡的 SIMEX 买进。”我希望能够通过所有方向发动攻击。我买进欧洲美元表示我在赌美国的短期利率将会下跌，就好像在债券市场中赌长期利率会下滑的道理一样。

一阵安静后。

“帮你在 9625 买进了 100 手欧洲美元期货合约。”

现在的时间是晚上 7:18，我再度回到左翼。“库什，帮我在 9407 再买进 20 手。”随着债券价格扶摇直上，我的信心也因而大增，越来越相信我的作战计划已经奏效。我已经买进了 200 手的债券期货，这头寸不小，但在市场里还算不得什么了不起的头寸，我得再加强攻势。我开始流汗了，老婆走进来在我的水壶里装了一杯好茶，用一条毛巾在我的额头上擦汗。“马丁，你还好吗？”

“我在痛宰他们，老婆。我觉得好极了。”

“你确定这不是因为强的松的关系吗？”

“我希望不是，我建立的多头头寸已经堆到我眼睛这么高啦，而且还在加码买进。”

老婆查看着我的头寸记录表，“老公，你的头寸看起来好像不错嘛！如果你喜欢的话，就放手去做吧！”

7:58:“大夫，在 9422 买进 20 手。”

8:06:“库什，在 9425 再买进 20 手。”

8:19:“库什，去他的，该我们全力出击了，帮我在 9428 再买进 70 手！”

我已经买进了 350 手的 3 月份长期国债期货，等于 3500 万美元的头寸，而且债券价格还在继续上涨中。

“库什，帮我在 9506 买进 50 手。”

一阵安静后，“没办法，马丁。市场价格已经跳到 9506 以上了。”

“管他那么多。改成市价买进，市价买进！”我决定不计价位买进。库什帮我在 9509 买进了 20 手，在 9510 买进了 30 手。

“大夫，再买进 30 手，市价买进！”

“马丁，你得慢慢来。要记住，你还在生病当中哪！”

“别告诉我该怎么做！你他妈的给我买进就对了，现在就买！”我这位以色列朋友帮我在 9512 买进了 30 手。

到了晚上 9:05，当 CBOT 国债期货的盘后交易时段结束时，我已经做了整整两个半小时的交易，并且买进了总共 500 手的长期国债期货合约。

我查看报价机里的即时新闻，我们的科技真是派上了大用场，我们的部队把伊拉克杀得落花流水，就像我在债券期货市场痛宰空头一样的战果辉煌。这场战争在它开始之前就已经胜负分明了。

大获全胜

老婆拿着一份三明治和茶走进房间里。“老公，今天怎么样？”

“好极了，我想我完全掌握住今天的市场脉动。我没有可以在海外交易的账户，所以没办法做空原油和黄金，但我在债券市场可是大有斩获。”

“好吧，你今天已经尽了全力了，该上床睡觉好好休息一下，你总不想再度发病吧！”

老婆说得对。我刚刚才服用了肾上腺素和 20 毫克的强的松，我已经忘了自己还在康复中。“好啦，你说得对。让我把头寸先算清楚，并且把明天的策略想好就去睡。”

老婆走了出去。我让库什和戈德费德今晚暂且先行解散，然后打电话到基德尔与琵芭迪公司去。他们还是没有办法帮我设定一个海外账户，但是他们向我保证会继续努力。

我一边看着有线电视新闻网（CNN），一面整理我的头寸记录表，并且开始仔细计算。我买进了 500 手 3 月到期的长期国债期货合约，价位从 9315 直到 9512；也买进了 100 手的欧洲美元期货合约，成本价在 9625；同时买进了 160 手的标准普尔 500 指数期货合约，并且持有总市值达 1200 万美元的股票。股票和标准普尔 500 指数期货的价格要到明天早上开盘时才会变动，我在债券上的未实现盈利已达 40 万美元。能在两个半小时里有这样的表现还算不错，而且我确信最好的状况还没有出现。如果我能够卖出一些原油和黄金的话……

我还是得要完成日常的纸上作业，计算均线和看跌期权/看涨期权比率，在一张 5×8 英寸的纸卡上写下对于明天盘势的想法，检查一下我的热线系统是否正常，阅读 20 多页今天收到的传真，把我持有的股票技术图补好，这些都是平常在晚饭后一定会做好的工作。当我把所有工作都完成时，时间已经是晚上 11 点半了。

我挣扎着从椅子里站起来，然后走进客房躺下。我在客房里放了一张病床并独自睡在那里，这是由于强的松总是让我满身大汗，以至于我每晚都得爬起来两三次换内衣才行。

我并没有穿睡衣，弄了一大堆医院里的长袍好让自己可以很方便穿脱，以减轻胸口开刀的疼痛。我的心跳很快，而这可不是我在受够了病毒性心包炎之后想要再面对的状况。我浑身大汗地躺在那里，满脑子想的都是我的头寸。

“舒华兹，你跑步的样子像是老头子做爱。你知道吗？舒华兹。跑快点，你这个狗屁。跑快点，跑快点！不管你做什么，都不准给我停下来！这会让我对你很失望呢！舒华兹，跑快点，跑快点！你想要放弃了吗？是不是？如果你敢，我就扒了你的皮。我会盯着你，舒华兹。你听清楚我说的话了吗？”

“长官，是，长官！”

我到底躺在床上干什么？像库什和戈德费德这两位士官或老婆这样的老百姓可以睡，但是对军官而言，在赢得胜利之前是没有资格休息的。我穿着睡袍，跑回办公室里打开 CNN。CNN 正在访问刚刚轰炸完伊拉克后，返回沙特阿拉伯基地的空军驾驶员。时间已经是美国时间凌晨 2 点了，在沙漠那里，太阳还正高高挂在天上，虽然那些驾驶员试着强作镇定，但还是没有办法掩饰心里的兴奋之情。

“沙漠风暴”行动进行得比我们任何一个人想象的都要顺利。我们轰炸了伊拉克的国会大厦，击毁了一个炼油厂、瘫痪了巴格达国际机场，并且精确地把炸弹投射在萨达姆的总统府前的阶梯上，这是一个完美无缺的行动。真该死！我得放空原油和黄金才行！

我再次打电话到基德尔与琵芭迪的夜盘交易中心，他们还是没有把我的海外账户设定好。黄金和原油期货价格在远东市场已经大幅下挫。伦敦快要开盘了，我问他们萨布丽娜的账户可以在伦敦交易吗？他们说不清楚。我打给基德尔与琵芭迪在伦敦的分公司，答案还是一样，没办法做。我又打电话到基德尔与琵芭迪在悉尼的分公司，答案则是在悉尼没有这些商品可供交易。再打电话到墨尔本,还是不行。狗屁!现在已经是凌晨 3:45 了,黄金和原油价格已经开始稳定了。我错失了这次机会。我简直无法再入睡。

“开始祷告!”

“这是我的步枪。虽然这里还有很多步枪,但只有这支是我的。我的步枪是我最好的朋友,它是我的生命,我要像熟悉自己一样地熟悉它。没有我,我的步枪是没有用的。没有了这支步枪,我也是没用的,我必须正确地使用这支枪。我一定要比那些想杀掉我的敌人更勇敢,一定要在他们击中我前先击中他们。在上帝面前郑重发誓,我和我的步枪将成为我们国家的捍卫者。我和我的枪主宰了我们的敌人,我和我的枪是我生命中的保护者,直到这个世界上只有和平,不再有敌人为止。阿门。”

“解散,晚安,小姐们。”

“老公,起来。已经过了凌晨 5 点了,你穿着睡袍窝在椅子里干什么? 马上回到床上去睡觉。”

我现在只想好好睡上一觉,但是今天可不行。我可以随时找到时间睡觉,但是像这么棒的操作机会 20 年内只会出现那么三四次而已,而我可不想错过这次的大好良机。我冲了个澡,换了一件干净的睡袍,吃了一点早餐,然后在早上 6 点半又回到了我的作战指挥中心。传真机整个晚上都有东西传进来,把我的账户进出资料传到我手上。

我把前一天的交易和清算公司的资料仔细比对了一下,因为今天和以往完全不同,我得在市场开盘前把一切都安排妥当。市场的状况将会波涛汹涌,所以任何一个轻微的小错误都可能让我赔上天文数字的金额。我大概把《纽约时报》和《华尔街日报》以及其他市场行情报道刊物浏览了一遍。在历史悠久的《纽约时报》头版上以显著的标题写着“开战了”!

到了 7 点半,联军指挥官舒华兹科普夫将军举行了一场简报,这是历史上最密集的一次攻击行动。巴格达简直被炮火轰成人间地狱,而所谓的共和卫队也被消灭了,伊拉克的空军战斗机连从基地起飞都来不及就被击毁。萨达姆已经躲了起来。没有任何一架美军飞机遭到击落,也没有任何的伤亡发生。

这一切都告诉我该马上轧平手上的债券期货多头头寸,然后买进股票和标准普尔 500 指数期货。我打电话到伦敦,黄金和原油期货持续保持在稳定的状态,这表示债券和欧洲美元也将随之走稳。该是听听收银机铃声的时候了,我决定一开盘就开始卖出我的债券和欧洲美元期货。上午 8 点整,我和库什以及戈德费德连上了线。芝加哥的债券期货在20分钟后就要开盘了。

“舒华兹,你为什么要加入我心爱的陆战队?”

“长官,我上场杀敌,长官!”

“所以你是一个杀手?”

“长官,是,长官!”

“那你就给我滚出来让他们好看,你这个软弱的蠕虫!”

“大夫,让我们卖掉那些欧洲美元期货,现在价位在哪里?”

“马丁,欧洲美元现在价位在9289。”

“把它们全部卖掉。”

“成交,马丁。”转眼之间就是6万美元进账。

“干得好。那3月的债券期货价位在哪里?9612吗?卖出50手。大夫!”

“卖出50手。库什,再帮我卖出50手。”乒、乓、砰!当我把最后一手债券期货在9619出脱时,一缕清晨的阳光正从我的视窗照了进来。

“全世界最致命的武器就是一个陆战队员和他的步枪。如果你想要在一场战斗中生存下来就得发挥你杀手的天性。你的步枪只是一个工具,真正能够杀敌的是坚毅不拔的心。如果你的杀手天性不够强烈,你将会在关键时刻有所犹豫,你将无法消灭敌人。你就会成为一个阵亡的陆战队员,然后你会一文不值,因为陆战队员没有得到允许是不准阵亡的。你们这些米虫听懂了吗?”

“长官,是,长官!”

我在关键时刻没有犹豫不决,我的直觉相当清楚而强烈。我在股市和债市中痛宰了对手,并赢回了120万美元。我尽了身为优秀海军陆战队军官的职责:永远忠诚!

投资心法15　虚心若愚,少说多干

在20世纪70年代晚期,当我刚开始想办法要累积财富的那段日子里,老婆和我会开车到位于西汉普顿海滩的房子那里,远离都市的喧嚣。当我们住在西汉普敦海滩时,我常会晃到洛博去,洛博是当地一家小型经纪商,由西汉普顿当地的有钱人和一群交易所里的作价者所拥有,作为他们度假时,吃完午餐、打完高尔夫球后可以看盘的地方。

洛博给人的感觉,就像是一群刚愎自用的投机客的俱乐部,而不像是一个做生意的地方。它的办公室不过是一个摆了六张办公桌的小房间,在营业大厅的西面窗户下则放着一条长板凳。大厅东面的高处,俯瞰整个大厅的地方,是一面显示着最新市场报价的跑马灯报价显示屏。任何人只要想看看市场行情,都可以自由地走进去,很轻松地坐在那条长板凳上看盘,而那里也总是有一群过了气的家伙,在看盘并且交换着市场里的小道消息。不论何时只要他们之中有人要卖出一个赚钱的头寸时,就会骄傲地走到一个无人的办公桌前拿起电话大声吆喝着卖出指令。

相反地,如果他们之中有人输了钱,那个人就会吹着口哨,偷偷地走到最远的角落,在众人听觉范围之外悄悄地砍仓。我很喜欢坐在那条长板凳上,看着显示屏上的报价,同时冷眼看着那些过气的家伙互相胡说八道,我心里的优越感高得不得了。

我一直把自己控制得很好,但是有一天我和一个叫作约翰的家伙聊了起来。约翰是一个70来岁的人,每隔好一阵子才会在这里出现。像我一样,约翰也随身带了一叠技术图。他会走进营业大厅,在长板凳上找个位子坐下,开始盯着行情显示屏,然后搜集资料来计算他的技术指标。在他画着图时,他告诉我他已经退休,但是由于他在华尔街工作了许多年,现在靠着为纽约证券交易里的操盘手提供咨询来增加一些额外的收入。然后他教我一些我以前没有、以后也没有听过的东西,虽然如此,我后来发现他说的那些都是事实。

在那段日子里,市场状况和现在大不相同。市场中多头和空头出现的频率比现在要来得均衡,那时不会出现像我们从1982年开始所经历的大多头走势。约翰告诉我,在空头市场中,市场倾向于在每天早盘时,或是一周的头几天中上涨,但在尾盘或者是一周的后几天,则会出现明显的卖盘。

至于形成这种现象的理由,根据约翰的说法是,如果当冲的操盘手处于亏损状态,而且市场仍然持续疲软的话,那些当冲客会在每天收盘前轧平头寸,然后在下个交易日再重新进行。而且,随着日子接近一周的尾声,那些稍微中线的交易者常会想在周末之前结清头寸。如此一来,这些中线操盘手不会在周末这两天休市、价格也停止波动的时候,在保证金账户中挂两天的赤字。但在一个多头市场中,约翰认为操盘手已经习惯于赚钱,这时主导交易行为的就是贪婪而非恐惧,所以操盘手不会轻易出场,会倾向于持有隔夜或是跨周末的头寸。

约翰说的话在我听来颇为受用。明白了空头市场中操盘手在每天早盘或是一周的头几天时买进,或是在每天尾盘及周末前卖出的习性,帮助我在空头市场中赚了好几次钱。

你或许会问，我到底是怎么看出来约翰对于市场的观察，要比其他那些在洛博里整天胡扯的老头子高明？首先，我根本看不出来。你根本不知道谁比谁真的较高明，在这里到处都充斥着传闻、小道消息和各式各样的狗屁论点。但只需要保持虚心若愚的姿态，当一个好听众，尊重他人的经验，不断地尝试，不断地试验，少说多做，自然可以发现一些市场的真经。至少我就听到了一个绝佳的小秘诀，约翰，谢谢你啦！

注　释：

① 强的松，一种肾上腺皮质类固醇。

② 程序化交易（Program Trading），就是将自己的金融操作方式，用很明确的方式去定义和描述，且遵守纪律、按照所设定的规则去执行交易。

别了，华尔街

一生中最棒的交易

1991 年 1 月 26 日，也就是“沙漠风暴”行动发动的 10 天之后，我正躺在客房里那张病床上，高烧 38.3 度。病毒性心包炎正在我体内进行第三次反扑。我再一次让自己劳累过度，使病毒有机可乘。我确信病毒这回来势汹汹，铁定会让我再度住院。我的私人看护依莎帮我洗了个酒精浴，而医生也将我的强的松服用剂量调高到每天 40 毫克。我平常和列文都会做的纽约街头散步在“沙漠风暴”行动丌始后就中断了。

医生的治疗这回果然奏效，我的高烧也慢慢减退，但我还是非常虚弱，我对强的松的依赖性愈来愈重，这使我感到非常害怕。每次我想像以前一样进场交易时，体温就开始升高，让我觉得好像随时得向医院报到似的。我的情况并没有太大的改善，而更可怕的是我开始怀疑自己将永远没办法好起来。我的情绪一直都不稳定，郝克曼医师也不断试着要降低我的药量。我一直想要进场交易，但却没有办法搞清楚自己的价位感是真实的，还是药物的化学反应所造成的。我感到相当疲惫、气愤，而且开始觉得自己可能不久于人世。我不知道老婆和孩子们为了我的病忍耐了多少时间。

郝克曼建议我去找个心理咨询师。他说我得找一个能教自己放松心情的专业治疗师，所以我跑去看伯纳·兰迪斯医师。兰迪斯一开始就把我的身体和一部仪器连上线,开始检查我的呼吸模式。他希望能知道我一分钟呼吸多少次。他叫我从 600 开始以每次减 13 的方式倒数回来:587、574、561、548、535、522……

我持续以最快的速度倒数,直到数到 67 时兰迪斯叫我停住为止,他说从来没看过有人能在一分钟里倒数得那么快。

“你这话是什么意思?”我向他抗议,“我数到一半你就把我打断了。你根本没有给足一分钟的时间,我可以在一分钟之内倒数完的,让我再试一遍。”

“马丁,我并不在乎你到底能够数多快,我只不过是在你集中心思倒数时测量你的呼吸模式。大部分的人当他们集中意志时,每分钟的呼吸频率是 12 次,但你呼吸了 20 次。”

“是啊,那又怎么样?我要赢得这个测验,我还是觉得可以办得到,来嘛,让我再试一次。”

我就此和兰迪斯医师建立了长期的良好关系。那整个冬季和次年的春季当中,他持续在我身上下功夫,教导一些不同的技术让我能够更放松,并且变得更健康。

这个疗程一直持续到 6 月份才真正让我摆脱对强的松的依赖。兰迪斯建议我去度个假,慰劳自己一下。老婆和我决定再去阿斯本度个为期两周的假,我们自从两年前决定要开始开办萨布丽娜合伙公司后,就没有再造访过那里。

在我们的计划中,这次的假期应该是在空气清新、气温凉爽怡人的山中度过的,远离纽约这个大都市的喧嚣和市场所带来的精神压力。再一次,我们租下山脚下的那幢度假小屋。但也再一次,我还是无法停止交易。我买了一部笔记本电脑和一部传真机带到度假地去,并且利用阿斯本的各处电话亭下单交易。我没有办法享受这个度假的机会,我还是得让基金保持运作。

但我心里很清楚,重拾身体的健康是当前我必须全力以赴的第一要务。如果操作基金将使我的身心无法维持在正常的状态下,我就必须放弃这些基金。

冲动的惩罚

我对于这个状况早已心知肚明,不禁回想起当初在 1989 年夏天,我第一次到阿斯本度假,并且决定创立萨布丽娜合伙公司后,和从布朗克斯来的波吉之间的会谈内容。

我在波吉门外等了将近一个小时,对此心中并不是非常痛快。我希望尽快回去继续交易,但当你开始经营一个基金时,就得乖乖去找其他在这个领域中有经验的人，求他们帮你介绍一些有钱的大爷们来投资基金。

在几天之前，我才打了一通电话给艾莱泽，他是萨布丽娜合伙人基金，以及萨布丽娜离岸基金的清算公司研究部负责人。艾莱泽曾经答应要自掏腰包出钱投资我的基金，所以我认为他会是一个很好的介绍人。“当然可以啦，马丁。”艾莱泽对我说，“我和波吉是好朋友，而波吉一直在找当红的操盘手来帮他赚钱。我会给他个电话然后帮你跟他安排一次会面。”而现在我正在波吉的办公室外面呆坐着等他。

我对波吉这个人非常了解。每个在华尔街混的人对波吉都知之甚详。他是一个名副其实的市场高手，一个超级大人物。他的基金规模高达数十亿美元，而波吉最大的乐事，就是在别人面前趾高气扬地显威风。之前我从来没和他见过面，但是我并不喜欢他。他在市场上以态度粗暴、常与人起冲突闻名。他自以为是说笑话的能手，总喜欢跟旁人吹嘘自己如何折腾那些经纪商。因为经纪商总是打电话问波吉要生意，因此他就会在市场收盘前几分钟，打电话给那些经纪商，然后说：“好吧，你们想跟我要生意是吧？帮我买进 5 万股×××。”然后马上挂断电话。

那个接到他电话的倒霉经纪商，根本听不懂他说的股票名称是什么，于是马上回电想问清楚，但是波吉会交代秘书告诉那个经纪商他正在洗手间，没有办法接听电话。那个经纪商就会急得发狂，大声要秘书查看一下他到底要买什么股票。他们会恳求波吉的秘书：“甜心，拜托帮个忙吧？只要请你探个头问他一下股票的名字就好了！”

一般而言，和波吉做生意的经纪商佣金大约是每股 6 美分，以 5 万股来计算就是 3 千美元的佣金，而负责这个账户的经纪人可以得到 20%，或是 6000 美元的佣金。可是现在他根本搞不清楚股票的名称（他也不可能搞清楚）。市场马上就要收盘了，这名经纪人如果买不到股票就完蛋了，不但会赚不到佣金，更可能会失去和波吉这个大人物做生意的机会。波吉就是喜欢玩这种游戏，我可一点也不欣赏！

终于，接待员告诉我可以进去了。走进波吉的办公室就好像走进电器大卖场似的，里面充满了屏幕、美联社报价机、路透社报价机、传真机、电话、影印机和一大堆各式各样的电器用品，波吉的电子小玩意足足比我所拥有的多出了 3 倍有余。一名年轻的助理因为犯错而罚站着，波吉本人则坐在一张椅背极高、手工制造的真皮旋转椅中责备着他。那张椅子的前面是一张像餐桌一样大的办公桌，桌面上也像餐桌似的摆满了许多食物。

波吉的头像颗保龄球似的拄在肩膀上。如果他有脖子的话，一定完全被那个夸张的下巴给遮住了。他那张红光满面、像月亮一样圆的脸因为口中塞满了食物而看起来相当臃肿。“呃。”他口齿不清地向我说话，肥胖而又多毛的手随意地指向远处的一张沙发。我在那里坐下来，而波吉则继续责备那名助理，“我才不管你在外面听到了什么可靠来源给的小道消息！你得自己动动脑筋思考才行！”

我很确定在波吉的想法里，他是给这个年轻人上了伟大的一课，要他自己动脑筋思考。可是波吉看来显然乐在其中，享受着骂人的快感。波吉是一个肉食性动物，每天都得吃相当数量的肉，而今天这个可怜的家伙似乎就成了牺牲品，我尴尬地看着这一幕场景。

这场演说足足又进行了 20 分钟，波吉才在骂完了他的助理后转头和我说话。“呃，舒华兹是吧，你找我有什么事吗？”他说。

我告诉他我在过去有十分辉煌的操作业绩，而我刚刚才设立了自己的基金，我只是送一些有关基金的文件和投资计划，想了解一下他是不是有可能投资一些资金由我来操作。

“你的基金管理费怎么算？”

“4 和 20(意谓 4%的固定管理费，加上盈利的 20%)。”我说。

波吉的脸涨得更红，而他的眼珠子大张得好像快要从眼眶里喷出来似的。

“嗯！……4 和 20！”他低声咆哮着，从椅子里站了起来，“这比我收的还要高！你好大的胆子，竟敢收得比我高！我只收客户 1 和 20，而且我是市场上最棒的操盘手。你以为你是什么东西？给我滚出去！”他从桌子上拿起食物塞进嘴里，奶油从下巴滴了下来。

我沉默以对。他怎么会这样？这次的会谈是由我们共同的朋友促成的，他先是让我等了将近一个小时，而现在和我说不到一分钟的话就要把我赶出去。如果他不接受我的管理费率，大可以说“对不起，太高了”或是“让我再考虑一下”就好了。我又不是他身边那些摇尾乞怜的狗，他们是被波吉花钱雇来修理着玩的。我真想跳到他的办公桌上，把那颗傲慢的脑袋打进那个几乎看不见的臭脖子里，但是我控制住自己的情绪。如果我揍了波吉，他一定会告我，而我刚刚才开始经营自己的基金，不想和波吉之间惹出什么麻烦。

我起身离开，但是当我走进电梯时，我的情绪越来越激动，回到办公室时，我简直气爆了。我想做交易，但是思考没办法集中，因为我没有办法把波吉从脑海里除去。我只能心里告诉自己：“怎么样从这个粗鲁又傲慢的肥胖混蛋那里讨回公道？”

电话铃响了，是我在芝加哥商品交易所(CME)的接单员汤米·科林斯打来的。科林斯是我先前那位接单员黛比离开前介绍给我的。在 1987 年 10 月 22 日，也就是索罗斯在标准普尔 500 期货交易场惨遭场内操盘手修理之后，黛比觉得她真的是受够这一行了。我在那天为了要在那个混乱的状况中轧平我的空单，对黛比施加了太多的压力，她终于发觉她该找一个比较轻松的工作，再也不要听我在电话里面整天对她大呼小叫。

当她告诉我要离开时，向我推荐科林斯作为我的新任场内接单员。“马丁，你会喜欢这个家伙的。他块头够大、身材够壮，很聪明，而且更重要的足够剽悍，有足够的能力在场内为你执行交易指令。”黛比说的一点也没错。我还真一天到晚为了被场内那些混蛋恶搞而大呼小叫，但我很清楚科林斯绝对已经在交易场内使出混身解数，为了执行我的交易指令而努力。

“科林斯，”我说，“你有没有和一个叫作波吉的死胖子打过交道？”

“波吉？有啊。我和他讲过几次话，他总是对我说，‘听着，科林斯，你如果听到什么可以让我赚钱的消息，要打个电话给我。你知道什么，马上告诉我，我会给你一些好处的。’”

“科林斯，这就是我要你帮我做的，”我说，“我要你在市场快收盘前打电话给波吉，告诉他你刚刚听到一些第一手的重要消息，然后当他问你是什么消息时，你就跟他说，马丁·舒华兹说×××，然后马上挂掉电话。”

“说什么？”

“×××。别担心，波吉听得懂，他会马上回电给你，然后当场气炸掉。”

因此在 3:59 时，科林斯打电话到波吉的办公室。他告诉秘书，波吉先生要他在市场有任何变化、能让波吉先生赚钱时马上打电话过去。波吉马上就接了那通电话。

“是啊，科林斯，你听到了什么能赚钱的消息吗！”

“是的，马丁·舒华兹说你一定要赶快买进一些×××。”然后科林斯把电话挂断。

如同我所预料的，波吉马上就回电给科林斯。“科林斯，你这个混蛋，你在用谁的电话？我要找你算账！我要把你从那里揪出来！你用的是谁的电话？我是重要人物，胆敢如此对我！我一定要找你算账！”从电话里的语气，我们可以想象波吉的前额血脉偾张，话筒被他那汗湿的手掌给淹没。波吉已经完全失去了他的幽默感！

能够把波吉的情绪给搞坏，哪怕只有那么几分钟的时间，都让我感到非常愉快。我设定了目标，未来所操作的基金一定要超过波吉这个家伙，我一定会击败他，也一定会击败其他所有的人。我要成为市场中的顶尖高手，就算付出再大的代价也在所不惜。

这个目标果然让我付出惨痛的代价，连老命都差点赔了进去。

积重难返

我终于肯承认操作别人的资金对自己来说并不适合。我不喜欢向任何人报告，也不喜欢有人在我的背后指挥我做这做那，更痛恨别人老是拿其他操盘手的业绩和我做评比。我是一个靠掌握市场脉动而进场操作的人，我是一个帽客。我喜欢在市场里短时间内进进出出，可是当你操作一大笔资金时，这一切都显得相当困难。更别提我丧失了多少操作上的自主性，而自主性却是我当初决定要自立门户、独自操作自有资金的主要原因。

但是当我跳上大吉普，把帆布顶篷收起来，开车经过阿斯本机场时，内心的另一个部分又开始提醒自己，如果放弃操作别人的资金，我将会丧失什么样的东西。

我到目前为止还不曾拥有过，就像那些停放在阿斯本机场停机坪上的豪华私人飞机。如果我放弃操作别人资金，就无法享有像那些市场顶尖高手一样的风光。

我得去那家位于小尼尔饭店的书店里买一本《金融怪杰》给那个在俱乐部里的网球高手看。在我想要靠着打网球来重新恢复体力的眼下，这个家伙很有耐心地把几百个球往我身上打来。他对市场很感兴趣，所以我想他一定会很喜欢读这本《金融怪杰》，尤其是我的大名也在这本书里被详细地介绍。

我在书店里拿了书，然后排队等着付账。排在我前面的是一位头发装饰得很考究的60多岁老妇人。她转过头来，瞄见我手上拿的书，于是问我："原来你也要成为一位'金融专家'呀？"

我不知道该说些什么，只是盯着这位妇人。她的衣着光鲜整洁，家族里一定有人的祖先是乘坐"五月花号"到美洲来的最早期移民。她大概已经60好几了，恐怕在我还没出生以前，她就已经在收取股利或是剪集商店的折扣券了。

她看起来相当轻松、沉静、健康而且令人感到舒服，一副与世无争的样子。突然之间一切好像都变得很清楚了，我不想当金融专家，我想要当一个和她一样的人。

"不，女士，"我说，"我已经是一个金融专家了，而且，相信我，这可不像你所想象的那么好。"就在那一刻之间,我完全地把自己从那些压力中释放出来,不再想如何在这个资金操作的游戏中打败波吉。当年我是在阿斯本下定决心要开始经营基金的,现在我也在阿斯本决定要把基金给收起来。在我的心中和脑海中,清楚地知道我刚刚做了一生中最棒的一笔交易。

1991 年 7 月 31 日
萨布丽娜合伙公司
莱克星顿大道 750 号
纽约州纽约市

亲爱的合伙人:

我写这封信是想要通知诸位,我决定在 1991 年的 7 月底终止我们之间的合伙关系。我将把诸位在 1991 年度的起始资本退还给诸位,至于其他款项则将于会计师稽核完毕之后退还诸位。

我的医生建议我,如果想要完全复原,摆脱从去年 11 月起就一直威胁我生命的疾病的话,最好的方法就是让自己处于一个压力较小的环境中。而且我也需要时间放松心情并享受人生。以积极的方式全职操作一笔庞大的资金所带来的压力,对于目前刚从病中康复,而且极需平静生活的我来说是非常沉重的负担。

我的复原状况远较原先预期缓慢许多,而我不想因为缺乏调养而再度发病。我在上个月才刚刚结束服用强的松的疗程,在可以避免的状况下,我不想再被迫服用此种药物。

过去的 8 个月是我人生中最艰苦的一段日子,为了对自己和家人有更好的交代,我决定停止交易、暂时休息一下,享受一些人生中比较轻松简单的事物,这是我在过去为了追求名声和财富长期以来没有办法做到的事。我要深深地感谢诸位在过去对我的信任与支持,对此铭刻在心。

在 6 月份我们亏损了 1.36%,使得本年度盈利业绩降低为 9.39%。在 7 月份当中也是小幅亏损。我们将尽速完成会计师的稽核报告,并将剩余的金额归还诸位。

诚心感谢!

马丁·舒华兹

1991 年 8 月,我回到汉普顿的海边别墅,披着海滩浴衣,操作着自己的资金,这个感觉真好。兰迪斯说服我重拾很久没打的高尔夫球,而老婆和我甚至加入当地的一个高尔夫俱乐部。高尔夫球并不是一项我自己挑选的活动。想要把高尔夫打好的话,需要花很多时间去练习,而且打高尔夫本身也是一件很费时的事，几乎要花上一天的时间。但这是兰迪斯建议我做的运动，他要我试着在球场上打发时间。

我们加入高尔夫俱乐部没有多久，老婆就找到一位银行家和他的老婆来当我们的球伴。现在该是我放松心情的时候了，她也希望我们借此扩大社交圈。我们约定在上午 10 点半开球，但就在我们出门前，我看到标准普尔 500 指数突破了我预想的趋势通道。我知道市场已经呈现超买状态，所以打电话给科林斯并且卖出了 50 手标准普尔 500 指数期货。我把我的行动式报价机和移动电话放进球袋里，然后出发前往球场。

我们和那个银行家以及他的老婆在球场上挥杆，聊着一些无关紧要、言不及义的话题。我们应该是要享受一些快乐时光的，但是我心里想的只有那 50 手标准普尔 500 期指，以及如果市场反转时我该如何处置这个头寸。在每一洞开球时，我都假装在球袋里找新球，实际上却是在查看报价机上的市场价位。到了第 6 洞，状况果然来了，市场开始反转。我得打电话给科林斯，叫他轧平我的头寸，而且我马上就得打这通电话。我没有办法等到在第 9 洞休息时才打。如果那时才打，一切就太晚了。但是我不能让任何人看到我在干什么，在球场上还做生意是一件很不礼貌的事，更何况当时老婆还不知道我偷偷地做了这笔交易。

老婆和那位银行家太太站在我们左手边远处的女士开球区，所以现在只有我和那个银行家在一起。“该你了，马丁。”他说。

我站上开球的位置，摆好了球。这将是我今天最重要的一击，我得好好打这一球。我回想着教练在上课时对我说的话。“把球对准你的左肩放好，头部保持瞄球姿势，把球杆慢慢向后拉高，不要打弯左手肘，直挥向球。”我把球放在对齐我右肩的地方，抬起头，把球杆胡乱向后举，打弯左手，然后猛力地挥向小白球。

咻的一声，我抬头一看，球飞进了树林里。好极了！打得好！“哇，真糟！”那个银行家说，“你能把球找到就算幸运了，马丁。要我和你一起去找球吗？”

“不，不，不用麻烦了。我想我知道那颗球飞到哪里去了。而且如果我真的找不到的话，只要再拿一颗球出来就好了，像我这种烂技术再多加两杆也没什么差别。”

我钻进树林里，躲在一棵树后面，拿出移动电话，拨了科林斯的电话号码，“轧平那 50 手，现在就卖掉。”

我在那笔交易上赚了 6 万美元。没有人比我更聪明的了，至少兰迪斯就看得出来。“马丁，”他说，“你知道吗？你真是一个不寻常的人。”

“寻常？”我说，“谁会想当一个寻常的人？”从我 5 岁开始就一直想要与众不同、出人头地。心里想的只有前进、前进、前进。我是一个操盘手,没有任何一个操盘手是平淡无奇的。如果我想当一个凡人,当初就会把钱放在指数基金里,然后安安稳稳地继续当证券分析师。

“马丁,你就像一个酗酒成性的酒鬼一样,你已经对你的肾上腺素上瘾了。交易这项行为使你情绪亢奋而且精神狂乱,根本没有办法拒绝这种感觉的诱惑,而你也因此变得筋疲力尽、情绪低落,就好像是宿醉一样。你感到相当沮丧且情绪低落,而唯一能够让你从这种感觉中恢复过来的就是再度进场交易,这种恶性循环就这样一直下去,直到你病倒为止。但是,你得要找出你真正需要的是什么才行。”

心理治疗师就好像矫正器一样,这正是在接下来6个月中我和兰迪斯努力的目标。我一直在尝试错误,直到开始看出什么是我真正想要的为止。当我躺在手术台上为自己的生命和病魔奋战时,我就和自己约定,只要能够活着离开医院,以后就会花比较少的时间从事交易,并且花更多时间来陪陪老婆和孩子。

跟华尔街说再见

我现在已经拥有足够的金钱,而且我相信,如果我需要更多,随时可以从市场上赚到,这是上天给我的天赋。我知道如何在每天早上起床后,保持清楚的头脑,然后从市场里赚取2万、4万或8万美元。就算我在操作基金方面没有赢过波吉那又怎么样?我可以在别的方面击败他。

在我从鬼门关走过一回、失去一个孩子、和老婆一同面对乳癌的威胁后,该是我停止和别人一较长短,开始享受人生乐趣的时候了,我决定要在人生的最高点时急流勇退。

但是下一步该怎么走?我得离开纽约。兰迪斯是对的,我已经对交易这件事完全上瘾、不可自拔了。如果我还留在纽约,保持原来的生活方式,继续和那些老朋友来往的话,会不由自主地想走回头路,继续沉溺在和波吉那种人竞争的状态里。除此之外,我对纽约那寒冷而灰暗的天气也感到厌倦,希望能够到一个温暖而风光明媚的地方去。我决定要把自己从谷底拯救出来,我要把全家搬到佛罗里达。

要改变生活方式,并且完全切断和纽约之间的关联,对我而言是一件非常需要勇气的事情。老婆和孩子们都不想搬家,他们这一辈子都住在纽约这个大都市中,对佛罗里达能有什么了解?佛罗里达是一个最适合退休人士居住的地方,而我才48岁而已。其实我心里也有一大半是不想去的，搬家对我来说是一个大麻烦，我得把公寓卖掉，把公司和办公室也搬走，搬运塞满了12个房间的家具，买一个新房子，重新装修，在房子没弄好以前我没有固定的地方可以交易，得再买几部新车，替孩子们找学校、办保险、开新的银行户头，还有其他几百样数不清的事要办。而且我真的很想念纽约，那些美术馆、博物馆、我那幢海滨别墅、华尔街的市场脉动、内幕大哥以及其他的老朋友们。

但从另一方面来看，在纽约，如果我出门想叫部出租车，当老天帮忙且不下雨时，或许可以叫到一部，否则就得等上一辈子的时间才叫得到。

除此之外纽约市也充满了噪声、垃圾，随时有人会挡住你的路向你借个火，每个街角随处可见要饭的乞丐，警车的笛声整天在街上呼啸而过，而且除了砖块和柏油路之外你几乎看不到别的东西。砖块和柏油路，那就是纽约的代表性景观。

在1993年6月，我们卖掉了公寓，正式搬到佛罗里达，那里安静而清洁。那里的驾驶员总是谦让有礼，这大概是因为他们大部分都已经80多岁的关系吧。在那里没有拦路的抢匪，没有满街的乞丐，没有水泥丛林，没有垃圾，放眼望去都是穿着轻松服装的老爷子、老太太以及翠绿的棕榈树和湛蓝的海水。我没有办法适应这样的环境。老婆有一幢新房子可以忙，孩子们有新的学校和新的朋友要适应，而我则搬进了一间明亮、干净，而且可以遥望大海的新办公室里，放下所有的窗帘，看着屏幕，继续打电话给芝加哥交易所里的科林斯。

这看起来好像不太对劲。我打电话给兰迪斯："大夫，我这么大费周折，结果好像只是让我自己从纽约那个黑漆漆的办公室，搬到佛罗里达的另一个黑漆漆的办公室而已嘛！"

兰迪斯给了我另一个心理治疗师的电话，他想这或许能给我一些帮助。我和这位新的佛罗里达医生约了时间见面，经过几次门诊后，他对我说："马丁，你太严肃了，你的太太也很严肃，而你们也把孩子们教得越来越严肃了。你们现在是在佛罗里达。去打打高尔夫，到海边坐坐、读本书，放松一下吧！"

"我们当然很严肃，"我说，"人生本来就是严肃的。你知道，你可能赢也可能输，但是赢比输可要好得多了。你得取得胜利，才付得起钱找个心理治疗师来修理你。"

在过去的几年里，我一直都在付钱、付钱、再付钱给心理医师来发掘我内心深处的问题。我从这当中发现，一个人没有办法在一天中同时当一个好儿子、好兄弟、好丈夫、好父亲，而且还同时当一个好操盘手。

我是一个完美主义者，而且希望把每一件事情都做好，但是要照我的方法来从事交易的话，每天就得花 14 个小时在工作上。随着我年纪越来越大，我开始试着采用一些取巧的方法，例如找个助手来帮我画技术图，打专线电话，或是和清算公司核对我的头寸，可惜这些取巧的方法都没有用。我拟定计划，建立了一个理想中的机制，并且调整它试图使它臻于完美，可是到头来我反而受制于它。

我也曾经试着把目标定得低一点，玩得更小一点，或者在身为操盘手之外也试着当一当投资人。我也参加了一支由一群靠养老金过日子的律师所组成的软式棒球队。我每周至少花两个下午在高尔夫球场上，有时也会跑到海滩上，躺在椅子里看着海浪潮来潮往。常常，我会怀疑这到底是不是自己想要的生活？我是不是做了正确的决定？然后我会想起二月时分曼哈顿寒冷的天气，以及当年为了和那些家伙一较长短而付出的代价，我知道离开纽约的决定是正确的。

天生操盘手

当内幕大哥参加了丹·多芬腩的婚礼回来后，他打了个电话给我，告诉我他在那场婚礼中遇到了波吉。“这家伙的体重一定超过 113 公斤，”内幕大哥说，“他把那肥胖的身躯‘放’在一张自助餐台旁，根本连动都没法动一下，其他的客人都得勉强从他身旁挤过去夹取食物。而他所能谈论的只有一堆收购、并购、融资并购，和股票首次公开发行（IPO）的案例，以及他如何从这些案例里赚到大钱，简直嚣张到了极点。多芬腩真怕波吉会被人在背后用枪轰出个大洞，然后惨叫着卧倒在现场。”内幕大哥说的是一个听来熟悉的老故事。

而就在同一天，我早上和儿子打了一场高尔夫，中午和母亲享用了一顿午餐，下午和女儿一起去游泳，晚上和太太共进烛光晚餐。交易这回事彻底被我抛在脑后了，从这个角度来说，或许我已经击败波吉了。

如果我待在纽约，继续操作基金的话，我就会在那场婚礼中坐在波吉身旁，因为每一个市场上的高手都会参加多芬腩的婚礼。想想和波吉一起吃饭，还得听他胡说八道，会是多么令人不快的一件事。

不过，虽然我尽了一切努力，还是沉迷在交易中。大约在一年多前，当其他人个个都赚钱的时候，我正处在一连串的亏损中，我的情绪恶劣低落到了极点。我当时确信自己是对的，市场是错的，但一如往常，市场根本不买我的账。

我在佛罗里达的心理治疗师告诉我一定要冷静下来，并且至少完全停止交易一个星期。我同意了，但就在下一次门诊之前，我看到市场好像快要出现自己已经等了好几个月的走势。我于是打电话给科林斯，买进了 40 手标准普尔 500 指数期货合约，并且告诉他在市场反转时马上通知我。我把那支平常打高尔夫时随身携带的调到震动的手机拿出来，放在外衣的胸前口袋里，然后前往诊所门诊。

当我正我医师谈话时，发觉手机震动了。这一定是科林斯打来的。“对不起，”我对佛罗里达的那位心理治疗师说，“我得上个洗手间。”

我跑步冲进洗手间，锁上门，然后回电给科林斯。正如我所预期的，标准普尔 500 期指已经上涨而涨势正接近尾声。“卖掉！”我轻声对着电话说。我刚刚赚取了 3 万美元，我觉得自己好像是美国总统。

“看吧，”当我一脸笑容回到心理医师的办公室时，他对我说，“你看起来好多啦！你所需要的就是好好休息一个礼拜。”

嘿，我能说什么？我是一个天生操盘手啊！

操盘手的必修课

成功交易跟我学

很多人总是错过机遇，因为机遇总是藏在辛勤工作的外衣下！

——托马斯·爱迪生

努力工作是我成功的主要原因，但不是全部。我天生就是一个对数字非常敏感的赌徒，此外，如同前面所说的，我在大学学会了如何思考，在哥伦比亚大学商学院学会该思考什么，在海军陆战队学会了如何在危急下做出正确反应，而老婆则教导了我资金控管的重要性。这五大块是构成我自成一体的交易方法的最重要基础。

方法论

在干了9年的证券分析师后，我决定将我的决策依据从基本面分析（一种运用经济资料来预测股价的方法），完全转换为技术分析（一种不研究经济资料，而只重视价位与成交量的股价预测方法）。你的交易方法必须完全符合自己的个性，你必须了解自己的个性特点、长处与短处。我花了9年的时间，才真正弄明白自己的个性特点。

我的长处是能够一心一意地辛勤工作,能够持续遵守自己的原则,能够长时间集中精力,以及痛恨失败的天性。我的弱点则是具有不安全感、害怕亏损以及需要别人持续的支持、希望经常获胜的强烈需求。

一个交易员,就像是一条链子,都是由一个个脆弱的环节连起来的,而最常左右操作风格的,就是你自己个性上的弱点。

我是一个帽客,这表示我进场和出场的速度总是、总是、总是非常的快!我经常在 5 分钟或更短的时间内进出场,从来不持有头寸超过几个小时。

最初,我采用的是一种短线的作业方式,因为我只有相当有限的资源,必须利用一连串小额的盈利来累积资本。但越来越成功之后,我发现短线的操作方式,能够给我最多心理上的支持以及经常性的满足感。我就是喜爱听到收银机的铃声(获利了结),仿佛听到市场告诉我“你是赢家”,一次,一次,又一次。

大部分谈到有关交易方面的书都会说,如果你能够快速止损,然后长抱获利头寸的话,只需要在 10 次交易决策中对了 3 次或 4 次就可以了。但这可不适合我,我砍掉亏损头寸的动作非常快,但我获利了结的动作也差不多一样快。我需要在 10 次交易决策中对 7 次或 8 次。

我就好像是一个还击型的拳手一样,一看出对手的破绽,就立刻跳上前,出拳、得分,然后马上跳回出拳前的位置。就这样进、退,进、退,这里得一分,那里得一分。我并不打算要一下击倒对手,但是在不停得分的同时,我得很确定自己越来越不可能被对手击倒。这就是我的操作风格,而我将所学到的技术分析和操作策略加以量身改造,以符合自己的风格。

当你踏上拳击擂台时,一定要很清楚,自己打算怎么来打这场拳。就拿我的老朋友“内幕大哥”来说吧,当我在办公桌上计算着各种资料数据时,他则在外头靠着和别人喝喝马丁尼鸡尾酒、钓钓鱼来获取市场中的小道消息。努力工作并不是内幕大哥的长处,而他也不是一个还击型的拳手,他的目标就是想要击倒对手,他总是这样,每次都是这样。他进行的 10 笔交易,也许其中 8 笔都输钱,但是他一点都不在乎,因为他在另外那两笔中能够赚足了钱,结果到头还是盈利。

或者拿波吉来说吧,他的资金相当庞大,因此对任何机会都能够把握。他的长处就是资金规模、组织团队力量,以及对所有赚钱机会无止尽的胃口。我曾经试图和波吉一比高低,结果差点送掉了自己的小命。

操作工具

我是一个帽客，也是一个掌握市场时机的操盘手，所以我就根据这些特性，设计了属于我自己的工具，它们是：

（1）道琼斯工业平均指数（Dow Jones Industrial Average，DJIA，简称"道指"）[①]

最被广泛使用的作为美国股市价格波动指标的指数。其变动状况让我对股市的方向和波动性有一个快速的观察依据。

（2）纽约证券交易所股价净变动指标（New York Stock Exchange Net Ticks，TICK）

该指标表示在纽约证交所中挂牌的股票里，最后成交价上涨或下跌档数的差异值。我的朋友库克发展出几种用这个股价净变动指标为依据的操作策略，这些策略应用在现代化的程序化交易中，相当有帮助。

比如：一个非常极端的负面指标，像-1000出现时，常常就会是空头走势中反手做多的最好时机。因为过于极端的负值代表市场中出现了过于迅速的卖盘（可能是由突发的新闻或是程序化交易所引发），在这种状况下市场很可能出现强劲的反弹走势。情况反过来时也适用，当这个指数值为+1000时，通常是由于电脑程序执行大笔买单所导致。当这个程序化买盘结束时，市场很可能出现一个短线上的回档。

另外一个交易上的小技巧是当道指开高，而TICK值为-200时，这通常代表股市整体的卖压较重，道指只是受到少数几只股票的支撑而暂时走强，所以你通常可以在这个时机做空。

（3）短线操作指标（Short-Term Trading Index，TRIN）

表示股票成交量和股价涨势与跌势配合状况的短线操作工具，计算公式如下：

TRIN=（上涨档数/下跌档数）÷（上涨成交量/下跌成交量）

也可以表示为：

（上涨股票数/上涨股票成交总量）/（下跌股票数/下跌股票成交总量）

如果上涨股票的成交量比下跌股票的成交量大的话，TRIN指数值将会小于1.0，如果下跌股票的成交量比较大的话，则TRIN指数值将会大于1.0。当TRIN指数值比0.8还低时，就显示市场的买盘力量比较大；反之，如果TRIN指数值大于1.20时，显示市场中空方的力量比较大。这个指标可以帮助你了解市场是不是处于强劲的多头或空头当中。

(4) 道琼斯股价净变动指标(Dow Jones Net Ticks,TIKI)

表示道琼斯指数30只成份股上涨与下跌档数的差额。当它的值是+26到+30,或是-26到-30时,通常暗示市场中刚有大笔的程序化交易买盘或卖盘出现过。因为除非程序化交易指令同时买卖所有的成分股,否则道琼斯这30只成分股要同时上涨或下跌并不是一件寻常的事。

(5) 标准普尔500指数(Standard & Poor's 500 Stock Index,SPX)

这是一个相当重要的指标,因为它是标准普尔500指数期货的标的物。这个指数合涵盖了400只产业股、40只公用事业股、20只运输类股，以及40只金融股,总计达500只股票的投资组合。标准普尔500指数是一种加权股价指数,它提供了更广泛的股价波动指标作用。

(6) 纽约综合指数(New York Composite Index,NYA)

这是以纽约证交所所有挂牌股票为基础计算出来的股价指数，也是以每只股票币值加权计算而得。

(7) QCHA指数

这是是以非加权方式，计算所有交易所挂牌股票价格变动百分比所得出的指标。这个涵盖整个市场的指标帮助我辨别背离走势。

比如,如果道琼斯指数下跌20点,但QCHA指数是+0.12%时,这显示市场整体来说走势很坚稳,而这就是一个稍纵即逝的进场机会。你通常可以做多,并且在道琼斯指数开始向上反弹时,在很短的时间内获利。

请诸位随意使用我的这些工具,但是不要以为只要用了它们,你就能开始赚钱。想要让自己成为一个熟练的操盘手,就必须找到顺手的工具,并且一再使用它们,直到你清楚知道它们的作用何在、如何发挥它们的功能,以及如何完全发挥它们的效率为止。

市场分析

想要聆听市场在说什么,你得非常非常专注。就像一个医生用医疗仪器诊断病人的健康状况一样,我是以自己动手绘制技术图以及计算技术指标,并且在盘中每10分钟就重新检查的方式,来监测市场的动态。

我每半个小时,就在指标周围画上框线来记录市场的动态。然后我会在每个框框之间,加上金色或绿色的箭头来反映过去30分钟内,纽约证交所综合指数

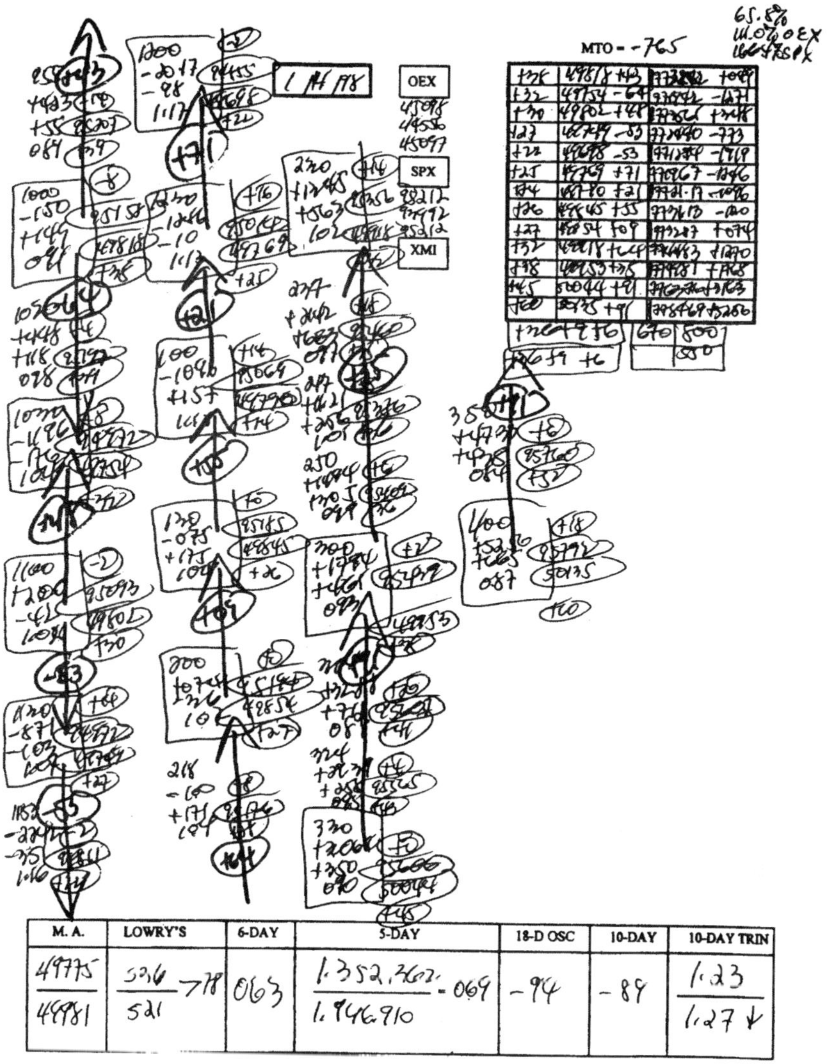

M. A.	LOWRY'S	6-DAY	5-DAY	18-D OSC	10-DAY	10-DAY TRIN
49775 / 49981	536 / 521 → 78	063	1,352,363 / 1,946,910 = 069	-94	-89	1.23 / 1.27 ↓

图 1　我的市场动态记录

到底是上涨还是下跌,并且记录它的涨跌幅度。

这种做法迫使我把注意力放在市场试图往哪个方向移动，以及如何移动方面。当市场出现大幅波动时,这个工作尤其重要。我很可能持有一个错误的头寸,如果没有这些资讯,就会丧失机动性,从而无法在第一时间采取必要的措施停止亏损。

我是一个喜欢参考各方意见的人，喜欢拿从各种消息来源所得到的消息来质问自己。我会重复阅读在一周中所收到的传真,然后试着以自己独特的看法,来解读别人提出的意见,将别人的意见掺杂到我对于某只股票、某个产业,或市

场整体未来定向的研究判断上。

我使用了几种资讯服务。事实上，市场上充满了各式各样、数不胜数的资讯服务业者，每个人都得从其中找出最适合本身持有头寸的期限、操作理念、操作目标，或个人价值观的资讯来源。以下是我经常参考的资讯：

(1)《安夏管理报告》(*Amshar Management Report*)

由特里·兰德里出版，电子邮箱为 amshar@worldner.att.net，网址为 http://www.amshar.com。兰德里从事长期的总体研究(以月或年计)，他的研究基础是他自创的“神奇 T 理论”，这个理论是我用来研究许多不同市场的重要基础。

(2)《劳瑞纽约证交所市场趋势分析》(*Lowry's NYSE Market Trend Analysis*)

劳瑞每天会更新当天市场中各只股票的波动状况，并且公布长线和短线的买进、卖出信号。他的报告中会刊出买盘的力道、卖盘的压力以及短线买盘力道等多项资料。每周，这份刊物会写出他们就一周走势所推论的中线市场展望，以及其短线可能出现的变数，其分析依据便是前述的三种指标。

(3)《史丹·温斯坦的全球趋势警报月刊》(*Stan Weinstein Global Trend Alert Detecting Opportunities Or the Institutional Investor*)

这本刊物中具有市场的整体分析，以及对标准普尔 500 指数和二线股票的分析报告。其中亦表列最值得买进的标准普尔 500 成分股、走势最弱的标准普尔成分股、各类股走势分析、最强类股分析、全球股市分析、离岸基金以及美国存托凭证(ADRs)分析等。

他所采用的阶段分析方式，试图决定股票走势正处于何种阶段：筑底、涨势，做头或者跌势，并且将这 4 个主要阶段各分为 3 个子阶段，做更详细的分析(详情可参阅《史丹·温斯坦称傲牛熊市的秘密》，中国青年出版社，2008 年 6 月第 1 版)。

(4)《图表分析专家》(*The Chartist*)

该杂志的编辑是丹·苏利文，每三周发行一次，其中利用一个实际的交易账户，以及操盘手的投资组合，来发表对于目前市场的进出场建议。

(5)《克劳福德视点》(*Crawford Perspective*)

这是一个每周一、三、五更新一次的电话语音服务。如果道琼斯指数出现超过 100 点的波动时，该公司也会在次日做特别的更新。该公司还发行一份市场行情报道，以黄金、标准普尔 500 指数以及债券期货市场为主。

(6)《迪克·戴维斯文摘》(*Dick Davis Digest——Investment Ideas from the Best Minds on Wall Street*)

这是一份双周刊,其中发表许多投资界中的大人物对于市场趋势、个股展望以及共同基金的看法和投资建议。

(7) 每日的传真资讯(*Daily Faxes*)

★《史考夫论坛》(*Schaffer on Sentiment*)、《投资研究报告》(*Investment Research Institute*),网址 http://www.options-iri.com

★《考文晨号》(*Cowen Morning Call*)

★《贝尔斯登晨论》(*Bear Stearns Morning Comments*)

★《马克·库克》(*Mark Cook*)

★《迪克·魏斯特晨论》(*Dick West's Morning Comment*)

跟趋势做朋友

10 日指数移动平均线(EMA)是我最喜欢用来判断主要趋势的技术指标。这个有价值的工具,我是从兰德里那里第一次听来的(有兴趣者可到 www.amshar.com 深入学习)。

相对于简单移动平均线或是其他各种算术平均线, 我更偏好指数移动平均线,这是因为它强调了最近期的价格波动所带来的影响,让我在决定进出场点时有一个更快速的指标。

在简单移动平均线的计算过程中,每一天都具有相同的权值 0.10。你可以取最近 10 天的价格,将其累加,然后再除以 10,就得到了第一个平均值。到了第 11

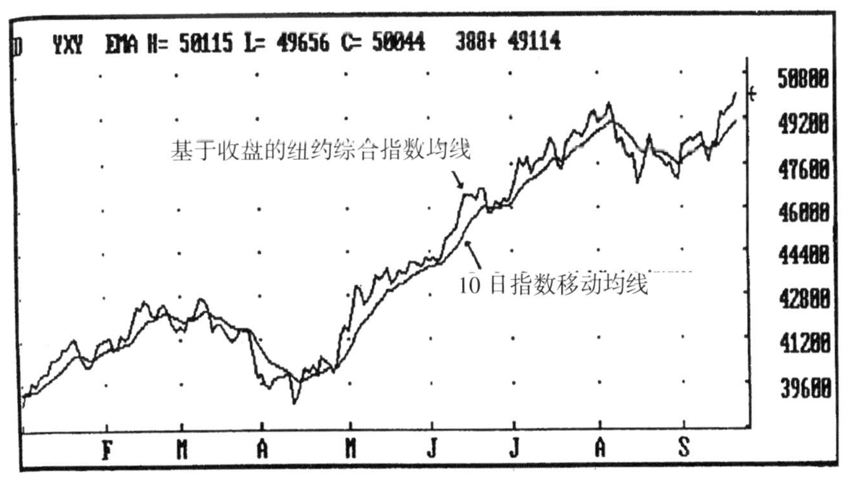

图 2 10 日指数移动平均线

天，你加上这一天的价格，再减掉第一天的价格，然后除以 10。日复一日，重复这个过程，就得到一条简单移动平均线。

我所使用的指数移动平均线，则赋予最近一天的价格 0.18 的权值，然后赋予前一天的价格平均值 0.82 的权值。如此一来它对于最近期的价格变动状况将较为敏感，这对短线操作者来说非常重要。我称这个指标为“红灯、绿灯”，因为在交易时让自己站在正确的一方是非常重要的，而指数移动平均线可以让你站对边的机率大幅提升。

在我办公室的地板上有两幅巨大的技术图，大约宽 4 英尺、长 10 英尺，而且内容还在增加中。一张图是道琼斯工业指数的小时图，另一张是纽约综合指数的收盘价和它的 10 日指数移动均线，在它们的下方是神奇 T 震荡指标，其中 10 日指数移动平均数值是以黑点来标示的。

不论何时，只要纽约综合指数在 10 日指数移动均线之上时，我就把它用绿色的实线画上去。当它在 10 日指数移动均线之下时，我就以红色实线来画它。

当市场在 10 日指数移动均线之上，你看到的是绿灯，代表市场正处于上涨的状态，而你应该考虑买进。相反，市场在指数移动均线之下，你看到的是红灯，代表市场正处于下跌的状态，你应该考虑卖出。这并不是说当市场出现红灯时你绝对不应该做多，只是在这种状况下做多，一定要有一个非常合理的理由来支持你持有这个头寸。

当你的标的物价格在它的移动平均线上下徘徊时，这是交易最困难的时候，也是提供你最大潜在获利机会的时候，但其中也存在着极大的风险。就算你可能面临上冲下洗的行情，在趋势发动时所产生的盈利潜力仍然相当可观。

例如，市场可能在指数移动平均线底下停留几天，然后开始上涨，越来越接近指数移动平均线。如果市场收盘能够站到指数移动平均线之上，这通常是一个趋势改变的开端，而可能你就是第一个能够发现这个全新而且威力十足的上涨走势的人。

但是通常指数移动平均线就像一面反弹墙，价格由低位接近或触及移动平均线后经常会反转回跌，移动平均线就等于市场到达短期均衡状态的那一点。

我在操作股票和期货时会使用这个方法。每天收盘后我会记下当天标准普尔 500 指数、纽约综合指数、OEX 指数、XMI 指数、债券、欧洲美元，以及标准普尔 500 指数期货的 10 日指数移动均值。从我的期货资讯机上得到这些资料，这部单机会计算并绘出指数移动均线。

因此，我的移动均线系统是我能够在从事交易时，站在正确一方的重要关键:在市场处于上涨走势时做多。

下一个步骤就是选定一个入市点,并明确定义你愿意承担的风险。我通常寻找的入市点是市场拐点,因为你将是首先辨识出走势变化的操盘手,这也通常是让你赚到最多钱的入市点。

我也使用通道线和震荡指标来帮助我选择价位,并辨别市场行情。期货资讯机帮我做好了这些运算工作,而我的工作就是设定参数。

我会观察120、60以及30分钟的技术图,看价格的柱状图,在柱状图上下各有一条通道线,而这两条通道线是利用10期的移动平均线上下各加减1%计算而来。我把这两条通道线看成两条绷得很紧的猴皮筋,它们终究会弹回去的。

比如,如果市场正处于偏多的格局中,而价格开始向通道的下沿接近时,我就会找机会在那附近做多。这可不是一种机械式的操作策略,但通道线确实提供了很好的入市点。

10日指数移动平均指标,赋予最近一期价格0.18的权值,而简单移动平均的只有0.10。要计算移动平均数值时,首先必须先将最近10个收盘价累加求和,然后再除以10,计算出算术移动平均值。

日期(月/日/年)	**纽约证交所综合指数收盘价**(美元)
9/2/1997	482.90
9/3/1997	483.71
9/4/1997	485.11
9/5/1997	484.64
9/8/1997	485.78
9/9/1997	486.69
9/10/1997	480.63
9/11/1997	477.06
9/12/1997	483.30
9/15/1997	482.60
9/16/1997	493.69
9/17/1997	493.21
9/18/1997	495.41
9/19/1997	496.56

接着，我们将这个算术平均值乘以 0.82 的权值，再把第 11 天的收盘价乘以 0.18 的权值，然后将这两个结果加起来，我们就可以得到第一个指数移动平均指标。要计算下一个移动均线值时，就把刚刚算出来的指数移动平均值乘以 0.82 的权值，再将第 12 日的收盘价乘以 0.18 后，将这两个结果加总，就得到最新的指数移动平均指标值，依此类推，以下面步骤为例。

【步骤 1】计算 10 日算术移动均值。将 9 月 2 日到 9 月 15 日的收盘价加总之后除以 10。

4832.42÷10=483.242

【步骤 2】将【步骤 1】所得结果乘以 0.82 的权值。

4832.42 × 0.82 = 396.25844

【步骤 3】取第 11 天(9 月 16 日)的收盘价，并乘以 0.18 的权值。

493.69 × 0.18 = 88.8642

【步骤 4】将【步骤 2】及【步骤 3】所得之值相加。

396.25844 +88.8642 = 485.12264

四舍五入，保留两位小数为 485.12，这就是 9 月 16 日当天的 10 日指数移动均值。

接着求 9 月 17 日当天的指数移动均值。

【步骤 5】将前一天的指数移动均值乘以 0.82 的权值。

485.12 × 0.82 = 397.7984

【步骤 6】将最新的(9 月 17 日)收盘价乘以 0.18 的权值。

493.21 × 0.18 = 88.7778

【步骤 7】将【步骤 5】与【步骤 6】所得之值相加。

397.7984 + 88.7778 = 486.5762

四舍五入，保留两位小数为 486.58，这就是 9 月 17 日当天的 10 日指数移动均值。

这同样的步骤可以每天重复使用，因此，9 月 18 日当天的 10 日指数移动均值为：

(486.58 × 0.82) + (495.41 × 0.18) = 488.17

一般大概需要花上 10 天的时间，才能使我们所计算出来的指数移动均值更平滑。为了要让这个指标更为实用，我建议在资料可得的条件下，往回倒推至少 20 天，以使得计算出来的数值更平滑。如此一来，它将在很短的时间内，成为你从事交易时最可靠的工具。

操作股票

我在这些年来发展出一些习惯性的工作方式。我一向属于那种卷起袖子、苦干实干的人,我坚持每天亲手绘制 70 只股票的技术图,并且在计算过各项数据后,亲手更新和绘制大量技术指标,以实际看到和感觉到价格的变动状况,当然,这种工作方式要花相当多的时间。

每个周末,我会收到快递来的两本技术图表。其中第一本是《标准普尔 500 股票趋势线及每日动态图表》(*Standard and Poor's Trendline Daily Action Stock Charts*)。这份刊物中有超过 700 只股票的日线图,每张图包含长达一年半的历史资料。我会在其中超过 150 只比较强势的股票走势图中,自行标出趋势线和支撑价位区。

我这么做,是想要去感觉一下哪家公司,或者哪个产业目前表现比较好。我会在这本图表的首页写下一些评语,比如"石油类股很强""大型高科技公司偏弱"等等。即使目前许多操盘手都利用电脑来从事产业分析,我还是会亲手做这些工作,以便真正感受到企业金钱流向的变动状况。我也会写下长约一页的评论来描述我动手画过线的公司,在它们的股票代码旁写下它们的支撑价位区。

接下来我会继续看第二本图表,这本图表是由证券市场研究公司(SMR)为我做的。包含了我平常观察的 70 只高市值股股价的日线图和专有的震荡指标,另外再加上道琼斯工业平均指数、道琼斯运输业平均指数、标准普尔 500 指数、纽约综合股价指数,以及纳斯达克指数的技术图形。

每三个月,我会把其中某些股票换成我目前最感兴趣的个股,但基本上我的股票名单包括了足以代表所有产业特性的个股,主要都是流通性极佳的大盘股,例如:康柏电脑、可口可乐、默克制药,以及大通银行等。

在图表的每页,我会为每只股票画上几条支撑线和阻力线,并且查看线图下方的震荡指标。

支撑线是由图形上的几个重要低点连接而成,它标明了一些特定的价位区,在股价下跌到那些价位区时,可能会减缓跌势或是出现反弹。

压力线则是由图形上的几个重要高点连接而成,当股价上涨至它所标明的价位区时,很可能会止升回跌。

由于我是一个短线操盘手,因此也会使用前一周或两周的高点和低点来当作较具攻击性的趋势线。我会将图形中近期主要支撑区的价位圈起来,然后把这些价位区记录在一个长约一页的纸上,就写在该股的股票代码旁,同时在那里我也记录着该股短线震荡指标的方向。我会将这张纸传真给我的助理,然后她会将那些支撑价位资料输入电脑。当盘中这些支撑价位区被触及时,我就可以决定是否要建立这个头寸。这项准备工作让我在市场快速波动时,能在最短时间内做出反应。

在我想要采取比较长线的操作策略时,就会操作标准普尔 100 和标准普尔 500 股价指数的期权。所谓的比较长线对我来说可能是几天到一个星期,期权的流通性比较低,而且波动也比期货要来得缓和。我会买进 3 个月后到期、深度价外的看跌期权(例如:当标准普尔 500 指数现货在 910 点时,买进一个 3 个月后到期、执行价在 900 的标准普尔 500 指数看跌期权)。

在期货市场的波动状况太过剧烈时,我通常会转战期权。如果我有一个较长线的想法,买进期权让我可以比较安心地等待较长一段时间。因为当我买进一个看涨期权或看跌期权时,至少我的风险(期权的买进成本)是确定的,相对而言,期货的风险可能会因为高度的财务杠杆而变得非常大。

当我在买卖股票时,我也是一个操盘手,而不是投资人。我的 SMR 技术图表中的 70 只高市值股,反映了我目前正在注意的公司。我需要这种股票所具有的流通性和波动性,使我可以很方便地在市场中进出。由于我的操作方式是如此短线,可能会在市场中反复买进或卖出 1 万股到 2 万股的股票,只为了赚取其中几只的价差。

如果我的操作计划没有在一天或两天中产生效果的话,我就会清掉这个头寸。因为我操作的头寸很大,我可不愿意承受抱着股票,看着它下跌 3 美元的风险。而且由于我操作的都是较大型、流通性和波动性都比较高的股票,它们一天中的价格波动超过 3 美元常常是家常便饭,因此风险控管对我而言更加重要。

我也不会选择弱势股或被蹂躏过的股票。我会在强势股出现暂时性弱势时挑选入市点,这个做法和我利用股价跌至通道线附近时进场的做法不谋而合,这也是为什么我平常所画的趋势线,和所记录的支撑价位区资料,对我来说那么重要的主因了。

我的助理会依照我交给她的资料,在电脑中设定警示,如果股价跌到这些支撑价位区时,她就会提醒我,如果我看到的是绿灯,而且也觉得那只股票的图形看起来不错时,就会准备买进。如果一只股票已经跌到主要的支撑线以下,我就会退场观望。

由于股市在过去几年当中的表现相当强劲，因此我想要做空时都是去放空期货,而不是放空个股。

操作期货

自从标准普尔500指数期货第一次出现在市场之后，它就成为了我吃饭的家伙。我每天都在期货市场中进进出出。为了监视期货市场的风吹草动,我每天都必须仔细研究从未来资讯报价机上打印下来的两组技术图。我所有有关期货的资料都是从未来资讯单机上取得的。在我桌上的单机接出4个屏幕，两两相叠,因此我总共可以同时看到20种我所预先选定的技术图。

我的助理在周末时会将含有不同技术指标的图,依不同的期货合约(标准普尔500、欧洲美元、货币、债券、美元指数、CRB物价指数以及原油)和不同的时间点(30、60、120分钟线以及日线、周线和月线)打印出来。我在这些技术图上画上趋势线,以帮助我感觉每一个期货市场目前的状况,同时也用来检查它们的指数移动平均线,以决定每个期货市场是在多头或是空头的走势中。

在期货价格高于指数移动平均线时做多，或在期货价格低于指数移动平均

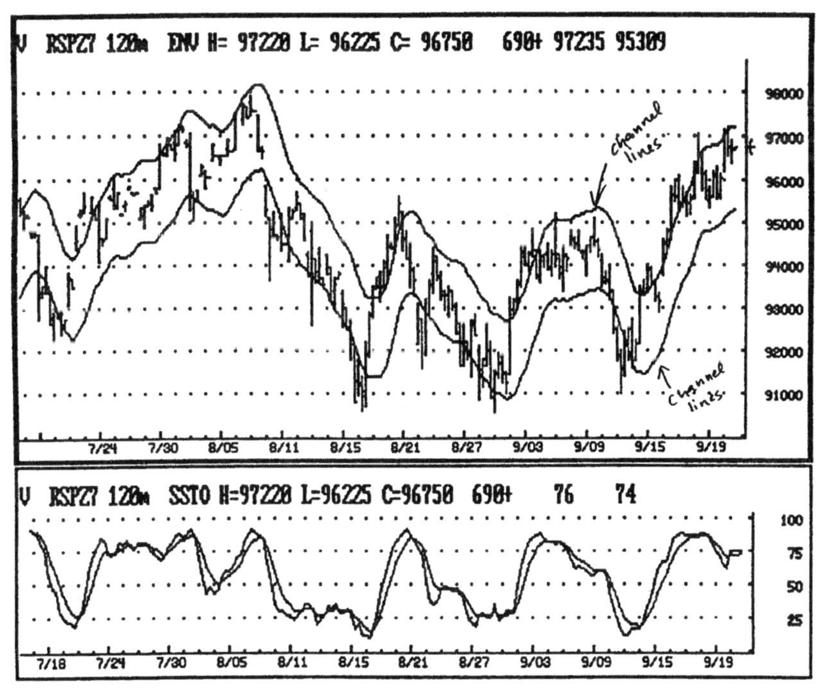

图3　未来资讯期货技术线图

线做空，是最符合那个古老的定律——“让趋势成为你的朋友”的做法。

第二组图表，则包括了每一个我正在注意的期货市场的周线图。这种图表使我得以站在一个更广的角度，以较长线的观点来研判市场的趋势。

在研究过这些期货的技术图之后，我会拿一张纸卡，将标准普尔500和债券期货的通道线（10天指数移动平均线上下各加1%之值绘制而成）记录下来。

根据我所记录的这些价位，我会设定下一个交易日的买点和卖点。所有这些事前所做的笔记，使得我在第二天战况激烈的市场中能勇气十足地采取应对措施。就是这些准备工作，让我在情绪恐慌时保持坚强的决断力。

对付程序化交易

对一般的操盘手而言，程序化交易实在是一场灾难。我暂称程序化交易为“任天堂维加斯”（NintendoVegas），因为目前它平均每周都占纽约证券交易所15%到20%的成交量。在1987年10月美国股市戏剧性地重挫之后，由于程序化交易毫无理性的卖盘，对原本就已经疲软的市场造成极大伤害，因此市场掀起一阵废止程序化交易的声浪[②]。但是最后，有关管理部门引进了一种单点上下限（point collars）制度，来限制程序化交易在单一交易日中对股市可能造成的破坏。所有在1987年崩盘那天参与程序化交易卖盘的大型经纪商，都发誓不再从事这种可憎的行为。但随着时间的流逝以及贪婪之心的作祟，大部分的玩家又再度回到这种赌战当中。大盘当中每天有15%到20%的成交量是这些大单子做出来的，金钱和权力在华尔街永远能够大行其道。

不过呢，虽然形势险恶，还是有办法可以生存甚至维持获利。你必须知道市场的趋势，然后耐心等待这些科技主义者把市场压低到你的通道线上。除了可以用马克·库克的纽约证券交易所股价净变动指标（TICK）和道琼斯股价净变动指标（TIKI）操作法之外，也可以在程序化交易接近尾声时反向操作，以便在它所造成的极端走势结束后盈利。就像任何一名优秀的战士一样，你要耐心等待，直到这些机械性的恶毒卖盘告一段落后，再用反向头寸加以反击，但在采取这种策略时，一定要很有纪律地设定止损点。

这就是我一向采用，而且有效的策略。虽然我并不是很喜欢使用这种游击队式的操作法，但是这种做法可以帮我调整自己在面对不断改变的市场时所需的技巧。我在对付程序化交易所带来的乱象方面相当成功，我一直在我的作业系统中加进新的工具，并且持续地用我的通道线和移动平均线来严格执行止损。

交易小窍门

当我小学一年级时，老师问我们长大以后想做什么。我说“我想当侦探”。这种喜好追查探究的天性，伴随着我一起长大。我喜欢寻找事情的线索，综合大量看似无关的资料，然后从中归纳出一个合理的结论。虽然这些观察结果不见得完全科学，但它们仍然是我发现多年以来一直重复出现的实际现象。我通常不会将这些观察结果，当作另外一种工具或分析模式，但是绝对会在这些现象出现时，把它们列为我操作决策的重要影响因素之一。

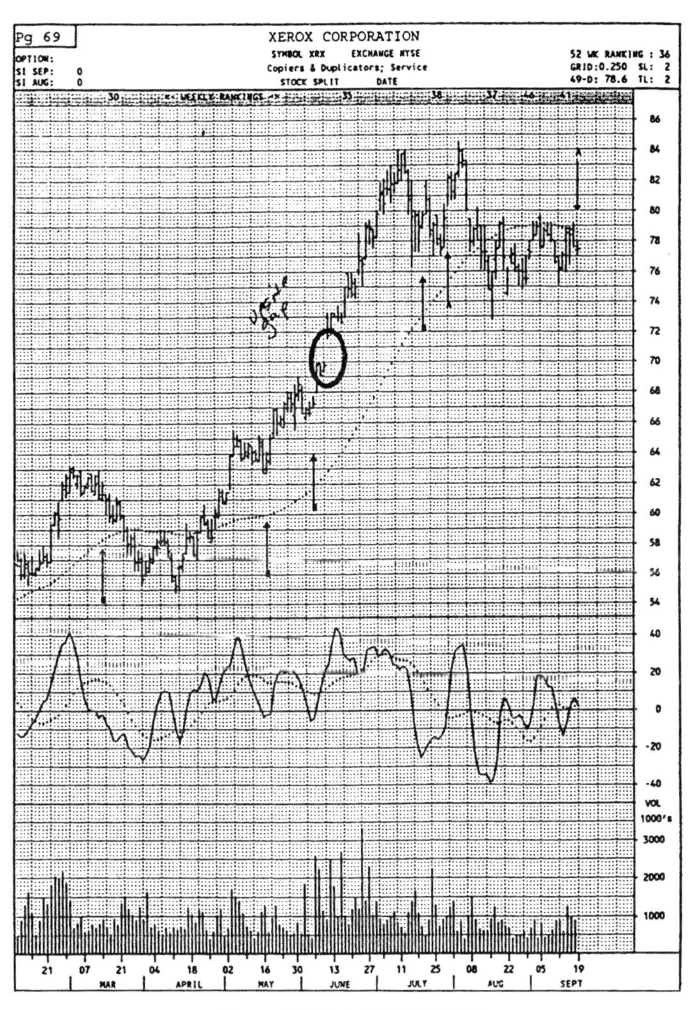

图 4 图形中的跳空缺口

那些能够帮助我发现低风险、高获利概率的技术指标是我操作方法的核心。但是我一直很用心在找寻市场中的各种形式、结构，以及重复发生的状况，不论它们多么细微，都能让我在某些交易中掌握到市场的异常状况，并因此获利。

跳空缺口背后的玄机

跳空缺口是我在操作股票和期货，特别是股票时的一项重要工具。所谓的跳空缺口，就是当标的物的开盘价明显高过或低于前一天的收盘价，并且在当天盘中维持此项差异所形成的技术形态。

这种情况通常出现在某则新闻公布后，或是出乎投资人意料之外的事发生时，在技术图形中它的样子就像是一个缺口。如果这个缺口没有在二或三个交易日中被填补起来的话，那我们就得到一个强烈的信号，表示应该建立一个和该缺口跳空方向相同的头寸。这种变化常常可以持续一段很长的时间，并且成为一种非常好的操作决策辅助工具。

一般而言，跳空缺口可以分为三种类型。

★ 突破缺口，它发生在股票或期货跳空脱离一个盘整区间时，代表一个很强的趋势正开始发动。

★ 持续缺口，它发生在股票或期货已经上升或下跌一段时间之后。

★ 衰竭缺口，它发生在一个上升或下跌趋势将要结束时，而且通常价格会在这种缺口出现后，由原来的主趋势反转。

共同基金投入资金时

另一个有趣的形态，是由共同基金投资股市的自动交易所造成的。市场通常会在前一个月份的最后一个交易日，和新月份第一个交易日的前几个小时中有较强劲的表现，这是因为有新的资金投入共同基金，使共同基金自动进场所致。

这种形态也会在每月中旬出现，因为那时也会有新资金投入指数基金当中。我会在我的记事本中写着“月中买盘”来提醒自己注意这个现象。在空头市场中，观察这些资金流出对股市大盘的影响也是我觉得很有趣的一件事。

三日定律

不论何时，只要像微软或英特尔这种股票，出现连续三天同一个方向的价格变动，你就不应该在多头走势的第三天做多，或是在空头走势的第三天放空。

因为这通常是一种短暂性的盘势，通常股票若出现连续三天的相同走势，第一天会是由市场里先知先觉的玩家发动的，而后知后觉的操盘手则在第二天跟进，然而到了第三天，连那些原本不知不觉的操盘手都开始进场时，这个走势就已经接近尾声了。

这是一条重要的定律：如果一只股票遇到利空消息而跌下来时，在跌势进入第三天就应该开始寻找买点，因为那些坏消息可能已经在过去三天中被市场消化掉了。

看跌期权/看涨期权比率

我的朋友茨威格，是第一个发现可以利用芝加哥期权交易所的动态，作为测量市场气氛反向指标的人。他的理论是，如果连一些比较不专业的投资人都开始利用买进期权交易，来达到赚大赔小的目的时，通常表示市场的头部和底部已经快要出现了。

看跌期权/看涨期权比率显示出市场中比较不专业的投资人，对于后市的空头或多头预期心理。当市场中出现一个极端的看跌期权/看涨期权比率时，市场经常都会向相反的方向修正。理论上，一个非常高的比率值，通常代表市场中的恐慌心理已经到达极点，而空方的卖盘即将结束，市场出现反弹的时机也不远了。

例如，一个高于 1.00 的看跌期权/看涨期权比率，表示市场中空头的气焰十分高涨（代表买进信号），当看跌期权/看涨期权比率低于 0.45 时，表示很高的看涨期权成交量，也意味着市场中多头气氛浓烈（代表卖出信号）。就像其他所有指标一样，这个指标也必须和其他指标或数据结合使用，才能帮你找到最佳的入市点。

市场对新闻的反应

佐尔纳曾经教我一个非常重要的指标，用来分析市场对新闻的反应。如果出现利空消息，但市场并未做出任何反应，反而持续上扬时，这就是一个强烈的多头信号，因为这代表市场已经吸纳了这个利空消息。

从另一方面来说，市场如果对利多新闻也是无动于衷的话，也代表市场已经完全吸纳了这个利多消息。就股票市场而言，不少投资人会因为利多不涨，甚至利多反跌而感到困惑，此时这个所谓的“利多消息”可能已经被市场完全反应了。

我从佐尔纳那里学到最重要的一课是，当市场糟到让你觉得开始反胃时，或许就是你该再度加码摊平的时候了，但是这种做法只该在你已经设下严格的止损指令，并且有决心执行止损时才可使用。

新高/新低指标

专门报道金融市场的报纸都有新高/新低的股票列表。根据牛顿第一定律，一个运动的物体，由于惯性，会持续它原来的运动方向，直到有外力介入为止。

一只下跌的股票会持续下跌，直到有显著的买盘介入为止；同理，一只上涨的股票也会持续走高，直到有显著的卖盘使它停住为止。因此新高/新低的个股列表，是你可以用来找寻新的操作想法的良好参考。

星期一效应

我在过去几年来发现一个现象，那就是随着投入指数型基金的资金越来越庞大，使得周一再也不是以前那个无聊的交易日了。

共同基金经理人会在周一，将他们在周末收到的新资金投入市场，因为他们有义务要完全运用那些资金。由于周一的成交量通常会低于一周中其他的交易日，因此共同基金的动作加大了周末股市上扬的效应。

市场概率日历效应

每天我都会去了解历史上的今天发生了什么事，并且把这些事实牢记在心里。虽然这些历史并不会让我去建立头寸，但是它们会使我更小心应付历史形态重现的可能性。

我会随时放一本《股票操盘手市场概率日历》(*Stock Trader's Almanac's Market Probability Calendar*)在桌上，这份日历提供了市场在一年中每个交易日内上涨的几率，而我则将其中最高和最低的数值做上记号。因此如果现在的市场处于多头当中，而当天市场上涨的概率又高达75%时，就应该考虑做多了。

到期日效应

我一向会在金融衍生品(如期权和期货)的到期日当天小心应对，此外我也注意到，市场通常会在到期前一周的周四开始持续下跌到周五，然后反转走高，并且上涨到到期日当天为止。

如果我看见这种形态正在形成时，会很注意不要让自己的空头头寸被轧到。通常在期权到期日里，买进和卖出的程序化交易会让市场上冲下洗，把你的头寸震出场去，甚至引诱你建立错误的头寸。

此外我也发现,那些程序化交易者常常会在到期日当天,让市场在最后半小时内以强劲涨势做收,而且在下一个交易日的最后一个小时建立相反的头寸,我将这个现象称为“舒华兹交错法则”(Schwartz Rule Of Alternation)。

在期权和期货的到期日操作是一件很困难的事，由于市场在那天当中会因为衍生品到期而出现假突破,所以建议投资人还是在那天退场观望为妙。

半小时交易效应

我最近发现不知道因为什么原因,程序化交易通常是以半小时为单位进行。这或许是因为某个头脑简单四肢发达的家伙把闹铃定在 11 点整，时间一到,他就按钮启动买进程序,而另一个程序操盘手的表则设在 1 点半。我也发现在接近中午时分会出现一种我称之为“午间涨势”的买盘,这也可能是因为这些程序操盘手赶着在午餐前把头寸买齐所造成的。每个交易日的最后半个小时市场波动总是特别剧烈,因为所有的机构操盘手都急着在收盘前采取动作。

平静交易日背后的凶机

在风平浪静、没有特别趋势的交易日里,市场只是缓慢地在一个狭窄的区间内上下波动,而期货交易所的场内操盘手们,则算计着要如何利用扫掉别人止损单的机会来大赚其钱,通常止损单都会放在前日的高点以上或前日的低点以下。

因此在市场没有特别趋势的交易日中，这些知道别人止损单放在哪里的场内操盘手,就会商量好一起把高点附近的止损单给扫光,一旦他们得逞后,就会反向急杀,把低点附近的止损单也一并解决。

想要应付他们这种做法,就要在前日的低点以上放买单,在前日的高点以下放卖单,跟随着这些场内操盘手来赚些钱。

休假后的第一笔交易

在你休息一段时间后,第一次重回场操作时,请务必放慢下单动作,并且调整身心状况和眼睛以便重新熟悉市场的节奏。每当我迫不及待地冲上战场斯杀时,都难免在反应前就惹上麻烦。必须在你恢复理性思考,并且排除所有情绪性因素后,才进行休息后的第一笔交易。

噩梦没成真时

我先前曾经说过,不论何时当你最害怕的噩梦没有成真,而且市场回到一个比你预期更好的情况时,这可不是因为你运气好造成的。你很可能会想要在市场一回来时马上轧平头寸，逃出噩梦，但我却认为当事情不如原先所想的那么糟时，你真正该做的或许是加码，而非砍仓。

自尊心

我们见到了敌人，才发觉原来敌人就是自己。

——波戈

我在前面已经说过，现在再跟各位强调一次，因为这实在是操盘手最重要的认知。那就是：我在这些年的交易生涯中，最重要的改变是在学会把自尊心和操作隔离之后发生的。

交易是一种心理游戏。大部分的人认为他们是在和市场抗衡，但是市场才不在乎他们呢！你真正对抗的是你自己！

你一定要停止幻想事情照你所想的样子发生，以便证明你的想法是正确的这种思考模式。你只应该倾听市场现在告诉你什么。忘掉5分钟前的想法，面对现在的市场行情吧！毕竟金融操作的唯一目的，不是为了要证明你的想法是正确的，而是为了要多听听收银机的铃声才对啊！

我的一天

打棒球有90%靠心理，10%靠体力。

——尤吉·贝拉

上午 6:45

闹钟响起，我不情不愿地起床。当我还是个孩子时，一天能够睡上12个小时。现在，能睡8个小时已经要偷笑了。若睡不满8个小时，我会觉得根本还没准备好开始工作，就好像被自己给“放空”了似的。

上午 6:45–7:20

我洗个澡、刮胡子。我曾经拥有一个像传呼机大小的24小时随身型报价机，我通常会把它放在镜子旁，以便我刮胡子时能看到市场报价。

搬到佛罗里达3年后，我的心理医师要我把这些东西都丢到屋子外面，所以那个小型报价机就报废了。

我得承认，当手上拿着一把刮胡刀，眼睁睁看着报价机中显示头寸沉到抽水马桶底，的确不爽。

上午 7:20–7:30

上洗手间排宿便。我爷爷总是说，一天一定要把肠子清两遍，才能真正准备好开始一天的工作。有一次我们在纽黑文冬天寒冷的街头散步时，他对我说："当我像你一样还是个孩子时，我们住在基辅市的郊区，我们得到气温低达零下 16.1 度以下的公厕去。想想看，在那么冷的冬天，蜷曲在公厕里的滋味可真不好受，你会想如果能在温暖的屋子里上厕所该有多好。"所以啦，我就听他的话，每天绝对大便两次。

上午 7:30–7:40

吃早餐，通常是一碗燕麦粥、一杯新鲜的现榨葡萄汁和两片全麦吐司。我吃东西是为了放松，不是为了填饱肚子。我在用餐时会阅读《纽约时报》，特别是体育版，我还是喜欢看看我最爱的洋基队战绩如何。

上午 7:40

我坐在办公桌后，整理看晚间传真进来的各种报表。我每天从清算公司贝尔斯登那里收到一份长达 30 页的报告，其中详列着我所有账户的损益状况，以及前一天所有的成交明细。

我也从几个不同的期货经纪商那里收到一些成交明细，如果那些明细的内容有问题，我会马上打电话到那家经纪商开骂，因为所有前一天的交易明细，都得在市场开盘前核对清楚才行。当市场波动特别剧烈时，只要我的账户状况没有和那些经纪商核对清楚，很可能一开盘就因而损失数十万美元，这就是为什么我总是把每笔交易都记录得一清二楚的原因。如果你的情绪不稳，就无法交易，因此我一定要在上午 8 点以前把账户里的头寸弄清楚。我每天都是以损益归零的状况重新开始。

我不想把前一天所遗留下来的情绪包袱带到今天，每天的成绩都各自独立、互不干扰。我每天傍晚收盘后，耗费心力工作的习惯帮助我把昨天的一切抛到脑后，如此才能够真正把心思集中在今天的盘势。

不这么做对我来说会是一件危险的事。我最惨重的亏损总是发生在大赚一票之后，这是因为过度的自信总是让我做出自以为是、漫不经心的操作行为。操作标准普尔 500 指数期货时也可以套用这种心理层面的法则，因为期货交易每天都会由清算公司加以市场评估，所有未平仓头寸，都会依它们市值的增减，而使你的账户净值在每天收盘后增加或减少。所以每个期货市场的操盘手每天早上都是损益归零的状况。我试着每天都能赚钱，也会保留我在每周、每月及每年中的操作业绩记录。

上午 8:10–8:15

我跑下楼去拿《华尔街日报》。

上第二次厕所，把肠子清干净。要是我爷爷说的没错的话，现在我应该已经准备好面对一天的工作了。

上午 8:15

我打电话给我的债券经纪商，向他们询问今天债券价格的支撑和阻力价位区，并把这些价位记录在我的工作表里。把所有的指标都计算完毕，其中包括兰德里的神奇 T 震荡指标、前一天资料所算出的 18 天期震荡指标、几种股价指数（OEX、标准普尔 500 和 XMI 指数）的高/低收盘价。

上午 8:20–8:30

第 1 回合开始，债券市场开盘。我观察一下决定是否要进场。我通常会操作债券，因为我觉得这是放松心情的好方法。除非政府正要公布一些经济数据，否则债券价格的波动通常比股票、期权或是其他各种期货合约慢得多，而且对我来说债券也比较容易操作。

操作债券让我有机会感觉市场状况，揣摩进场时机。但不幸的是，政府破坏了债券市场。为了某些奇怪的理由，政府总是喜欢在周五的上午 8 点半公布重要的经济数据。当年过半百后，你要在周五起个大早来看这些资料，似乎是一件越来越不容易办到的事。你会希望政府能大发慈悲，之前就公布重要资料，好让我们这些老头子还有力气爬下床来看这些资料。

上午 8:30–8:45

除非有什么重要数据刚刚公布，不然在这个时段中我会操作债券。当一个新闻事件公布后，期货交易所内通常会出现他们所谓"快市"（Fast market）的情况，报价屏上也会在商品代码旁加上"F"，代表这个商品正处于快市中。

快市表示所有原来的市场交易规则都暂时无效，而交易场内的那些家伙成了主宰你命运的人。我绝不在快市中进场操作债券，因为你永远无法预期将发生什么事，而且在快市中你很容易被场内操盘手恶搞。

上午 8:45–9:27

我收到一大堆来自四面八方的传真：高文公司、贝尔斯登、几个大师级人物的市场分析、我在俄亥俄的朋友库克的报告，以及《迪克·魏斯特晨论》。我把这些资讯和前一天晚上的报价比对了一下，然后调查根据我前一天在标准普尔 500 指数期货线图上画的通道线所找出来的买进和卖出价位区之后，就算是已经完成开盘前的准备工作了。

完善的准备靠的就是扎实的工作。如果你在事前就已经有了一份作战计划，它就能够在猛烈炮火下赋予你足够的勇气。

上午 9:28

我回顾了一下检查表。那是一张手稿，用塑胶备份起来，贴在办公桌右手边的角落，一个我一定看得到的位置上。其中记录着准备建立头寸前需要注意的事项，和一般操作策略准则的备忘录。

在这场交易前，检查技术图和移动平均线是我所有的技术指标之中最有效的一种。千万不能和移动平均线逆向操作。

现在市场在移动平均线之上还是之下？换言之，市场是处于多头还是空头？

- 现在市场处于主要趋势线之上还是之下？
- 最近的市场价格是否会突破新高或是新低？
- 目前的神奇 T 指标是处于多头还是空头状态？
- 在建立头寸前总要问一个问题：我真的很想要这个头寸吗？

永远要在建立头寸前知道你准备承受多少亏损。明确你的信心拐点，并且切实执行它。

在一连串获利颇丰的操作过程后，降低你的操作头寸规模。

经过一段很顺利的时期后，休息个一天，犒劳自己一下。

上午 9:29

我正在和标准普尔 500 指数期货交易场内连线的电话上，标准普尔 500 指数期货交易场内，最狂乱的时刻就是开盘后的第一分钟和收盘前的最后一分钟，我得在这些时候保持完全的注意力。

上午 9:30–中午 12:30

第 2 回合到第 7 回合，股票市场开盘了。Merc 的标准普尔 500 指数期货也开盘了。我把所有的交易指令都记录在我的表格上，当它们成交后我就在上面打个圈。如果它们并没有成交，我可能会继续留单，或者干脆把它们取消。如果我取消掉一个交易指令，我会在表格上那笔记录旁边写个大大的“取消”。我利用这种方式，来记录我在一天当中，已经成交以及想要进行的交易。

我每半个小时，用新的开盘价来清算表格上所有头寸的损益。我随时都想知道我的头寸确实赚或赔了多少，如果我的账户今天表现不佳的话，我的情绪也会因此大受打击。我有一个画着 13 个方块的表单，其中每一块都记录着 Merc 每半个小时的变动状况。我也会记录纽约证交所综合指数每半小时的变动率，我随时都在寻找市场中的形态。辨识市场的形态是我必备的工作。

中午 12:30

吃午餐。“海岸超市吗？我是马丁·舒华兹，我要 4 号餐外卖。”市场曾经是一群老家伙的地盘，营业时间从 10 点到 12 点半，然后这些老家伙会出去吃个午餐，喝两杯马丁尼，再回来从 2 点工作到 3 点，这看起来真是文雅。不过由于我不喝酒，所以我只会买个三明治，然后找个地方画我的技术图，而现在我都在办公桌上边吃边画图。

下午 1:00-4:00

第 8 到第 14 回合。没什么不同，我还是忙着发动攻击。

下午 4:00-4:15

第 15 回合。在股市收盘后市场仍然存留着激情，但是标准普尔指数期货在这 15 分钟之内仍然继续交易，这正是你真的可能被市场狠狠修理的时候。

经纪商所收到的大笔收盘市价单，和市场对于明天走势所形成的预期心理，将使期货和现货之间的价差呈现戏剧性的变化。

下午 4:15-6:00

我让自己的情绪平复下来，接着做一些断杀终日后的分析工作，计算今天的损益状况，把交易表格中的买卖记录加以比对查核，然后去健身房或出门跑步。

下午 6:00-6:30

吃晚餐。

下午 6:30-7:00

画技术图。我有一份由证券市场研究公司 SMR（一家位于科罗拉多州的股票技术图表编制公司）为我特制的图表。我会补画 70 只股票的线图，并且在 SMR 把资料传真给我后也把震荡指标画上去。

晚上 7:00-8:30

资料的搜集和研究。我会打电话到所有我订的市场分析电话热线去，把他们的说法记录下来，研究移动平均线等等……

晚上 8:30-晚上 10:30

准备明天的工作。补画我的大幅技术图、在我的纸卡上做笔记，拟定明天的交易策略。我会画上价位的拐点、通道线，研究进出场价位和趋势线。

下午 4:15—晚上 10:30 任何一段时间中

这是盘后交易的时段。时至今日，市场上的争战已永不停歇。市场像太阳一样绕着地球走。美国的主要市场在上午9点半开盘直到下午4点,但是有各种商品交易仍然在盘后时段继续进行,像债券、股票、期货等。标准普尔500指数期货,我吃饭的家伙,则几乎没有收盘的时候。

Merc的标准普尔500期货交易场在下午4:45收盘,但是它随后又以一个名为GLOBEX的电子交易盘的形态于4:45再度开盘。GLOBEX交易的时段横跨整夜到第二天早上的9:15,紧接着Merc又在9点半开盘,这表示每天只有45分钟的时间不能交易标准普尔500指数期货。为了制造更多的成交量,GLOBEX现在在周日下午6点半就开盘了。

当今的交易所就像是一个超级赌场,他们希望你全天候交易,这些延长交易时段,可以让你在很短的时间内迅速老化。

晚上10:30

忙了一天,该上床睡觉了。

老婆:你今天过得怎么样?

我:还好,不过应该可以做得更好。

老婆:每个操盘手都一样,你们总是希望买低卖高,好好大赚几票,然后在人生的高点收山不干。

我:是啊,太对了,一点儿也没错。

注 释:

① "道指"是由《华尔街日报》和道琼斯公司创建者查尔斯·道创造的几种股票市场指数之一,是道琼斯指数四组中的第一组。他用这个指数测量美国股票市场上工业构成的发展。"道指"是最悠久的美国市场指数之一。时至今日,平均指数包括美国30家最大和最知名的上市公司。名称中的"工业"更多的是来自历史,现在的30家构成企业里大部分与重工业无关。

② 在1987年世界股市暴跌中,特别是美国道琼斯指数和标准普尔500指数在10月19日的大跌中,套期保值和指数套利的程序化交易受到人们广泛的谴责。究其原因,是因为股票市场的不确定性迫使套期保值者在期货市场上空头建仓来保护他们的组合,从而拖累股指下跌。指数套利者在股市中持续卖出股票,但是他们不会同时在期货市场中买入,相反,他们等待指数期货市场进一步下跌。美国证券交易委员会的报告认为相关的程序化交易只是股市暴跌的众多原因之一,但报告也指出程序化交易确实是加速股市下跌的一个重要因素。